城市的界限

创新是如何被扼杀的

CITY BOUND

How States Stifle Urban Innovation

[美] 杰拉德 · 弗拉格 大卫 · 巴伦 —— 著
蒋子翘 —— 译

上海译文出版社

谨以此书献给斯蒂芬与艾米丽

——杰拉德·弗拉格

谨以此书献给朱丽叶

——大卫·巴伦

目 录

第三部分 城市未来

前言

交通状况太糟了。为什么城市不对此做点什么呢？本书给出的答案很简单：城市没有这种权力。

城市中存在大量的问题：比如学校、住房、犯罪和全球气候变暖，不一而足。交通拥堵和公共交通不足肯定也名列其中。为处理这些问题，人们已经提出了许多想法。无论这些想法是好是坏，这本书只探讨它们在城市中付诸实施的程度。只有在一种情况下城市当受指责，就是它有权采取行动，却没有实施任何解决方案。这一点对你我而言似乎是显而易见的。如果真是这样，你就会跟我们一样好奇，为什么几乎没有任何著作详细分析过法律体系是如何赋予城市这种权力的，又是如何剥夺它的。在此，我们希望能填补这一空白。

先来看看交通问题。2007 年 4 月，纽约市市长迈克尔·布隆伯格提出了一个大胆的想法来改善曼哈顿中城和下城的交通拥堵情况：收拥堵费。在发生拥堵时，想在高峰时段开车到那些最繁忙区域的人就必须支付相应的费用。迈克尔·布隆伯格市长的建议是向在工作日进入曼哈顿第 86 大街以南区域的汽车收取 8 美元（卡车要付得更多）。当然，市长也知道收拥堵费并不是个新点子。这方面最著名的例子是伦敦，目前对于进入伦敦市中心大部分区域的收费是8英镑（是布隆伯格市长提议的2倍）。最近，由于2003年开始的这项试验的成功，伦敦扩大了实施范围，进入前述区域的收费也提高了。到目前为止，拥堵费的影响力令人印象深刻。伦敦的交通拥堵程度降低了20%，温室气体排放减少了15%，自行车出行率上升了80%，而商业人士所担心的伦敦市中心商业的下滑却并未发生。至于收取的拥堵费，除了支付维持该系统所需的费用外，其余全部用于改善公共交通。考虑到地铁的升级更新颇为耗时，公交车的乘客数量成了改善公共交通的首要目标，它增加了三分之一，最富有的那部分人群的增幅最大。更多的改变已在酝酿之中，包括在该地区禁止运动型多用途车（这一想法获得的民意支持为3∶1）。而伦敦绝对不是纽约唯一的榜样：斯德哥尔摩、新加坡以及其他一些城市也在收取拥堵费。①

显然，收拥堵费是解决交通问题的一种可行之策。而我们想在这里强调的是，纽约市其实无权这么做，只有纽约州政府才有权批准实施这项制度。事实上，伦敦同样没有权力自行建立拥堵费制度：必须经过议会的批准通过详细的法案，而后者将在这个问题上为英国政府保留相当大的权力。在纽约，这座城市所面临的首要困难是

① 关于 New York Plan，参见 Nicolas Confessore and Diane Cardwell, "Hardest Part Lies Ahead for City's Traffic Plan," *New York Times*, July 21, 2007；关于 London's plan，参见 www.cclondon.com/, and Ken Livingstone, "Clear Up the Congestion-Pricing Gridlock," *New York Times*, July 2, 2007。

州法中的一项规定，即《纽约州车辆与交通法》第1604条。它的表述极其简单："地方当局无权通过……任何条例（ordinance）[①]……向公路的使用者收取任何形式的税、费或要求办理任何许可证、执照。"

事情看起来相当明了，实际上并非如此。当然，纽约州政府已经明令禁止纽约市做它想做的事情。但是，如果州政府没有颁布该法律呢？纽约市可否自行开征拥堵费呢？这个问题此刻看起来有点蠢，但答案基本上是否定的。不过，我们想从相反的观点开始谈起：在交通问题上，有些事是纽约市可以做的。事实上，州立法机关已经授予州内每个城市安装交通信号灯、设置单行线等方面的权力。更为重要的是，州法中一项仅适用于"任何人口超过100万的城市"——也就是说仅针对纽约市——的规定赋予了该市非常广泛的权力，以便在其街道上"对交通问题予以禁止、限制或规范"，并且，如果"有法律许可"还可以在其公路上征收通行费。纽约州宪法甚至赋予该市一定程度的地方自治权[②]，这可能是最重要的。为此，纽约市街道的管理和使用也成为宪法特别授权的内容。交通不同于其他许多看起来可能超出城市控制的事项，比如通勤税或者预防全球变暖可能造成的洪灾，它是一项地方性职能。每天纽约市都在行使自己的权力去管理交通，这一点任何人哪怕只在那里待了

① 指由市政法人（municipal corporation）的立法机关通过的法规。——译注

② home rule，即地方自治。州宪法或类似立法授予地方市镇一定自治权以分配州和地方政府间权力的规定，地方政府如接受上述条款，即构成自治。——译注

一小时都可以亲眼看到。①

既然如此，那么在州立法机关尚未颁布禁止征收拥堵费的特别禁令的情况下，纽约市为什么不能收取拥堵费呢？答案是，纽约的法院已经明确表示，该市在街道上行使权力只能以本州所有人为获益对象，而不能单单有益于该市居民，因此，对于该市街道拥有最终控制权的是州。基于这一点，一家州法院在 1981 年宣布纽约针对工作日早晨的交通限制无效，即要求通过四座桥前往曼哈顿的小汽车须载有多名乘客。但是，问题并不在于州禁止了这种尝试，根据法院的说法，问题在于州法律并没有明确授权纽约市做出这样的规定。换句话说，问题在于，这座城市必须得到州的特别许可才能禁止仅有一位乘客的车通行。即使州当局没有书面禁令，纽约市也不能擅自行动。1988 年，当纽约上诉法院宣布纽约市在城中建立住宅停车场的行为无效时，也是基于同样的道理。简而言之，纽约市有“地方自治”权这件事并不像许多人所以为的那样，它并未被授权按自己的主观意愿来实施道路管理。②

这些法规可能会使所有的市长认为，如果城市自行收取拥堵费的话，州法院将会予以取消。当然，收费对象不仅仅是外来者，也

---

① New York Vehicle and Traffic Code, §§1640, 1642; New York Constitution, Article 1X, §2.

② Automobile Club of N. Y. v. City of New York, 1981 N. Y. Misc. LEXIS 3518 (Sup. Ct. N. Y. 1981); New York State Public Employees Federation v. Albany, 72 N. Y. 2d 96(1988).

包括城市居民。拥堵费与入城费不是一回事，但法院可能不会同意。所以，这种法律风险会让所有的市长怀疑，是否值得在这种创新政策上投入时间和精力，毕竟其法律依据是如此不可靠。

鉴于这样的窘境，布隆伯格市长不能简单地要求纽约州取消限制。他别无选择，只能去州立法机关获取征收拥堵费的明确许可。但是遭到了拒绝。州立法机关转而同意成立一个 17 人委员会，与州立法机关一同研究市长的提议，该委员会的成员由市长和州长、州立法机关和市议会领导人任命。此外，州立法机关决定，任何关于拥堵费的提议都必须得到纽约市议会的批准，而不是像市长所期待的那样只由市长本人和州政府通过即可。需要州委员会和市议会的批准会明显改变设立拥堵费的政策，来自城外自治村镇的议员以及来自郊区的州议员也将会对此想法做出与市长不同的反应。就看谁有决定权了。而现在，谁来决定事实上变得非常复杂。正如《纽约时报》所言：

> 任何最终方案都将……需要得到联邦交通运输部、市长、州长、新交通改善委员会 17 名委员中多数、州参议院 62 名议员中多数以及州众议院 150 名议员中多数的批准。[①]

但是现实比这更糟。正如前文所述，伦敦拥堵费方案的一个关键部分在于将收取的资金用于改善公共交通。这在伦敦可谓轻而易

---

① Confessore and Cardwell, "Hardest Part."

举，因为大伦敦市政府①控制了公共交通、街道、出租车管制、自行车许可以及交通运输系统的其他方面。但纽约市的公共交通运营并不由市政府控制，相反，是由纽约市运输局（New York City Transit）运营，该局是州设立并由州任命的公共权力机构——大都会运输署（The Metropolitan Transportation Authority）的下辖部门。公共汽车和地铁系统的任何变化都需要这个独立机构的批准与合作，而不仅仅是《纽约时报》提到的那些主体。更糟糕的是，我们还没提及这一体系运转起来所需的资金。市长期待联邦政府能为这项计划提供资金方面的支持，并且他与立法机关达成的妥协要求有一笔联邦资金。到目前为止，联邦政府已经同意为公共交通提供相当可观的经费，尽管不是直接用于拥堵费计划的实施；而且联邦政府的参与最后将取决于州一级所作的最终安排。显然，考虑到州政府对地方财政的限制，纽约市将无法单靠自己来为这个预计花费超过2亿美元的想法提供资金。当然，所有这些障碍都是可以克服的。有些人对此表示乐观。但是，很难为州立法机关制定的“折中方案”进行辩护，说这是理想的解决拥堵费的决策机制。

这个故事的关键并不是要指出纽约市自己应该有权决定是否以及如何收取拥堵费，也不是说纽约市将再也不能实施拥堵费政策，即便是经过修改的也不行，而是想强调决策机制架构对于政策倡议

① Greater London Authority（GLA），即伦敦的地方政府，管辖范围包括整个大伦敦地区，下辖伦敦市与32个自治市。——译注

以及其他无数个方面的重要性，正如本书接下来将要证明的。这就是书名《城市的界限》的部分含义。美国的每座城市都有州政府为其设立的法律边界和地理边界，这限制了城市的权力。虽然这些法律边界在各州之间存在差异，但却无处不在，并且不可能全部消失。每个城市的发展都在州政府一定的管制之下。问题是，到底该管什么。其任务在于确立城市的权力，使其有助于把城市引向一个合乎情理的未来。至于决定如何去做，便是本书所要探讨的主题之一。

不过，纽约这座城市并不是各种限制的产物。与我们在本书中关注的其他城市一样，纽约市正在以十年前无法预见的方式繁荣发展，而当时美国的中心城市因为衰败几乎要被放弃了。纽约市不仅在经历重要的经济增长，人口也在显著增长。根据人口普查统计，2000 年的人口数量刚刚超过 800 万，为史上最高。[①] 这便是为什么收取拥堵费正被纳入考量。人们现在愿意待在纽约，因为这里有未来。问题是：那到底是一个怎样的未来？拥堵费如今是交通专家在处理交通问题时喜欢采用的方式，它的实施将对纽约市未来几十年的生活产生重大影响。但是在 20 世纪五六十年代，专家们对于处理交通问题普遍有另外一个想法：建公路。罗伯特·摩西（Robert Moses）计划在曼哈顿修建一系列公路，比如曼哈顿下城的快速干道（布罗姆街的高架公路）、曼哈顿中城的快速干道（第 30 大街的

---

① NYC Department of Planning, *Population Division 2000 Census Summary*; www.nyc.gov/html/dcp/html/census/pop2000.shtml.

高架公路）、跨哈莱姆的快速路（与第 125 大街相邻的地面公路）以及跨曼哈顿的快速路（在乔治华盛顿大桥上）；但实际建成的只有最后一个。像拥堵费一样，这些快速路当时也被认为是能解决曼哈顿交通拥堵问题的，而它们也都有赖于联邦政府的支持及州政府的批准；但相比之下，公路会创造一个完全不同的城市，这是拥堵费做不到的。简而言之，在城市权力的细节问题中隐藏着关于都市时代（urban age）本质的大量问题，这个都市时代是美国城市能够并且应该追求的。城市人口的类型、城区与郊区的连接、交通规划对历史街区的影响、住房支付能力、办公建筑以及其他的很多城市问题，都牵涉到对于决定城市权力的法律架构的选择。设计决策架构是设计美国都市未来的一个环节，这也是本书接下来要讨论的主题。

第一部分　城市结构

刘易斯·芒福德过去经常会问一个非常基本的问题："什么是城市?"① 这个问题的答案取决于回答者的视角。对于许多人来说，"城市"一词与密度分布有关，因而城市中只有某些部分看起来像城市。皇后区的居民通常会说进"城"，意思是去曼哈顿，即便他们已经住在纽约市。整个大都会地带感觉就像一座大城市。波士顿郊区的许多居民会说自己住在波士顿，其实并不是。

城市的定义，因意图不同而各异。但是当一个人考察城市政府的各项权力时，却不会如此。曼哈顿居民能为自己制定的政策不会多过皇后区居民的。只有纽约市政府才是这座城市的管理者，只有它才可以制定法规、提供公共服务、征税、实施土地使用计划以及通过有约束力的法规。而且，城市之间的边界很重要。马萨诸塞州剑桥市市长并不能影响波士顿的发展，若有也是间接的；同样，纽约市市长亦不能为泽西市制定城市政策。虽然一些城市的市政府对周边地区行使了有限的域外政府权力，但城市权力依然很大程度上

① Lewis Mumford, "What is a City?," reprinted from the *Architectural Record* (1937), in Richard T. Le Gates and Frederic Stout, *The City Reader* (London: Routledge, 1996), 184; see also the opening sentence of Lewis Mumford, *The City in History: Its Origins, Its Transformations, and Its Prospects* (New York: Harcourt Brace Jovanovich, 1961), 1.

限制在城市边界划定的区域之内。

因此，当考虑在美国制定城市政策时，首先应意识到如下事实：美国大都市被分成很多——通常数十个——不同的地方政府，它们是在美国地方一级行使权力的主要机构。还要认识到，即使在自己的管辖范围内，这些地方政府也不能随心所欲地去做任何他们想做的事，这一点很重要。而这不单单是因为他们的权力，如同美国各级政府的权力一样，受到联邦宪法以及联邦法规的限制。在美国，地方的权力是州法赋予的。如果州没有授权地方政府去做某事，那么后者就无权去做。在这个问题上，约翰·狄龙（John Dillon）的著作是美国最早的也是最重要的，正如他指出的，地方权力取决于所在州的授权，这一点“超乎寻常的重要，并且是以自治体法为依据的”①。本书中，我们非常重视狄龙的视角：我们概述了对地方权力的理解，决定从分析由州定义的美国城市政府权力的范围和限制开始我们的研究。

这个起点的重要性通常会被人忽视，不仅是分析城市权力的人，还有那些要求制定区域政策的人，尽管没有地方政府获准采纳这些政策。许多学者把各个城市看作市场，而不是地方政府的治理对象。因此，他们更关注私人行为体的活动，而不是城市政府对其所做之事进行回应的权力。即使那些曾经将城市视同政府的人，也倾向于把重点放在不受城市立法限制的地方。这些地方包括城市内

① John Dillon, *Municipal Corporations, 5th ed., vol. 1* (New York: Little, Brown, 1911), 448.

部的政治动态，区域间争取私人投资的需求以及大规模技术发展的方式，比如汽车的发明，它导致了广泛的逆城市化社会趋势，比如郊区化（suburbanization）。事实上，难怪学者们会不约而同地认为：从法律角度讲，城市具有相当大的地方自治权；但在具体事务上，它们实际可以采取的政策种类是受限的。

接下来，我们采取了不同的方式。我们仔细地研究了地方政府法律对城市权力的影响（我们将狄龙所谓的“自治体法”称作地方政府法律）。地方政府法律并不包括影响城市的所有法规，它仅仅指州法律中专门用来限制城市权力的那一部分。地方政府的法律决定了市政府是民选的抑或是被任命的，也决定了城市是可以主动采取行动，还是必须得到州立法机关的明确批准；规定了哪些政府服务将由地方政府提供，哪些由其他主体提供；界定了城市的财政权力以及对在该城市的地域范围之内的土地进行利用开发的权力；此外还决定了城市之间的边界。简而言之，地方政府法律决定了城市的法律地位。而在这个国家，各州之间在这方面是存在差异的。

通过对地方政府法律的关注，我们得以强调所谓城市结构的重要性。这些结构是城市据以运行的法律机制，其中包含了一系列交织在一起的城市本身所不能界定的对于地方权力的授予及限制。它们对城市掌控自身未来的能力具有重要的、但很大程度上未经省察的影响。有时，它们会通过如下方式直接施加影响，即阻止城市使用特定的经济发展工具，禁止征收特定税种或者强行要求提供服务或向雇员提供福利。但城市结构也间接影响着城市权力的运行，例如，州对于城市征税权的规定不仅决定了城市的开支数目，还激励着城市追求与州限定后的资金流相匹配的经济发展类型。限制地方财政权力的规则以此影响甚至扭曲了城市的土地使用规划，而此种地方政府法律的正式规定与城市决策过程之间的相互影响极为普遍。

正如狄龙在其著作中明确指出的那样，地方政府法律决定了美国境内所有地方政府的法律权力，而不仅仅是波士顿和纽约等主要城市的法律权力。每个地方自治体——无论是城市，还是郊区、城镇或者村庄——均在州法确立的结构下运行。在这本书中，我们所关注的重点则更加具体，即城市结构对大型的、成功的中心城市权力的影响。虽然这些城市只代表了美国1.9万多个功能广泛的地方政府中的一小部分，但它们各有长处，值得特别注意。这类城市的数量在全国范围内都在增长。中心城市曾一度被认为正在消亡，但是现在许多城市正在摆脱1950年代那段艰难的岁月，成为多样化的、至关重要的和经济上强大的政府。最近，许多美国中心城市更倾向于被誉为区域经济的驱动力——即便只是作为全球城市体系的一部分——也不愿意被视为过往的遗迹而被抹去。我们重点关注的城市通常是其所在州内最大的地方自治体，有时是最重要的，而且它们所在的州的未来与该城市的成功息息相关。因此，它们不仅对州的政策制定存在影响，而且成为立法利益的特殊目标。事实上，由于其显而易见的重要性，大型中心城市常常被州（基于其特殊的法律地位，以既授予其权力又予以限制的方式）单列出来。

近年来，许多评论家研究了大型中心城市的出现，它们是成功的都市环境供人们生活和工作，但很少有人研究州法律通过州宪法规定、一般法律、行政法规和司法裁判来构建城市权力的方式。没有人对各个州的城市进行过详细的比较研究，因此，几乎没有考虑过我们关心的主要问题：州规定的哪些限制约束了大型的相对成功的城市政府改善城市居民、劳动者和游客体验的能力？各州建立城市法律体系的方式有什么区别，这些差异如何影响城市对未来的选择？对于大型的成功城市来说，这些问题尤其迫切。由于其规模和市场力量不断增长，它们具备对其未来做出选择的潜力，并且此类城市的未来是其他自治体所不能企及的。因此，它们之中较小的城市更有可能感受到我们在本书中描述的各种法律法规的约束性影响。

在本书中，我们调查了美国 7 座城市的城市结构，它们是波士顿、纽约、芝加哥、旧金山、西雅图、丹佛和亚特兰大。第二部分的主题是关于这些城市的细节以及我们比较这些城市的方法。通过重点关注城市结构对于这 7 座城市的重要性，我们努力尝试开辟一个调查领域，为其重要性提供明确的答案，目的在于确定城市结构发挥作用的主要方式。通过研究州规定的城市权力，我们研究了谁将对特定的城市问题负责，谁来将提议的解决方案付诸实施。

思考城市问题的这种方式的价值并不仅限于确定有权实施改革的主体，它还将有助于明确修改现行城市结构的必要性。大多数州已经几十年没有大刀阔斧地改变过城市结构了；对于一些城市来说，其核心特点甚至可以追溯到近一个世纪前的决策。然而，众所周知，中心城市据以运行的经济环境、所服务的人群在过去几十年里发生了显著的变化。如果已经牢固确立的法律结构对当前现实的反应能够更加充分，那么，城市改善其提供传统城市服务的能力以及对自身发展进行更强有力的控制的能力就可以大大提高。因此，正确理解城市的本质，可以改变人们思考和解决城市问题的方式。通过探索地方政府法律权力的重要性，人们会对通过州立法改变城市功能，从而改善城市服务的提供产生新的认识。州可以以某种方式增加城市的法律权力，或以其他方式来进行削减，从而改变城市的做法，并对事情做到何种程度产生影响。

我们强调现行地方政府法律所造成的限制，但这并不意味着应当允许城市想做什么就做什么。我们不是在倡导所谓的“城市自治”。相反，正如我们在前言中提到并将在第二章中详细论述的那样，我们认为，每个州的政府都会而且应该继续控制所辖城市的行为；我们的目的在于描述当前的城市结构，它们如今决定着美国主要城市的权力，展示着城市可能的发展方向。我们想指出，如果以正确的方式构建城市权力，各州在解决城市问题方面可以做的工作将比目前所能想到的多得多，这些城市问题既有地方性的，也有区域性的。

如果对于美国大城市可能想要对未来做出何种选择有些许认识的话，就能更好地理解城市结构的影响。这些城市在未来几十年内可能需要的权力类型或许会变得越来越清晰。城市当前在州法之下享有的法律权力，以及州法当前的构建方式与城市需求之间存在差距，这种差距促使城市偏好某些类型的未来观念远甚于其他。为了提供这种重新审视地方政府法律的背景，我们展示了成功的城市可以追求的四种可能的未来。本书第三部分的主题就是对这四种未来的深入研究。

我们所设想的这四种未来是建立在其他城市研究学者的成果之上的。近年来，他们中的许多人已经勾勒出了城市发展路径的大量选择，而我们将重点关注的四种未来之城是：全球城市、旅游城市、中产阶级城市和区域性城市。其中，全球城市专注于通过技术、金融和创新研究来发展与全球经济的联系，并将之作为城市发展的主要战略。旅游城市则旨在吸引来自世界各地的游客，主要侧重于发展文化与体育设施、会议中心、节日市场、酒店和餐馆。中产阶级城市把为居民提供服务作为最重要的功能，首要的便是公共教育。区域性城市重点关注的是大都市区周边的城市和城镇，因此，其更关心城市与郊区关系的发展，而不是其与上海①的关系。这四种未来并不相互排斥。想通过改善公共教育而成为中产阶级城市，为此付出的努力或许再加一把劲就可以成为全球城市。一个专注发展旅游业的城市可能为了给游客创造安全可靠的城市氛围而在社区维护方面进行投资，并因此带给中产阶级社区更多的财富。

然而，这四种未来之城并不一定相辅相成。一个专注于融入全

① 指代国外大型成功城市。——译注

球经济的城市所采取的政策，或许会使这座城市并不适合有小孩的中产阶级家庭居住。比如，它可能会集中精力为没有孩子的临时居民开发高端住房。一个致力于旅游业的城市可能会牺牲远离市中心的社区的利益，把投资建设闹市区的旅游景点作为当务之急。一个重点关注区域关系的城市所采取的交通政策，可能会更有利于郊区通勤者而不是那些打算翻新机场的人，即便机场可能会为这座城市引来更多游客和国外投资。

不仅这些未来类型不会重叠，而且人们还可以轻松地构想我们没有讨论到的关于城市生活的其他想法，比如成为移民城市。如果这四种未来代表了四种看起来合理的选择，它们足够与众不同，使得一个城市在有意识地选择专注于其中之一来发展时会与选择另一种未来的城市看起来有所不同，这对我们来说也就足够了。此外，哪一种选择都不明显优于其他选择，对我们来说也很重要。如果这些假设是正确的，那就意味着成功的城市做出了真正的选择。如果是这样，就有必要研究在其中运作的城市结构是否允许它们追求所有类型的未来，或者相反，引导这些城市的决策倾向于某些选择而不是其他选择。

我们对城市结构与城市未来之间关系的分析将不可避免是推测性的和不完整的。这里也没有确切的方法来推广有关城市未来的这些构想中的任何一个，更不用说我们未加考虑的其他发展目标了。此外，修订法律只是深化城市发展的不同构想的策略之一。尽管如此复杂，仔细研究一下成功的大城市发展方式中的每一种以及有助于这种发展的法律架构，似乎很有帮助。此外，虽然我们关注的是中心城市所具有的规划自己未来的权力，但很明显，我们研究的任何城市都没有忽视其周边的郊区。这也事关州法律。一个城市与邻近城市的合作能力，是州赋予其所辖地区（或由地方自行保留）的法律权力的功能之一。因此，我们将在城市结构中重点强调影响 7 座城市与其相邻市镇在该地区进行协作或竞争的相关能力。

我们在本书中呈现的结论可以先在这里阐述一下。当前的城市结构阻碍了城市控制其未来发展的努力，无论其目标是什么。但是，正如我们将在本书第三部分展开讨论的那样，现行的法律规定使大的中心城市比其他城市更容易实现某些目标，比如全球城市和旅游城市。事实上，如果一些城市自己寻求成为中产阶级城市或区域性城市，那么它们面临的困难反而会将它们推向全球城市或旅游城市的发展方向。城市追求其目标的能力会受到诸多限制，并且因城市不同而异。有些城市的情况要比其他城市更恶劣。波士顿提供了一个特别值得注意的例子，说明了过时的城市结构对城市决策的影响。波士顿的法律架构很大程度上是 19 世纪晚期确定的。自那时以来的关键变化都是为了应对二战带给这座城市的挑战，当时，全国的经济重建导致波士顿人口严重流失。很多这类变化导致城市将其对基础设施关键部分的控制权转交给了州管理的实体。尽管当时的权力移交可能有很好的理由，但波士顿已不再是一个衰落的城市。如今，这个城市蒸蒸日上，获得了成功，并就居民和投资与其他城市展开竞争，比如纽约、芝加哥、旧金山、西雅图、丹佛和亚特兰大。然而，波士顿几乎没有能力规划自己的未来，因为其法律权力受到了非比寻常的限制。此类限制不仅应当受到城市居民和官员的关注，也应引起居住在城外的人的思考，因为波士顿是它所在的大都市区和整个州的经济引擎。

然而，波士顿并不是特例。我们考察的所有城市都是在州的控制之下建构的，尤其是收入、支出以及土地使用规划方面的控制，它们限制了城市对未来发展的选择。对比不同类型的城市管理权的授予和剥夺，将会揭示不同的城市权力结构是如何为城市发展设定不同方向的。对前述不同结构的审视，指明了法律制度中的变化，这种变化可以更好地促进城市在 21 世纪的发展，其中包括我们在本书中没有讨论到的许多变化。我们希望我们对城市结构的关注将引发人们对扩大城市权力再次表现出兴趣。居住在美国主要城市之外的人，很容易忽略对于受限的城市权力的担忧，因为它们似乎与涉及整个州的更广泛的结构问题无关。城市的权力需求常常看起来像是市长偷偷提出的，是为了满足业已被很多人认为臃肿的市政人员队伍的需要。然而，城市权力的核心问题并不是城市的短期预算需求，尽管后者确实重要；也不是什么简单的原则问题，即地方自治不应过度受限。问题在于，大型中心城市（其数量甚至比州内那些拥有立法和自治权的城市还要多）现在都是在一个并非由其自己制定的法律架构中运行，而这种法律架构是需要根据城市的现状进行更新的。正如我们在第 10 章中描述的那样，修改后的城市结构的目标之一，不仅是增强中心城市的权力，而且是成为受到州法律限制的城市问题的一种区域性解决方案。换句话说，修改城市结构有助于将大都市区视为一个整体，对其组织安排进行反思。

稍后在本书中探讨构建我们这 7 座城市的权力的地方政府法律时，我们将详细描述州授予的权力是如何影响一些城市的。但是，我们更希望能阐明地方政府法律通常如何影响大型中心城市的行为，而不单单是地方政府法律对这 7 座城市有哪些影响。因此，先处理法律与城市权力在更理论化的层面上的联系似乎很重要。城市研究的文献在考察城市权力的实践方面有着深厚的传统。理解我们所用方法的途径之一就是看它是如何以现有文献为依据，或者如何背离这些文献的。而这需要将城市结构的概念置于城市理论之中，本书开头两章便是这样做的。

第一章
城市结构与城市理论

城市理论家分析城市权力的一个重要方式就是审视城市结构与城市机构之间的关系。就结构而言，我们指的是一些外部因素，它们在城市控制之外，却决定了城市能做什么和不能做什么。就机构而言，我们指的是城市在上述结构中的选择权。萨维奇（H. V. Savitch）和保罗·坎特（Paul Kantor）提供了对这些术语的惯常理解的有用说明：

> 结构的概念需要长期的、潜在的、相对固定的力量，这些力量设定了决策过程，并使之很难被人类行为影响。地理位置所带来的经济效益，便是结构性因素的一个例子，而城市对这种因素几乎无能为力。相比之下，机构的概念传达的是人类意志、个人裁量权和行动自由。民选领导人采用完全满足民众偏好的发展战略的能力，便

是机构的一个例子。[①]

我们对地方政府法律对城市权力的影响的关注将使我们在上述区别的基础上进一步阐述，但这会将它分割成两个重要方面。

首先，我们打破了“非法律的外部约束才是真正重要的约束”这一通常的假设。按照萨维奇和坎特的理解，城市权力的结构性影响在传统上被认为采用了“长期的、潜在的、相对固定的力量……很难被人类的行为影响”的形式。我们提出“地方政府法律代表了对城市权力的一种独立的、重要的结构性制约”，并由此侧重于一种限制，这种限制是偶然的政治选择的结果，而不是根深蒂固的社会、经济或地理条件的产物。这种限制来自政治选择的事实，意味着相比人们更容易理解的那些结构性力量的例子，它更能适应人类的行为。我们在本书中研究的城市结构之间的差异突出了这一点。因此，我们对地方政府法律之角色的观点与最近的学术研究一致，即认为一个城市的“兴趣”可以通过政治来改变。

我们对机构的概念也有不同的看法。我们同意以下观点：只有在法律缺位，城市有能力采取不同行动的情况下，法律约束才能限制城市的机构。我们也同意：越来越多的工作体量强调城市应当拥有实质性机构。然而，我们对于地方政府法律如何限制一个城市的

① H. V. Savitch and Paul Kantor, *Cities in the International Marketplace: The Political Economy of Urban Development in North America and Western Europe* (Princeton: Princeton University Press, 2002), 30 - 31.

选择范围感兴趣，这表明城市机构可能比其他人想象的更宽泛也更狭隘。机构的增加源于我们的信念，即框定城市选择的许多传统方法过于抽象，以至于毫无用处。一个城市的选择通常表现为在促进发展或者再分配、交换价值或者使用价值、增长或不增长之间做出选择。从我们在第三部分论述的四种未来的角度来看，显然，这些术语具有各种可能的含义，而且事实上，许多城市的选择不能轻易归入这种泾渭分明的二分法中的某一方。我们关注地方政府法律对四种未来的影响，可以更好地看到城市所面临的选择以及它们所拥有的实质性的大量机构。但是，我们对这四种未来的关注，也提供了关于城市机构范围的警示。城市拥有的权威性可能比一些城市理论家认为的还要多，但它们受到了州强加的限制，使它们无法利用现有经济和社会条件所赋予的自由裁量权。

虽然我们在本章中使用了“结构/机构”这样的用语，但我们认为，与其他许多词一样，在这两个概念之间经常出现的尖锐的二分法是站不住脚的。机构永远不能脱离其运作的结构。约束性结构，某种程度上可以是自我施加的：主体可以被自身想象的结构所约束。正如我们将在第3章讨论“地方自治”概念时看到的那样，对城市权力的某些限制是城市对自己的行动能力缺乏内在信心的产物。结构与机构概念之间的相互渗透，产生了我们在本书中未作探讨的理论复杂性。就连我们在本段中使用这两个术语的方式也是有问题的：我们继续对它们加以区分，即便我们已经说过不能让这两个概念泾渭分明。我们不纠缠于这些困惑，而是借助于理论上的争议来证明，城市权力是由州强加的法律规则与城市自身行为之间的循环关系所构成的。尽管人们可能对这两个术语提出异议，但我们仍将之作为一种简略的表达方式：它们使我们可以将我们的方法与大量界定城市权力的构成要素的城市文献进行比较。

一　地方政府法律与外部结构的作用

为了探讨我们的方法与其他对城市权力的结构性影响予以概念化的方法之间的关系，我们简单分析了罗伯特·达尔（Robert Dahl）在其著名的纽黑文研究中提出的一个基本问题所产生的关于城市政治的重要争论："由谁来治理?"[①] 对于这个问题应该如何回答，以及这是不是一个正确的问题而产生的争议，引发了对行使城市权力的结构与机构之间的关系所进行的翔实调查。这场争论并没有直接考察地方政府法律在城市政策形成过程中的作用。诚然，有学者提出，法律结构的变化有时可能会使城市能够增强其应对经济和社会力量的能力，如若不然，这些力量会将其政策限制在一个狭窄的选择范围内。但是，提出这些建议的人并没有系统地进行阐述，而且几乎总是把重点放在修改联邦法律而不是州法的必要性上。因此，在以往对城市权力结构性制约的研究中，

---

① Robert A. Dahl, *Who Governs? Democracy and Power in an American City* (New Haven: Yale University Press, 1961).

法律结构并没有占据更显著的地位也就不足为奇了。曾经受过训练，要成为经济学家、政治学家、历史学家、规划师、地理学家和社会学家的一些城市理论家已经意识到，是法律塑造了他们所关注的力量，但是，他们的主要兴趣自然而然地导致他们将法律置于研究背景之中。然而，即使是受过法律训练的城市学者，也经常低估了地方政府法律的限制性影响。许多人认为，城市现在拥有地方法律自主权，因此，各州应加大对地方权力的法律限制，以保护中心城市免受破坏性的郊区竞争。我们将在下一章中详细研究这一观点。

1. 社区权力之争

达尔提出的问题需要分析是谁在城市内行使决策权。是作为一个整体的当地所有居民，还是仅仅是其中不负责任的少数富人以及与之相关的人，在负责城市决策呢？围绕这个问题展开的一场被称为社区权力之争的辩论，在二战后的几十年里，主导了城市政治学。某一分析家群体，精英理论家，倾向于将城市描绘成排他性俱乐部，由一个小规模的相对不负责任的寡头统治集团管理，这个集团一直在行使地方权力。另一方，即多元主义者，对此回应说，是城市内部的利益集团根据具体问题来决定具体由哪个集团行使权力。虽然多元主义者并没有认为每个城市的居民都有平等的发言权，但他们反对单一的“权力精英”始终占据主导地位的观点。①

将城市政治视为精英政治的人与将其视为多元政治的人之间的分歧是根本性的。它取决于人们相信谁，城市要么是合法的民主机构，在那里选民拥有公平的机会让自己的声音被听到，要么是不负责任的女仆，服务于精英群体的一小撮富有居民。就当前目的而言，特别令人感兴趣的是，至少在表面上，争论双方都假定城市拥有大量的机构。关于城市由谁治理的分歧之所以重要，正是因为人们认为城市有权做出一系列对其居民有意义的重要决策。如果城市缺乏这样的权威，那么把注意力放在决定谁来管理他们上就是完全错误的。

考虑到社区辩论发生的时间段，就不难理解为什么这种关于城市机构的大胆假设会成立。这场争论始于城市复兴运动的鼎盛时期，当时城市正利用自身力量重塑自己。整个街区都在城市的指挥下被宣告有问题、被清理和重建。一个城市可以给环境带来的巨大变化并非不可想象，因为这正是许多城市正在做的事。虽然看起来他们确实有权做出重要决定，但尚不清楚他们做出的决定是否正确。一定会有赢家和输家。这就产生了一个问题，即城市政治是否在系统性地偏向某些人，尤其是那些在重建努力中首当其冲的低收

① Floyd Hunter, *Community Power Structure: A Study of Decision Makers* (Chapel Hill: University of North Carolina Press, 1953); Nelson W. Polsby, *Community Power and Political Theory: A Further Look at Problems and Inference* (New Haven: Yale University Press, 1980).

入居民。因此，社区权力之争不仅仅是一个抽象的学术争议，而且直接影响到市区更新的合法性。

纵然社区权力之争建立在一个对城市机构的大胆假设之上，也并非不关心外部结构的潜在影响。重要的经济和社会力量提供了城市政治发生的框架，市区更新显然对这些力量做出了回应。得到最多考量的那些影响，与州授予的法律权力无关。相反，它们关注的是诸如制造业的衰退、郊区的崛起以及联邦公路系统的建立等因素。不过，也有人承认，地方政府的法律规则也很重要。由于城市参与了创造性的政策制定，所以它们正在扩大对于其法律权威范围的传统解读。虽然达尔关注的是纽黑文的政治动态，但他指出，纽黑文市对市区更新的积极追求，得益于州法律的变化。他解释说，为了让纽黑文能够针对城市"萎缩"[①] 采取行动，州法律以补充解释的方式对州授予的征用权进行了修改，而这种解释州法院最初十分不愿接受。他还指出，康涅狄格州决定将建立重建局（redevelopment authority）的权力下放给城市，是对纽黑文大部分市区更新项目所依赖的联邦资金附加的要求做出的回应。他在结束对纽黑文的研究时，提出了各种多元化的城市政治模式，从以行政为主导的联盟到更具管理性的模式，这些模式显然与明确纽黑文市政府结构的州法律法规存在明显的联系。

然而，关于州法律对城市政治的影响的讨论，是社区权力之争

① blight，这个词源于园艺学，19 世纪末以来，常用来描述西方引起自然和社会的反常、弊病、动荡和犯罪等问题的根深蒂固的城市病态特征。——译注

中一个次要组成部分。事实上，州法律在限制城市权力方面所起的作用，无论是直接禁止城市权力的行使，抑或是通过让城市依靠物业税来激励其执行特定的政策，几乎没有被考虑过。这场争论也淡化了经济和社会约束的重要性。真正的焦点在于是谁在城市内部行使权力，之后的评论家们对此提出了尖锐的挑战。正如他们所做的那样，法律结构在塑造城市权力方面的作用在分析中变得更为突出。

2. 城市的局限

社区权力之争的焦点是城市内部的政治动态，这是保罗·彼得森（Paul Peterson）在其1980年的《城市的局限》（*City Limits*）一书中的一个重要批判对象。[①] 其他评论家已经抱怨说，争论是基于一个过于狭隘的观点，即什么构成了地方政治的“选择”。他们认为，即使多个选区在城市实际采取的政策方面有发言权，城市也可以决定不把许多问题提上议事日程，从而来制定决策。“不做决定”也是一种决定。因此，城市的议程完全有可能（或者有一定可能）始终反映精英阶层的影响，尽管事实上，许多利益集团参与了实际执行的城市政策的制定。

彼得森的批判更为深入。它同样适用于精英和多元政治理论家。1970年代，彼得森在纽约市近乎破产后不久撰文指出，社区权

---

① Paul Peterson, *City Limits* (Chicago: University of Chicago Press, 1981).

力之争从根本上讲是错误的，因为它侧重于内部的政治斗争，由此过分强调了地方机构的重要性。社区权力学者错误地认为，城市政治就像国家政治一样——城市就其根本而言是自治政府。诚然，社区权力理论家经常指出，城市面临着对其权力的制约，其中包括由上级政府所施加的。但他们对于城市政治内部动态的关注，表明他们并不完全相信自己的资格。他们写道，城市做出的决定似乎是地方政治决策过程的产物。彼得森认为，城市与更高级别的政府不同，城市在根本上被限制在它们能做的事的范围之内。这些外在的权力限制，对城市的决策产生了巨大的影响。

1960 年代、1970 年代，城市财富的下滑似乎助长了对城市机构的怀疑。虽然城市一度看起来有能力做大事，但其情况表明它们不是自己命运的主人。达尔是在理查德·李（Richard Lee）在纽黑文大力开展市区更新的背景下写这本书的，彼得森在写作时考虑到了纽约市林赛政府的经验。因此，彼得森开始构建一个以受限而非扩展的城市权力为前提的城市决策理论也就不足为奇了。彼得森认为，城市的选择很大程度上受到国家政治经济的影响。因此，社区权力之争的双方都错了。即使某个小团体保持一种占主导的政治地位，它们本质上也是在回应它们无法控制的市场力量。同样，多元主义者也错误地认为，对于地方政治的参与表明了不同的利益得到了很好地代表。实际上，对城市居民而言意义重大的问题从未成为严肃的政治辩论的主题，因为作为一种结构性事物的城市，没有权力解决这些问题。

有时彼得森似乎在暗示，一个不可改变的经济逻辑代表着对于城市权力的至关重要的限制。这一点在彼得森讨论其所谓的城市“利益”的本质时表现得尤为明显。城市政治的主题是有限的，这一事实意味着城市不可避免地产生了一种兴趣，即改善其在所嵌入的更大结构中的地位。城市的利益不是该城市居民个人利益的总和。既然城市在一个更大的国家内拥有有限的管辖权，那么提升自身的地位便是城市理性愿望的产物。可以肯定的是，城市可能会有各种各样想要追求的利益，从提高其社会声望到增加其政治权力，凡此种种。然而，彼得森主要关注的是城市的经济利益，他说，此种利益将引导城市像私营企业那样相互竞争，从而最大限度地提高各自的经济福祉。

彼得森认为，考虑到地区间的经济竞争，城市主要是对旨在吸引商业和工业的发展政策感兴趣，因为这些政策提高了城市的经济地位。的确，如果传统的经济分析是正确的，那么城市的利益实质上与出口业的利益是一样的。城市知道如果出口业蓬勃发展，它们将会从中受益。为了促进它们的出口业，城市可能会尽力对土地、劳动力和资本运用权力。然而，城市控制劳动力和资本流动的权力很小或者根本没有，但在控制土地使用方面确实拥有一定的权力。不过，即便是这样的权力也是一把双刃剑。尽管土地是城市可以控制的一项生产要素，但它也界定了城市的边界，从而使城市对于争夺劳动力和资本投资的需求变得更加强烈。

他认为，同样的逻辑也表明，城市对推行“再分配”政策兴趣不大，这一点是可以预料的。这些惠及低收入居民的政策对当地经济构成了威胁。采取再分配政策的尝试可能会赶走某些投资，而这些投资恰恰是基于城市经济利益的考虑需要保留或吸引的。是地区间竞争的结构而非城市政治的特征，解释了为什么城市有兴趣追求发展的政策而不是再分配的政策。一个多元化的城市在很大程度上可以像一个由权力精英统治的城市一样追求经济利益，因为再分配不是而且通常也不能成为地方政府决策的重要组成部分。

彼得森观点中的这个方面引发了强烈的批评。许多人认为，这种看法对城市权力过于确定。批评者认为，这个观点的问题之一是，它无法解释不同城市之间的政策差异，尽管所有城市都被同一结构所束缚。一些评论家将彼得森的方法与马克思主义的观点结合在一起，理由是二者均错误地假定经济结构和城市政策之间存在直接的对应关系，以致过分地低估了城市政治的作用。尽管彼得森分析的重要部分无疑会招致这种批评，但我们想强调的是他分析的另一个层面。虽然彼得森自己断言城市的局限源于经济和社会条件，而批评者假定彼得森认为经济逻辑是对地方政治主要的结构性限制，但彼得森在其书中所指出的对城市权力的限制是法律制度的产物。

彼得森在分析的一开始就指出，城市与民族国家不同，因为它们不能“发动战争与达成和平；不能签发护照或禁止外人进入其领地；不能发行货币；不能控制进口或建立关税壁垒”[1]。城市不能做这些事情的原因，与根本的经济制度没有多大关系。这些限制来自美国宪法，它与一些联邦法规共同将这些权力保留给了联邦政府。事实上，彼得森认识到，在引导城市推行发展政策而不是再分配政策方面发挥关键作用的是法律结构。例如，他所指的法律限制，他一贯认为法律限制具有“宪法”层面的特征，正是它阻止了城市调节资本和劳动力的流动。他认为，如果没有对资本和劳动力的合法权力，城市别无选择，只能拒绝可能阻碍投资的再分配政策。他们必须采取鼓励投资的发展政策。

一再提及这些限制的宪法地位，无疑会助长批评者的观点，即彼得森认为城市被困在一个几乎不可改变的国家政治经济之中。但彼得森明确拒绝了这一观点。在该书的结尾处，彼得森争辩道，鉴于城市居民对考虑采取这些政策有着明显的兴趣，所以将再分配政策排除在城市议程之外的外部结构继续存在是不现实的和冷漠的。这并没有导致他呼吁革命性的变革；他说这种行动方针既危险又不必要。但他确实认为，限制地方再分配可能性的结构性安排可以在不改变国家的社会和经济结构的情况下加以修改。通过以更温和的方式改变背景中的法律结构，城市可以被授权追求那种可能会带来更大的公平的再分配议程。

为了推动这一改革议程，彼得森提议联邦政府在所有州和地方

① Peterson, *City Limits*, 4.

债务的背后保证其充分信任和尊重[①]，从而使城市能够利用其本来有限的借贷能力为再分配方案提供资金。（为避免过度借贷的问题，他建议要求城市在发行债务之前必须获得联邦机构的批准。）彼得森还提出了一项联邦收入分配计划，旨在实现城市人均财政资源的均等化。如此一来，一个城市可以随着其经济的改善而获得更多的联邦资金，从而产生盈余，可以用于再分配事项。最后，他认为，一项全面的收入分配计划将使城市摆脱针对性更强的财政补助制度，后者将决定城市开支。联邦政府可以规定最低的服务条款要求，但作为回报，城市可以被授权去解决那些原本不在其利益考量范围内的问题。他总结说，尽管这些法律上的变化并不能确保更大的公平，但它们将使地方能以类似于目前在国家一级进行的争论的方式，就公平与生产力之间的权衡取舍进行辩论。因此，“一系列新的地方政策将成为可能。更重要的是，地方政治生活本身可能会获得新的意义”[②]。

这些打破城市局限的建议，似乎与许多评论家认为的《城市的局限》的主题背道而驰：城市别无选择，只能奉行一套由经济现实

---

① full faith and credit（clause），充分信任和尊重（条款）。联邦制的一个严重后果就是总会存在各类辖区内法律相冲突的可能。美国宪法第四条中的联邦法律效力最高条款对州法与联邦法的冲突予以规范，而该条中的充分信任和尊重条款则调整的是州法之间的冲突。它要求每个州对其他各州的公共法律、案卷和司法程序给予充分的信任和尊重，承认其效力。当然这种承认是有条件的。见《元照英美法词典》北京大学出版社 2003 年版第 588 页。——译注

② Peterson, *City Limits*, 222.

决定的有利于增长的有限政策。但这让我们对他们更感兴趣。他们把城市描绘成合法产物，认为城市法律权威的定义会影响到城市可做选择的种类。彼得森的方法和我们的一样，假设对城市权力的一个关键限制便是城市在其中行使权力的法律结构。这也表明，在没有从根本上改变经济秩序的情况下，也可以实现城市权力的实质性转变。

彼得森认为，要改变城市决策的实质，就必须改变地方权力的法律结构，他几乎只关注联邦政府在界定城市权力方面的作用。他没有真正注意地方政府法律的制约作用。在某种程度上，这是因为彼得森似乎将州和城市划上了等号，好像每个州和城市的权力都受到了同样的限制，并且只有国家政府才有权予以解除。城市与州的这种融合很难捍卫。与城市相比，各州明显具有更高的法律地位。彼得森本人在各方面都坚持认为，城市是与众不同的政府机构，因为其领土管辖权特别有限。我们认为，彼得森的分析强调了进一步深化他的基本见解的必要性，并考虑对界定城市权力的州法律体系的修改是否会以改变地方权力的实质性行使的方式打破城市的局限。

3. 政权理论

彼得森批判了社区权力之争的内部焦点。几年后，克拉伦斯·斯通（Clarence Stone）提出了一种不同的观点。[1] 在阐述所谓的政

① Clarence N. Stone, *Regime Politics: Governing Atlanta,* 1946－1988 (Lawrence: University Press of Kansas, 1989).

体理论的过程中，斯通把问题定位在与社区权力的争论中，在其假设的“社会控制”权力模型之下。社会控制模式认为，群体会努力寻求对彼此的控制，从而使控制力最强的群体拥有最大的权力。斯通认为，这对于思考一般意义上的权力以及特别意义上的城市权力而言，是一种有限的思考方式。在他看来，关于城市政治的重要问题并不在于谁控制谁，而在于城市内部是否有人可以施加足够的控制来完成某件事。正如斯通所说，城市政治的概念应该从“控制权力（power over）”模式转变为“行使权力（power to）”模式。关键问题将变成“面对复杂的、有时甚至是分裂的力量，如何产生有效与持久的治理能力”[①]。

由此看来，城市政治的关键问题在于，政府官员需要找到具备充裕资源的合作伙伴来执行他们的政策。城市是资源不足、高度受限的政治机构。像彼得森一样，斯通也对支撑早期社区权力之争的机构这一宏大概念持怀疑态度。但是，彼得森专注于外部约束制约地方政治选择的方式，斯通则关注城市维护自己机构的过程。为了让城市在它们被要求运作的支离破碎的体制范围内有所作为，城市官员需要建立管理联盟[②]，特别是和私营企业。城市需要商业所独有的资源。与此同时，如果没有城市的帮助，私营企业也无法实现

① Stone, *Regime Politics*, xi.

② governing coalition 通常被译为“执政联盟”或者“联合政府”，但在本文中想要表达的意思并非政党和政党之间的协同，而是城市管理者和其他社会主体之间在治理城市这一事项上达成的联合，除有意义转换的部分外，本书均译为“管理联盟”。——译注

自己的愿望。斯通认为，由于利益的这种相互关联，私营企业在城市内部的利益集团中享有特权地位，即使没有精英秘密地经营着城市，即使可能出现一个商业不占主导的政权。

政权理论家对具体的城市进行了详细的案例研究，这些研究为城市提出了一系列供其追求的愿景。例如，克拉伦斯·斯通描绘的亚特兰大的商业友好型政权，后者寻求在城市的种族分裂中创造和平；以及进步的反增长政权，德莱昂（DeLeon）认为它曾一度在旧金山占主导地位。① 无论城市的目标如何，政权理论往往强调城市所面临的限制。正如斯通在其对亚特兰大的研究报告中强调的：

> “鉴于政府权力的薄弱和非营利部门的分散，商界精英有独特的能力提升地方政权的管理能力。因此，对执政能力做出贡献的能力的不平衡，是亚特兰大政权的核心问题。在这种不平衡得到纠正之前，有偏向性的、薄弱的治理似乎是唯一真正的选择。这就是从社会生产模式中得到的教训。”②

像彼得森一样，斯通的结论促使他寻求改变外部结构的方法，以尽量减少他指出的政策偏差。他这样做的动机似乎并不是基于想确保再分配政策在地方获得公平听证。相反，内部特权的吸引力将

① Richard DeLeon, *Left Coast City: Progressive Politics in San Francisco*, 1975－1991 (Lawrence: University Press of Kansas, 1992).

② Stone, *Regime Politics*, 233.

阻止以商业为主导的管理体制从社会学习[①]中获益，即使暂时不考虑平等代表权，斯通的观点也因此引发了地方政治方面的问题。由于执政者对自己决策的后果的理解总是有限的，他们需要来自其他渠道的信息。为了获得关于其政策可能产生的意外后果的有价值的信息，他们依赖于受影响群体的参与。

斯通和彼得森一样，指望通过联邦法定结构来实现他认为有必要的城市政治转型。他建议改变联邦市区改造计划，鼓励与非营利性社区发展组织建立公私合作关系，而不是仅限于营利性开发商，就像传统上所做的那样。他建议增加像“服务美国志愿队（VISTA）”这样的项目，以刺激在地方一级创造充满活力的非商业交往生活。斯通认为，国家法律结构可以改革，以促进城市内部出现可以作为商业制衡力量的市民活动。

斯通提出的法律改革建议，和彼得森的一样值得注意，因为这些建议都相对简短，并且侧重于改变联邦法律结构以重塑城市决策的方式。不过，他的基本出发点和我们的相似。斯通的分析并不比彼得森的分析少，指出了研究方法的潜在价值，即最直接界定城市权力的法律语境——地方政府法律——制约了城市权力，可以对其进行改革以提升城市权力的行使。

我们对达尔、彼得森和斯通的讨论，并不意味着法律是影响城

---

① 社会学习是指个体通过与环境中的其他个体或者通过群体间的相互作用，获得对于各种行为、事件、关系的认识以及有效进行某种活动的知识经验等的学习方式。——译注

市决策的主要（更别说是唯一的）外部结构。我们也没有主张用法律决定论取代经济决定论的假设，以至于受同一法律制度约束的城市不太可能采取不同的政策。然而，我们确实认为，地方政府法律是一项重要的结构性因素，尽管城市理论家自己的分析逻辑往往也显示了该因素的重要性，但他们很少探讨这个问题。这个疏忽是令人遗憾的。只要地方政府法律的规定规避了审慎的分析，就不太可能改变。此外，像彼得森和斯通这样专注于改变联邦法律结构的改革理念，如果不考虑地方政府法律规章的约束作用，就不太可能奏效。如果州法律实质上限制了一个城市的监管机构或借贷权，那么通过增加联邦援助或联邦对地方债券——比如彼得森建议的债券——的支持来提高城市决策能力的建议，就无法取得预期的效果。修改联邦法律以提高管理制度包容性的建议——正如斯通建议的那样——假设城市可以追求更为平衡的发展形式。但是，如果州法律像通常那样将这一战略视为城市的禁区，那么即使是一个包容性的管理制度也不能促进更均衡的发展。正如约翰·狄龙在一个多世纪前所解释的，城市权力最终是州法律的产物。因此，州法律结构的改革必须成为加强城市权力的主要手段。

二　地方政府法律和城市机构的范围

现在没有人相信，也许从来没有人相信，城市发展政策仅仅是地方选择的结果。斯通、彼得森和其他很多人的研究成果都清楚地表明，不能孤立地从更大的社会和经济力量来看待城市。但是城市在其运行的限制条件下确有回旋余地。因此，一个关键问题在于城市可以自行做出何种选择。城市理论家提供了很多有影响力的框架来确定城市拥有的选择。我们的方法与这些理论家的一样，都对城市权力的确定性模型提出了批评。但是我们认为，他们所采用的框架并不能对城市机构做出充分说明。

1. 对传统选择的挑战

相关文献确定了三种宽泛的方法来框定城市可以做出的基本政策选择。第一个是我们已经讨论过的，它表明发展政策与再分配政策之间存在着关键的分歧。这是在彼得森《城市的局限》一书中提出的论点。第二个来源于马克思，它确定了促进交换价值的政策与促进使用价值的政策之间的关键选择。在《城市与基层》（*City and the Grassroots*）一书中，曼努埃尔·卡斯特尔（Manuel Castells）通过分析城市社会运动的历史，对这一区分做出了有益的解释：

> 这种使用价值的内容因地而异……它可以是作为公共服务而提供的体面居所、历史建筑的维护或者是对于开放空间的需求。但无论进行怎样的动员，都是为了改善集体消费，这与以营利为目的的城市理念相矛盾，即对空间和

城市服务的需求将根据收入水平来分配。[①]

至于第三个，哈维·莫洛奇（Harvey Molotch）在他的论文《作为增长机器的城市》（*The City as a Growth Machine*）中阐述得很清楚，它提出了旨在促进增长的政策和旨在管理增长甚至减缓增长的政策之间的重要分歧。莫洛奇提供了以下定义来强化这一区别：

> 增长是市区人口的不断增加，通常表现为基础产业的初步扩张，随后是劳动力的增加、零售和批发业规模的扩大、土地开发范围的更加广阔和越来越密集、人口密度越来越大以及金融活动水平的提高。[②]

上述三种框架通常不是用来描述城市应当如何制定政策的，它们更常用来解释城市是如何制定政策的，要么是因为当时的社会和经济条件使它们别无选择，要么是因为鉴于城市决策者的意识形态倾向，没有其他选择可供挑选。这些框架并没有就城市应当如何运作制定严格的规则，但它们（尤其是结合起来）确实表明，城市被一种特殊的决策愿景强烈地吸引着，那些赞成替代方案的人将会面临一场艰苦卓绝的战斗。通常的观点是，城市更倾向于奉行促进发展、交换价值和增长的政策，而不是那些赞成再分配、使用价值和

① Manuel Castells, *The City and the Grassroots: A Cross-Cultural Theory of Urban Social Movements* (London: Edward Arnold, 1983), 319.

② Harvey C. Molotch, "The City as a Growth Machine: Toward a Political Economy of Place," *American Journal of Sociology* 82(1976):226.

零增长的政策。之所以做出这些选择，是因为城市的管辖权有限，并且在很大程度上依赖私人投资来获取它们所需的收入，为其服务提供资金。

我们对这些框架的兴趣在于，它们是如何将地方政府法视为对城市决策的影响因素的。乍看起来，它们似乎认为地方政府的法律法规并不重要。如果城市普遍倾向于支持促进发展、交换价值和增长的政策，那么几乎没有理由深入研究不同的州构建城市法律权力的方式。地方政府法律结构的地区间差异将会被推动城市以某种方式制定政策的社会、经济或许还有意识形态力量所压倒。即使城市在如何追求发展方面拥有一些机构，这些框架的作用也是将人们的注意力从城市可能追求的替代方法上转移开。那些使用这些框架的人经常强调城市政治是多么有限，或者它将变得多么机械："城市就是一台增长的机器"。

然而，如果我们更仔细地观察这些区别，就会发现它们隐藏了城市可以做出的一系列重要选择。正是这些选择在受到地方政府法律的影响。因为没有单一的方式来促进发展、提升交换价值或加速增长，城市常常会发现，州法律会影响它们追求这些目标的方式。同样重要的是，一些城市，特别是我们研究的大型的成功城市，有足够的实力采取一些政策，这些政策似乎超出了一个城市的能力范围，或者违背了它的利益，因为它们被认为是反商业的。这可能源于这样一个事实，即位于城市中的企业发现自己与城市的联系比对于资本过度流动的概括所表明的更加紧密。如果是这样，这个城市可能有能力对它们实行一定程度的政治控制，而不用过分担心这样做会把它们赶出它的地盘。另一方面，与上一代人相比，商业团体在任何一个特定群体中的根基都要小得多，这一事实可能意味着其政治影响力正在减弱。因此，城市政策制定者可能会更自由地采取不符合特定企业倾向的政策，而宁愿迎合其他的地方选民。不管怎样，城市可能认为合理的政策选择范围或许包括了许多在现行框架下似乎不是选择的选择。仅仅出于这个原因，州法律直接或间接影响的选择范围可能比传统框架所表明的更为重要。

但是，城市有能力执行城市理论所建议的标准之外的其他政策，这只是城市必须做出的众多选择中之一。如果一个城市不被限定为追求发展政策，那么它必须就如何实施它所希望追求的替代政策作出一系列重要决定。一个想增加保障性住房存量的城市，可以通过许多方式追求“再分配”目标。它可以利用地方税来提供城市将拥有的公共住房；可以要求新的私人开发商提供低于市场价格的住房，以换取建造市场价住房的权利；可以向租房者直接提供现金补贴；可以通过禁止公寓转换[①]来增加租赁机会；可以捐赠城市土地来补贴私人的多户住宅的开发；可以利用土地征用权来获得捐赠所需的土地。这些不同的选择会为城市带来不同的结果。有些可能

① condominium conversion，公寓转换，又作 condo conversion。在房地产领域，公寓转换是指针对拥有一个完整所有权的收益财产或者其他类型的土地所有权，将该整个财产（通常已经在事实上成为多单元的财产）的独占所有权转换为单独销售的单位公寓。这种权利一般需要来自州或地方市政当局的批准。——译注

会吸引不同类型的居民，或者做更多的工作将他们融入收入水平不同的人居住的地区；有些可能会促进私有市场的发展，而在其他城市它们可能会受到压制。因此，狭隘地关注城市是否会进行再分配的问题，忽视了城市决策的多个重要方面及其对城市环境的潜在影响。它往往掩盖了这样一个事实：州法律可能会使得城市偏向于选择某些实施方式而非另一些。

传统框架还有一个更根本的概念性问题：发展与再分配，交换价值与使用价值，增长与零增长，这些概念之间区别的不确定性。这些框架表明，城市面临一系列非此即彼的二元选择，因为考虑到经济现实，只有一个结果符合城市利益。它们更进一步提出，在面对这些二元选择时，城市将以可预测的方式解决它们。然而，城市所考虑的许多政策，甚至可能是大多数政策，都跨越了这些类别的鸿沟。考虑到公立学校的招生对象，这座城市是否增加了公立学校参与再分配的资金，还是帮助其提升了财产价值并促使新雇主们在其周边定居？一个保护其历史建筑的城市，是将使用价值置于交换价值之上，还是通过维护一种有价值的商品来帮助这座城市吸引游客？一个限制办公楼开发以防止其影响市中心公园采光的城市，是在反对增长，还是在保护有吸引力的设施从而吸引新的居民？当人们认为这些框架之间可能存在紧张关系时，这类问题就变得更加迫切。一些再分配政策，例如旨在使住房成本更能负担得起的政策，也可以从有利于增长的角度来解释，因为城市人口会由于生活成本高昂而减少。同样，投资一个新的公园可能会遭到反对，理由是它将土地从市场上收回；但也可能作为促进新发展的一种手段而受到保护。

简而言之，城市理论提出的对立的政策类型不够清晰，无法建立有用的参数。城市通常不能进行再分配的说法，并没有揭示城市机构的范围，因为许多地方政策可能被合理地描述为既是有关再分配的又是有关发展的。关于城市通常不能保护使用价值或者必须支持增长的观点，也可以这么说。一个被批评为站错立场的城市政策，通常可以辩称实际上是站在了正确的立场。这并不是说城市不会面临市场导向的限制。事实上，一些政策可能对一个城市未来的经济前景相当有害，但很难事先知道哪些政策会是这样。因此，可以想见城市会以当前城市理论语言未能捕捉到的方式将是否执行某一既定政策的决策视为难题。因而城市决策的结果可能远不如城市理论经常表明的那么确定。因为城市往往不知道如何行动，即使城市想按城市理论所表明的方式行事，地方政府法律法规对具体政策的指导也会对城市决策产生实质性影响。而且，也没有理由认为这些规则会很好地与传统的城市决策模式相匹配。由于这些规则往往是早年间的产物，法律结构也往往与城市本身对于采取某项政策是否符合其自身利益的判断不一致。

2. 迈向新选择

用于评估城市机构的范围的另一个词，将不再侧重解释城市无法做出的选择，而更多是充实其可以做出的选择的本质。在文献中有我们所想到的这类词，比如，框架，它提出了一些政策选择，城市可以选择任何一种，这些框架十分重要，足以对城市的未来产生实质性影响。想一想基多·马丁诺蒂（Guido Martinotti）关于世界各地的城市性质有三种不同的概念："第一代"，认为主要向自己的居民提供服务；"第二代"，强调城市与非居民用户（如游客、学生或通勤者）的关系；第三代，主要关注点是吸引和服务与世界各地有往来的国际金融和商业高管的利益。[1] 马丁诺蒂并不认为城市倾向于追求其中一种选择而排斥其他选择。它们都是可行的，即使第二代和第三代的想法最近才变得更有吸引力。当前经济的某些方面可能会推动城市组织起来，服务于其中一些目的而不是其他目的。但大多数城市在制定城市政策时都有可能会考虑到所有这些目的。那么这样一来，城市将不可避免地面临艰难的选择，即可以采取哪些政策，哪些利益需要被强调。

马丁诺蒂的选择并不遵循发展/再分配、使用价值/交换价值、增长/零增长的二分法。虽然第二代和第三代城市可能对发展、交换和增长感兴趣，但它们必须对城市环境的基本特征做出重要决定。城市是否会组织起来，惠及自己人而不是外来者？它会更强调工作还是娱乐？它的未来是否会受到附近的通勤者或远方的商业高管的影响？城市如何回答这些问题，将反映在其城市政策中。随着

---

① Guido Martinotti, "A City for Whom? Transients and Public Life in the Second-Generation Metropolis," in *The Urban Movement: Cosmopolitan Essays on the Late-20th-Century City*, ed. Robert Beauregard and Sophie Body-Gendrot, 1999).

时间的推移，这座城市将会获得一种特殊的外观和感觉。这样的选择是这座城市价值观的核心所在：比如，为城市居民而安排的选择可能与专注于吸引游客的选择有很大的不同。正如马丁诺蒂所说，即使这些问题不可避免，但答案并不明显。

另一个例子是理查德·弗罗里达（Richard Florida）的观点，即城市需要采取新的经济发展政策。[①] 弗罗里达认为，城市长期以来都在争相通过减税和提供其他补贴的方式来吸引企业。然而，企业并不是真的寻求最大限度地税收优惠，而是想待在那些有创造力的人所在的地方。如果一个城市能够吸引这样的“创意阶层”——一个由科学家、艺术家、计算机技术人员、男女同性恋以及媒体人等组成的社会阶层，那么由21世纪经济所创造的就业机会就会随之而来。因此，弗罗里达认为，城市应该努力使自己成为创意人士想要生活的地方。温暖的气候或美丽的海滨或许会有所帮助。但自然设施并非必需。宽容的公民文化、发达的高科技基础设施和充满活力的夜生活也同样重要。

像马丁诺蒂一样，弗罗里达也不认为社会和经济的需要要求城市成为他所谓的“创意城市”。实际上，许多城市都不愿意接受他推崇的经济发展战略，这使弗罗里达感到气馁。他的观点是，城市可以选择采取这样的政策，但令人遗憾的是，尽管这样做是明智

① Richard L. Florida, *The Rise of the Creative Class: And How It's Transforming Work, Leisure, Community, and Everyday Life* (New York: Basic Books, 2002).

的，却很少有城市这样做。因此，决定是否成为一个创意城市就作为一种选择呈现了出来，弗罗里达试图说服读者这种选择是有吸引力的，如果正确地采取行动，可能会带来成功的结果。传统的探讨城市机构范围的方式会明确强调城市不能做出的选择，与此不同，弗罗里达的做法则旨在增加它们可以做出的选择。

城市评论家乔尔·科特金（Joel Kotkin）在反驳弗罗里达的论点时，强调了这种讨论城市机构的方法的效用。[①] 他这么做，并不是因为他认为城市不会采纳这种观点，而是因为担心它们可能会采纳。科特金将讨论从分析城市会如何利用它们的机构，转变为分析城市应当如何利用它们的机构，之所以做出这样的转变，因为他的替代选择也是他认为当前的社会和经济条件允许的。科特金对许多城市决定关注时尚、风格和潮流而不是保留中产阶级家庭和工厂的岗位感到惋惜，尽管他承认一些城市或部分城市可以通过成为“时尚城市”生存下去，但他认为娱乐、旅游和其他“创意”产业无法为绝大多数城市居民提供向上流动的机会。此外，通过扶持文化产业、建造引人注目的建筑，城市往往忽视了基础产业、学校和基础设施。通过这样一个过程，它们可能会日益演变成“双城（dual city）”，由一个国际化的精英阶层和一大群满足他们需求的人组成，后者通常只能获得低工资。为了避免这种未来，科特金敦促各城市培育它们的专业化行业、小型企业、学校和社区，而不仅仅是

① Joel Kotkin, *The City: A Global History* (New York: Modern Library, 2005).

俱乐部、博物馆和餐馆。

弗罗里达和科特金之间的辩论，可能被认为是追踪促进使用价值和交换价值的政策之间的传统分歧。实际上，根本不清楚谁站在哪一边。弗罗里达似乎认为，对于使用价值的强调——让城市成为一个宽容和有趣的地方——将创造交换价值。相比之下，科特金似乎在争辩说，将重点放在更加传统的商业发展上面——提升经典的交换价值——将使城市成为一个具有使用价值的地方。这是因为它将有助于创造一种社会纽带，使城市社区成为社会流动性的催化剂以及人们欣赏与自己不同的人的场所。在阅读科特金/弗罗里达的辩论内容时，很难知道哪种城市愿景是大多数城市将要或者应该追求的。两者似乎都有可能。然而，弗罗里达倡导的那种城市，与科特金所偏爱的城市，在外观和感觉上会截然不同。选择必须基于对一个人想要创建的城市类型的规范性判断来决定。

我们在本书开头描述的四种未来中的选择——旅游城市、全球城市、中产阶级城市和区域性城市——与马丁诺蒂、弗罗里达和科特金所确定的选择非常相似。它们反映了关于一个城市可能会怎样的合理想法，并取决于城市制定的政策种类。它们也存在争议。鉴于现有的经济和社会条件，没有理由认为这些选择之中的某些必须以某种方式付诸实践。可以将现有的经济和社会需求统筹起来，以支持对于其中任何一种或全部的追求。这就是使它们成为捕捉城市所拥有的那种机构的有用框架的原因。

这种思考城市机构的方式，与马丁诺蒂、弗罗里达和科特金所采用的方法一样，使得对城市结构的探索具有重要意义。一旦有了一种方式来探讨能为城市提供重要选择的城市机构的范围，就有必要确定城市是否拥有实施这些选择所需的法律权力。研究城市的人对这个问题关注得很少。弗罗里达和科特金之间的争论，说明了这种关注的缺失。他们都假设城市有能力在它们表达的经济发展愿景之间作出选择，但没有提及地方政府法律。然而，正如我们将在本书的最后四章中更详细地解释的那样，他们所描述的关于未来的各种选择，都是在地方政府法律的强大影响下做出的。

有两个简单的例子可以用来说明。弗罗里达提出，在当前的经济环境下，营造宽容的氛围可能对于有效发展战略极其重要。城市彰显其开放性的方式之一在于采取措施，扩大对同性恋者民事权利的保护，或者提供一种注册成为家庭伴侣①的方法。正因如此，许多市长已经考虑采取这些措施。但是，正如我们将要看到的那样，根本不清楚各州是否已经根据地方自治的法律原则大体上赋予其城市采取上述任何一种措施的权力。科特金建议，城市最好将精力集中在改善基础设施或公共教育系统上。然而，许多城市对城市生活的这些方面缺乏控制力；州已将这些问题的控制权交给了市长和市议会几乎没有影响力的公共当局或行政特区。

可供选择的可能的城市未来的存在，即我们提出的四种以及马

① 家庭伴侣（Domestic Partnership）在此处是对于同性恋者要求同性婚姻合法化的一种应对措施，即不承认同性恋者之间的关系为传统意义上的婚姻关系，但认可伴侣之间互相享有传统意义上夫妻之间所享有的全部或者部分权利。——译注

丁诺蒂、弗罗里达、科特金和其他人提出的，为人们经常描述城市政策选择的抽象二分法提供了一种修正。它补充了重要的工作，表明城市拥有的机构比一些市区模型想象的要多。但是这也让人怀疑城市的自治意识过于强烈。即使经济结构没有将城市权力限制在一个有限的政策领域内，即使城市可能会选择不同的城市化（urbanism）观点，但州法律——包括几十年前制定的法律——都可能会严重阻碍城市决策。最近对地方机构的关注意味着城市具有“意志、……自由裁量权和行动自由”[①]。矛盾的是，这种见解增加了考察地方政府法律规则对城市的地方自治能力的约束方式的必要性。

尽管我们的方法假设城市纵然面临巨大的非法律的结构性约束，仍拥有自由裁量权，可以对其未来做出重要决策，但它提出了州建构地方权力所依赖的实质性法律规则。改变地方政府法的法律条款，可以改变城市自己所能创造的未来的种类。然而，说城市应该有权处理有关自身未来的有争议的观点，并不是说城市应该被赋予地方自治权。相反，正如我们将在下一章中所解释的那样，关于城市是否应当被赋予或被剥夺地方自治权的争论，从根本上讲是一种误解。我们的目标在于将关于城市权力的争论从地方自治的概念转移到一个截然不同的问题上：当前的地方政府法律结构是否会挫伤或促进城市追求对其有吸引力的未来愿景的能力。

---

① Savitch and Kantor, *Cities in the International Marketplace*, 31.

第二章
城市结构和地方自治

我们对于地方政府法律的制约性影响的讨论，可能在暗示我们的目的在于维护地方自治。这一章解释了为什么这不是我们的目标。部分原因与“地方自治”的含义的复杂性有关，部分原因是这样一个目标在规范上不可取，还有一部分原因来自我们的信念，即本书专门描述的城市结构是无法逃避的。在关注地方政府的法学教授中，我们在这些问题上的立场是不同寻常的，这也不是城市理论家通常谈论的旨在增强地方权力的方式。因此，我们从一个更普遍的观点着手，这种观点不仅适用于大型中心城市，而且适用于一般的地方政府。

一 地方自主权的概念

1. 自主权的假设

近几十年来，在研究地方权力的法学专家中，一个关于州政府授予地方政府的法定权力数量的不切实际的开阔性想法——通常被称为地方自治（home rule）或者地方自主权（local autonomy）[①] ——一直是占主导地位的假设。这个立场在很大程度上借鉴了城市理论，特别是保罗·彼得森提出的关于地方权力的必然有限性的思想。它通常预示着本地范围内的两个对比鲜明的图景。一方面，它描绘了一个享有特权的郊区飞地，该飞地被授权否决新的发展项目，以保护业主的物业价值。被包围的中心城市与这个享有特权的郊区飞地就形成了鲜明的对比。对于州授予的否决发展的权力，中心城市不能从中获得太多好处，毕竟发展才是它想要的，但它也没有任何实际手段来推动它所需要的发展。在此情况下，中心城市和郊区都被想象成享有广泛的、正式的法律权力。而实际上，中心城市与郊区不同，它别无选择，只能听任不可避免的下行螺旋式发

① 此二者均为地方自治的意思。home rule 有较为特定的含义，在美国法律中，州宪法或类似立法授予地方市镇一定自治权以分配州和地方政府间权力的规定，地方政府如接受上述条款，即构成自治；在本书中一般译为地方自治。而后者 local autonomy 的意义较为宽泛，在本书中一般译为地方自主权。——译注

展，奉行“以邻为壑”[1] 的发展战略（通常侧重于市中心），希望提高它们的税收基础并游说（通常不会成功）来自州或联邦政府的施舍。呈现出这幅美国大都会景象的许多人都是致力于帮助中心城市的法学家。鉴于他们所展现的景象，地方自治在他们看来是一个问题，而不是一种解决办法；因为对于地方自治的广泛认可，尽管对郊区非常有利，却是使中心城市陷入困境的主要原因之一。

中心城市和郊区这种彼此对照的画面显然是相互依存的。事实上，人们认为，对于地方自治的法律认可造成了小康的郊区和绝望的中心城市之间的分歧。虽然这些法学家承认，有些地方能够而且确实采取了不同于那些因彼此零和竞争而被迫采取的战略，但他们往往把这些选择视为一种自私自利的、狭隘的决策过程的产物，这种决策过程倾向于私有化的、排他性的政策，而这些政策又受到了老套的郊区管辖权的青睐。在标准范式之外行事的地方政府，无论是中心城市还是郊区，均被视为一个拥有自己特殊利益的狭隘派系的俘虏。因此，他们的努力均受到了怀疑。

鉴于这一分析，法律学者对增加包括中心城市在内的地方政府法定权力的支持出奇的少。一些人认为，改善中心城市现状的最佳途径在于扩大其边界，从而使其能够在郊区税基中占有更大的份额。但是，如果这种激进的解决方案并不可行，其他人则会认为，

---

① 经济学名词，指一个国家采取有利于自己却可能伤害周边国家的政策，比如货币贬值。——译注

帮助中心城市的下一个最佳方式是要求州更频繁地介入现在被认为是地方性问题的事务。这样，郊区现在享受的特权地位就可以通过有利于中心城市的方式加以遏制，如果由州决定更多的事情，中心城市将失去本就很少的具有实际意义的权力。例如，谢丽尔·卡辛（Sheryll Cashin）谴责了她认为存在于当前法律结构中的不平等，她敏锐地观察到这些不平等现象通常有利于地区人口中的少数。她解释说，这个问题的关键在于"社会对于地方权力的强烈文化偏好"以及"我们国家对地方分权治理的意识形态承诺"。她总结道，"地方主义或者关于地方治理的意识形态承诺，对于形成以种族和收入划分层次的支离破碎的大都会政治区起到了推波助澜的作用"。因此，她建议对各州认为适合地方解决的问题进行限制。①

哥伦比亚法学院教授理查德·布里福特（Richard Briffault）对这个立场进行了最完整的表述。② 在篇幅很长的两篇文章中，他认为，城市是"州的产物"的观点不再正确。以前，州的产物的概念试图通过两种方式限制地方主动行动的权力，一是要求具体的州授权，二是确保在州与地方发生冲突的情况下，会以州的规则为准。他认为，这种想法现在已被抛弃。通过地方自治而获得授权的地方政府现在拥有广泛的监管和支出能力。事实上，除了两个州外，所

① Sheryll Cashin, "Localism, Self-Interest, and the Tyranny of the Favored Quarter," *Georgetown Law Journal* 88(2000):1985, 1988 – 89.

② See Richard Briffault, "Our Localism: Part I—The Structure of Local Government Law," *Columbia Law Review* 90(1990):1; Richard Briffault, "Our Localism: Part II—Localism and Legal Theory," *Columbia Law Review* 90(1990):346.

有的州都颁布了宪法性质或成文法的地方自治规则。这些措施通常涵盖了该州的大部分（尽管并非全部的）地方政府，包括大型中心城市。这些措施自觉地否定了地方政府没有自己独立权力的观念，因而推翻了地方政府权力的严格构建规则，即狄龙规则，这一规则曾一度与占主导地位的“州的产物”的观点相伴而生。

布里福特和其他法律学者也指出了各州为补充地方自治的成文规则所采取的步骤。法律学者经常注意到，各州已经制定了广泛的法定授权，将具体权力下放给中心城市和郊区，尤其是州分区授权法案（state zoning enabling acts）赋予许多地方政府在其境内的土地上使用的权力。此外，他们还认为，州很少直接推翻地方政府的决策。即使成文的地方自治条款通常不会赋予地方豁免权，使其免受与之抵触的州法律的影响，但地方仍然保留了对其边界、税基和警察力量的重要控制措施。简而言之，地方自治已不仅仅是一种由明确的成文法和宪法性规定所确立的具体法律原则，而已经成为美国的地方政府所享有的“实质性法律自主权”[①]的代名词。

鉴于这种对法律结构的描述，布里福特认为，中心城市的糟糕状态不能归咎于其法律方面的无力。恰恰相反，他们的情况源于这样一种事实：对地方自治在法律上的承认造成了一种有问题的地区间竞争结构。经济现实使得依法自治的郊区比依法自治的中心城市

① Todd Swanstrom, "What We Talk about When We Talk about Regionalism," *Journal of Urban Affairs* 23(2001):479-96 at 491.

更具竞争力。郊区，特别是最繁荣的郊区，主要关心的是控制增长和保持现状，而“地方的法律自主权大大增强了它们在这方面的能力”。相比之下，中心城市“在法律上可能拥有自主权，但在实践中其经济和政治权力则取决于私人的投资决策”。因此，作为对彼得森的回应，布里福特认为，“对于地方权力的主要制约往往不是法律上的，而是经济上的，即地方资源的限制和地区间竞争的结构”。平等赋予地方政府权力的法律制度并不能造就一个自由的市场。它以牺牲贫穷的城市为代价，成就最富裕的郊区，使之享有特权。布里福特总结道，

> 地方主义的法律保护反映了区域性的经济和社会不平等，并以政治力量强化了这些不平等。它的收益主要流向少数富裕地区，但会损害其他社区以及整个地方政府系统。此外，地方主义主要集中在对于私人价值的肯定。地方主义的意识形态和地方主义政治行动，往往不会倾向于构建公共生活，而是努力促进私有化，这是当代美国政治的特点。对于实现社会正义和公共生活的发展而言，地方主义与其说是一种实现途径，不如说是一种障碍。[①]

这种判断提出了一种补救办法：重申关于地方权力的“州的产物”的观念，尽管地方自治在努力取而代之。

---

① Richard Briffault, “Our Localism, Part II,” at 351 - 52, 415; Richard Briffault, “Our Localism: Part I,” at 1 - 2.

2. 自主权的假设存在的问题

这个传统的叙述存在两个重要的问题。首先，基于前一章所述的原因，在现有的地方间竞争结构中，中心城市无力行使控制权，这种令人沮丧的印象正在被夸大。大型的成功的中心城市的地方政府，作为这个研究的重点，它们并不仅限于乞求州或联邦的援助，而是宣布自己为免税区或者拼命地要求拥有在郊区新发现的资源。现在，许多大型中心城区比内环郊区富裕得多。事实上，早期发展起来的收入分享模式，现在有时会使成功的中心城市成为捐赠者，而不是接受者。标准的法律解释，以及它假设的中心城市拥有充分的正式自治权但几乎没有有效的权力，起源于20世纪七八十年代的城市经历，当时纽约市的财政危机也许是最引人注目的城市事件。今天，很明显，地区间竞争的条件允许许多中心城市维护其公共权力。他们在当前取得成功的基础上做出的选择是最基本的。

传统的说法也错误地认为，是地方自治的法律授权导致了中心城市/郊区的不平等。尽管事实上大多数州都将地方自治作为一个正式的事项授予城市，但是中心城市和郊区都不享有自主权。我们会在本书的第二部分中详细说明这一点，届时我们将讨论自治、土地使用、地方财政权和教育。在此，我们将简单地提及传统法律观点对现行法律结构的错误地描述。它忽略了对地方权力的无数限制，这些限制都含在对地方自治权的许可中；忽视了各州从地方控制中移除地方基础设施主要部分的重要方式；而且没有承认州法和宪法性规定对于相反的地方裁决所具备的绝对优先效力已经达到了何种程度。对美国的大多数地方官员而言，这些观点并不奇怪。考虑到创新性政策对于新情况或者新问题的反应，很少有地方官员会不担心他们的首选行动方针可能会陷入法律问题，要么因为缺乏启动的权力，要么因为担心与现行的州法相冲突。

这两个问题与我们已经确定的地方自治标准说明之间存在着一种联系：对中心城市的机构的过度严格的观点以及对其法律权力的过度宽泛的观点。随着成功的城市维护自身市场力量的能力不断增强，一直存在的对其权力的法律限制变得越来越重要。当中心城市迫切需要吸引一切私人投资时，似乎取消对其监管权力的法律限制并不会有太大的影响。诚然，正如彼得森和斯通的提议所表明的那样，也许可以设计法律改革，以有意义的方式来增加中心城市的法律权力。但这似乎并不重要。因此，这种看法并没有描述当前的情况，尽管对早期引入法律限制的不屑一顾的观点可能存在一定理由。彼得森和斯通所关注的——也是我们所关注的——几类城市在当前的经济和社会条件下，获得了为自己制定政策的有意义的机会。

必须找出一种更好的、更切合实际的方式来对地方法律权力的范围进行概念化。首先要认识到，目前的法律结构确实没有向任何地方政府授予自治权。相反，它赋予了它们一些实质性的权力，却否认了其他的权力。因此，现行的法律制度的主要特点是，它通过它确立的授权和限权的复杂组合方式来指导地方权力的实际行使方式。所以，有效的改革措施不应仅仅着眼于挑战州法律对地方权力的过度关注。这对于一个现在对地方权力施加了许多限制的法律制度来说，是一种极不完整的回应方式。改革包括改变对地方权力的授予和限制。此外，改革很可能要求以互补的方式进行，以便由此产生的授权和施加的限制相互加强，从而推动城市去追求其理想的实质性方向。

3. 对地方自治的不同看法

这种思考地方权力的方式不会是美国法律文化的创新。事实上，它反映了19世纪末第一次努力争取地方自治的城市改革家思考这个问题的方式。早期的自治支持者反对这样的观点：地方自治意味着地方的法律自主权。与此相反，他们将其视为一种方式，让当时的大城市成为重要的参与者，推动城市改革者所青睐的任何实质性政府愿景。当然，改革者很久以前就有了这样一种地方自治的观点，但并不意味着我们必须采纳。此外，推动他们提出各种地方自治建议的具体目标已不再具有直接相关性。尽管如此，这些早期城市改革者所形成的复杂的地方自治观，相比地方自主权的观念，提供了一种更好的思考地方权力的方式。

美国的地方自治运动是对19世纪末乡村快速城市化的回应。其目标在于推翻约翰·狄龙所信奉的当时无处不在的观点：市政机构是“州的产物”。它的重点是加强新兴中心城市的独立性，这些城市有助于界定“工业时代”。但是，在这么做的过程中，早期支持地方自治的人并不单纯是为了提高中心城市的自由度以及削弱州政府的权力。地方自治减少了一些州对城市的权力，但是也增加了其他的权力。增加和减少的具体组合，取决于人们对城市生活的憧憬，而后者正是备受争议的地方自治理念被设计出来去追寻的目标。

地方自治的倡导者在一些基本问题上达成了一致。他们试图在全国各地不断增长的城市中心地区推广好政府原则，并通过将这些地方政府作为改革的目标来做到这一点。有一种感觉推动着他们，他们感到当时的大城市既不能为自己的居民服务，也不能为整个国家服务。他们相信，这在很大程度上是因为它们背负了一个过时的法律结构，这个结构是在前城市时代设计的。然而，早期的地方自治倡导者对于什么是“好政府”并未达成一致。他们构想了各种不同类型的城市，拥有不同类型的城市权力，因此他们对地方自治的建议也存在明显的差别。

一个被我们称为“老保守派”的群体，与那些信奉地方权力的“州的产物”概念的人，比如约翰·狄龙，有很多共同理念。[①] 像狄龙一样，他们寻求一种低税收、低负债、廉洁的地方政府形式，其对私人决策的监管权是有限的。狄龙认为，通过州严格控制地方权力的行使可以最好地实现这个目标。与之相反，老保守派则将注意力集中在州控制的危险上。19 世纪的州立法机关经常对州内主要

① For a description of this version of the home rule movement, see Jon C. Teaford, *The Unheralded Triumph: City Government in America, 1870 - 1900* (Baltimore: Johns Hopkins University Press, 1984); Howard Lee Mc Bain, *The Law and Practice of Municipal Home Rule* (New York: Columbia University Press, 1916). For a general analysis of all of the versions of home rule described here, see David J. Barron, “Reclaiming Home Rule,” *Harvard Law Review* 116(2003):2257.

城市颁布特别立法，其中一些立法扩大了像狄龙这样的老保守派所担心的那种城市权力。地方自治的倡导者赞成地方自治，希望以此使城市免受州的这种针对性干预。一种方法是，允许城市通过一个特定程序来使自己的章程付诸实施，此种程序旨在让拥有财产的居民在决策过程中拥有更大的发言权。这些章程无论是在地方层面，还是在州的层面上都将难以修改，从而被限制在他们所赞成的地方权力的合法目的有限视野内。老保守派认为，这样一来，地方自治可以让城市承担起传统意义上的、有限的作用，而不受州的干预。他们把限制城市为了实现其地方自治愿景而做自己所能做的事，看得跟保护城市免受州的干涉一样重要。这些限制源于这样一个事实，即地方自治只会授权影响地方事务而不是整体事务的城市立法，从而防止城市对私人领域的过度干预。这些限制也源于州对地方征税与借款方面的宪法限制的持续实施。在旧的保守观点中，地方自治的结果将是确保在地方一级行使职能的是一个有限政府。老保守派并不希望允许城市做任何它们想做的事。

同样的说法也可以用在另一个由城市改革者推动的地方自治运动上，这些改革者试图通过不问政治的专家来促进城市管理。① 与老保守派相比，这些倡导者并不太关心城市消费和监管。相反，他

---

① A representative figure in this version of home rule was Frank Goodnow. See, for example, Frank J. Goodnow, "Municipal Home Rule," *Political Science Quarterly* 10(1985):1; Frank J. Goodnow, *Municipal Home Rule* (New York: Macmillan, 1897); Frank J. Goodnow, *City Government in the United States* (New York: Century, 1908).

们寻求创建一个行政城市——一种高效的、官僚形式的地方政府。他们也像老保守派一样，希望减少那些干扰他们认为合理的城市治理模式的特别立法。与老保守派不同的是，他们希望赋予城市权力以解决快速城市化带来的问题。与此同时，他们也担心如果任由城市自行发展，城市可能不会创造出他们所青睐的那种以专家为基础的、不问政治的官僚政府结构。因此，像狄龙一样，他们认为州对城市政府进行某种形式的监督是不可或缺的。为了避免这种州控制的政治化，他们倾向于对城市决策进行州行政监督而不是立法监督。他们认为，州一级的专家型准科学政府，可以指导类似的地方政府。对他们来说，地方自治是把这种结构落实到位的一种努力。

最后一组是 19 世纪末的地方自治倡导者，他们也值得一提。他们是一群更激进的城市改革者，挑战了老保守派和狄龙所青睐的有限地方政府的形式。[①] 像那些设想建立一个行政城市的人一样，这些倡导者试图赋予美国不断发展的城市以权力。但他们不仅反对老保守派所信奉的公共部门的有限作用，还拒绝行政城市的不问政治的愿景。他们将城市视为一个完全政治化、社会化的企业。他们担心的不是地方税收或者监管，而是私人对于城市政策的控制。事实上，对批评者来说，他们对于交通和公用事业的市政所有权的支

① See, for example, Richard T. Ely, *The Coming City* (New York: T. Y. Crowell & Company, 1902); Frederic Howe, *The City: The Hope of Democracy* (New York: C. Scribner's Sons, 1906); Delos F. Wilcox, *Great Cities in America: Their Problems and Their Government* (New York: Macmillan, 1910).

持，以及对涉及土地使用与开发的城市规划的支持，似乎都是在预示着市政社会主义。然而，像其他支持地方自治的人一样，社会城市的倡导者在寻求对城市权力进行限制的同时，也在追寻城市权力的扩张。他们认为，社会城市的推广，需要对可能将重要的地方服务私有化的城市举措加以限制；而且要求推进中心城市对郊区的兼并，以便为市政企业创造适当的空间。

这些过往的例子之所以重要，不仅仅是因为它们描绘了地方自治在初次采用时的各种不同定义，还在于它们有助于介绍地方自治在今天的意思。刚才描述的三个版本的地方自治有相互冲突之处，但它们有一个共同点：它们设想的地方自治不仅仅是增强地方权力的一种方式，而且是通过实施州法律引导地方权力朝着特定的实质性方向发展的一种方式。地方自治，如同在其之前的州的产物概念，是构建城市权力的一种方式，而不仅仅是释放它。并且现在依然如此。美国现在采用的每一种形式的地方自治，都包含了州的决策和地方自由裁量权的混合体，其形式与19世纪末提出的类似。在接下来的四章中，我们将通过比较波士顿现在所享有的地方自治与美国其他大城市所享有的地方自治，来说明当代的“州—市结构”。尽管我们所考察的每个城市都有一定程度的自由裁量权，但是其所在州赋予的自由裁量权的程度及限制自由裁量权的规定都存在极大的差异。

4. 地方自治的复杂性

这种理解权力下放的方式所产生的影响远远超出了美国地方自

治的特殊历史。在这段历史的背后有一个基本的概念点，它同样适用于所有地方政府，无论是大型中心城市、发展中的郊区抑或是村镇。权力的下放总是包括对地方自由裁量权的限制，而不仅仅是授予。这些限制有时源于地方政府授权的明确条款。它的权力可能只扩大到“地方”或“市政”事务；它可能不包括某些具体议题（税收或外交事务）；它可能会表明，当一个州与地方发生冲突时，州将对问题有最终决定权。但是，对地方权力的限制并不仅仅源于这些明文规定的条款。即使地方当局对任何限制都保持沉默，它们仍然存在。一个拥有自己权力——以及一个较大的地理区域（城市即位于该区域内）——的中央政府的存在，限制了地方权力。

地方自治权通常呈现为一个简单的想法。如果我们保护地方政策的某些方面使其不受集权的影响，那么就可以想象，一个地方自治的领域将会建立起来。但是，地方自治是一个比这种想法复杂的概念。使地方决策免于集权的干预，并不能自动地推进地方自治。反而可能会产生相反的效果，因为一个地方政府是否有能力做出有效的决策，也取决于它与其他地方政府以及私人市场力量的关系。这些关系是由重要的（即使不可见的）、集中制定的规则构成的。因此，地方决策权不仅受到明确的州要求的限制，还受到中央政府规范地区间关系以及公私权力之间关系的方式的限制。确实，这种形式的州立法所产生的影响，可能会导致一心一意遏制州权力的愿望产生反常的结果。限制中央权力会威胁到地方自治，而不是对其进行保护。

让我们来举个例子。地方政府为改善当地空气质量而需要支出的金钱数额，取决于邻近地区采取的空气质量治理方法。如果一个地方政府的邻居对空气污染控制不力，或者鼓励其工业企业建于城市的边界，它就不得不投入资源应对邻居造成的空气污染。那么，想象一下，州立法机关正在考虑一项法律，以禁止宽松放任的空气污染政策。这个州的立法会侵犯地方自治权吗？显然，州法规在某些方面会限制地方自治。这将使放任空气污染的地方政府在政策选择上受挫，并且剥夺所有当地司法管辖区采取此类政策的自由。但同时也会增强那些空气质量下降地区的地方政府在决策方面的自由裁量权，因为现有的法规准许它的邻居产生污染，这就给它们带来了成本。如果环境意识强的地方政府不再需要对邻居强加的负面影响作出反应——现有的中央法律制度要求它们接受此负面影响——它们可以将更多的资源分配给其他优先事项。

因此，拟议的法规可能会被攻击为对地方自治的侵犯，也可能会被辩解为是对地方自治的加强。地方自治将受到集中下命令的限制，这将缩小地方自由裁量权的范围。但地方自治权也受到集中制定的法律规则的限制，这些规则允许一些地方规避成本，而要求其他地方来承担成本。缺少一项能改变现有地区间法律关系的新的核心法律，这本身就限制了地方自治。因此，州立法机关在决定是否通过这项立法时，需要对其希望推动的地方自治类型做出政策判断。

在某些方面此观点应该是熟悉的。认为集中立法可能是应对地区间影响或产生地区间再分配所必需的，这种说法并不新奇。然而，这种关于集中权力的经典论据，通常被理解为促进某种价值——例如效率或平等待遇——的观点，只有通过承认和克服参与小规模决策的缺陷才能实现这些价值。这种理解中央权力作用的方式是片面的，其后果是不幸的。如果说对每一次中央干预的成功辩护都有赖于强调地方决策所产生的问题，那么这一论调将不可避免地招致反驳，说中央权力威胁到了地方决策所保护的价值观。然而，一旦人们看到中央政府的干预本身可以产生有利于权力下放的效果，预判就会发生变化。中央权力的理由将不再不可避免地指向日益加剧的中央集权。中央政府的行动可能会促进地方自由裁量权，正如往日对它的限制一样。

当然，州政府选择通过环境立法可能不是基于地方自治的考量。它可能源于对该州治理空气污染的利益的独立评估。如果是这样，这类立法就不是推动地方自治的努力。我们并不是说每个州的立法都有促进地方自治的潜力。我们提出了一个受到更多限制的观点：地方自治对州而言是一个可能的目标，一个可以通过颁布看似对地方权力进行限制的立法来实现的目标。州立法者可能会重视这样一个事实，即如果当地辖区不必支付邻居强加给它们的费用，它们将会有更多的资源用于其他政府项目。他们还可能认识到，一个州通过取消对地方权力的正式限制来保护地方自治的努力，实际上可能会破坏地方自治。简而言之，简单地限制中央权力不足以增强地方权力。

除了要求城市承担邻居活动产生的费用外，还有许多其他方式可以通过中央强加的、通常是无形的规则来约束地方自治。再举一个例子，地方自治也可能受到中央政府允许地方辖区施加给彼此的竞争压力的限制。如果中央制定实施的地方金融法规引发了吸引私营企业的地区间竞争，这些规则将促使私人市场参与者做出任何地方政府都无法独自应对的决定。实际上，这些金融法规的影响可能会给地方自治带来沉重负担，就像新实施的中央法律一样。重新设计的金融体系可以缓解这些影响。当然，也可能会加重地方自治的负担，尽管方式有所不同。任何维护地方自治的努力都是不彻底的。每一次中央干预都与许多其他的、不太明显的、中央强加的约束相互作用，而且可以同时增加和减少地方的自由裁量权。

保罗·彼得森关于修改大城市的财政权限的建议，也有类似见解。根据他的计划，只有事先得到国家政府的批准，它们才能借债，这一限制明显侵犯其自由裁量权。然而，作为对接受这一限制的回报，它们将获得联邦政府对其所发行债券的支持，由此大大提高其融资能力。这种交易不能轻易地被认为是加强还是侵犯了地方自治。必须以彼得森提出的更为实质性的术语进行辩护：他指出，这样的建议将保护城市免受现有的地区间私人投资竞争的不良影响，从而提高它们参与再分配计划的能力。由此，这种方法将使地方政治可以参与处理城市面临的更多重要问题。

5. 地方自治的困境

刚刚提出的地方权力观点表明，地方自主权这样一个东西是不存在的。每一个地方决定都受到其他地方政府所做决定和集中赋予它们权力的规定的限制，每一个地方决定都受到私人决策者所做决定以及集中赋予这些私人行为者权力的规定的限制。当然，每一个地方决定都受到中央政府出于自身目的所做决定的限制，包括其对地方政府权力的范围和限度的界定。因此，中央决策总是牵涉到地方权力的行使，反之亦然。每当中央政府采取行动或者不采取行动时，它都是在一个其他决策者——无论是公共决策者还是私人决策者——都有权采取行动的世界做出此举。为了了解地方权力的结构，所有这些行使权力的领域都必须综合起来分析。

人们可以将这种州与地方的复杂关系视为悲剧。人们可能会认为，地方自治是一个可取的目标；但遗憾的是，这其实很难实现。这不是我们对此事的看法。我们不仅认为地方自治不可能实现，而且也不希望这样做。被授权的地方当局若无监督，可能会助长其将城市居民与居住在城市另一端的居民分开的愿望。即便是今天，特别是在繁荣的郊区，对地方自治的普遍欢迎（尽管是虚假的）依然鼓励许多人把城市线视为“我们”与“他们”的分割线：犯罪、糟糕的学校、城市线地带的资源不足，这非但没有给城际协商带来压力，反而被视为“他们的问题”。那些认为自己过得很好的人，也能感受到他的邻居们无助的自我保护。为什么我们要愿意帮助别人获得最终可能会威胁到我们的权力？与此同时，对腐败和浪费的担心长期以来削弱了人们对大城市政府合法性的信心。总是存在这样一种风险，即他们会根据短期政治需要做出决定而这些需要会损害城市长期的利益。任何级别的不受制约的权力都是一个值得关注的问题。

鉴于众多地方政府构成了美国的大都市区、州乃至整个国家，很难看到一个中央政府如何证明赋予地方政府自主权。地方自治的概念想象地方可以做任何它们想做的事，只要是在其授权范围内。它们可以基于自己的利益行事，以自己的条件与他人合作，并对持不同意见的人造成伤害。而中央政府不愿意给它们这样的权力，也就不足为奇了。缺乏某种形式的集中控制，任何人都不会相信这样一个政府的运作。它给外来者甚至自己的公民都带来了太多的危险。从精英控制到腐败，从侵害少数群体的权利到自私地向外来者强加成本，城市权力的行使所带来的危险都是真实存在的。诚然，权力下放——参与度的增加、地方问责、实验机会的创造——的价值也是切实存在的。然而，鉴于在权力下放的价值上存在冲突，除城市之外的一些实体本身也必须有权界定地方权力。个别地方政府不能界定自己权力的范围。在美国，州政府（包括州宪法、州立法机关、州法院）都被赋予了这种权力。另一种组织形式也可以被指定承担这项任务，对此，我们将在第十章中进行阐述。但是，更高一级政府机构拥有某种决策权似乎是不可抗拒的。

同样的观点可以用民主理论来重申。各级政府行为的合法性都基于一个基本的民主主张：我们人民应该能够为自己决定自己的未来。正如罗伯特·达尔很久以前注意到的，这一提法留下的一个重大问题在于："我们"一词中包括谁。[1] 每个地理意义上的单位，从

① Robert A. Dahl, *Dilemmas of Pluralist Democracy: Autonomy vs. Control* (New Haven: Yale University Press, 1982), 96 - 107.

街区到城市，从地区到州，从国家到整个世界，都可以重复同样的公式：我们应该能够为自己决定自己的未来。地理单位越小，被排除在决策过程之外的人就越多。事实上，小单位将排除那些生活在边界上的人，他们受到当地决定的影响，却没有发言权。每当一个繁荣的郊区投票赞成将穷人排除在外的规则时，它就会从这种民主形式中获利。同样，当一个中心城市陷入财政困境，需要州财政援助的时候，它也将受益于这样一种制度，即允许中心城市将义务强加给那些在制定导致问题的政策时没有直接参与的人。

当然，同样的问题也出现在城市、地区、州、国家层面。最终，只有把世界上所有的人都包括在内，所有受决定影响的人才能有发言权。然而，大多数人都同意，一个有无上权力的世界政府是一个可怕的前景。那么，如何决定在任何政府决策过程中包括和排除哪些人呢？达尔说，民主理论无法回答这个问题。这种理论上的矛盾大家应该听起来很熟悉，因为这反映在日常生活中人们对政府权力归属的普遍矛盾心理中。人们通常在某些问题上拥护地方权力，在另一些问题上则惧怕地方权力。于是，争议就在于决定哪些问题属于前者，哪些问题属于后者。不能相信地方政府会自己对此进行分配，因为它们可能会做出错误的选择。但是，其他各级政府也会做出同样的错误选择。尽管各级政府都有成为决策者的合法诉求，但各种诉求也可能是非法的。然而，决策权必须存在于某个地方。毫不奇怪，在美国及其他地方，政府权力通常是同时分配给多个级别的政府，它们混合在一起的方式是如此复杂，以至于常常无法理解。很少有地方政府能做出最终决定。

二　分割差异

1. 联邦制和辅助性原则[①]

摆脱这种复杂性的一种可能方法，在于尝试清晰而明确地分配权力，将特定类型的任务分配给不同级别的政府。在美国的国家一级，这种权力分配与“联邦制”一词有关。在欧盟，相应的术语是“辅助性原则”。然而，无论是联邦制还是辅助性原则，都没有在解决地方自治概念的复杂性带来的基本问题上做出多少贡献：没有一种干净利落的方式将问题划分到互不关联的“地方”与“中央”层面。事实上，联邦制和辅助性原则的概念并没有解决这个问题，反而使这个问题再次出现了。它们几乎没有采取任何措施来保护地方政府。实际上，这两个概念都已被用来证明拒绝授予地方权力是正当的。

联邦制设想了国家政府与各州之间的权力分配。从宪法起草之时到今天，关于这个词的含义一直存在激烈的争论。已经提出的论点强调了国家权力的范围（最初的联邦党人）、对国家权力的限制（最初的反联邦党人，但现在经常与联邦制本身联系在一起）以及两级政府活动之间不可避免的重叠程度。随着这场争论的不断深

① subsidiarity，又称辅助原则、辅从原则，指中央机关仅仅管辖地方上无法管理的事务。——译注

入，宪法所建立的国家—州关系的定义，已成为美国宪法解释中最令人困惑的问题之一。

从地方政府的角度来看，需要指出的重要一点是，这场争论对于推进地方自治几乎没有任何作用。当然，最高法院的几个案件使影响到城市权力的联邦立法无效（尽管正如我们之前关于地方自治的复杂性的讨论所表明的，这些案件的某几个可能对加强地方权力的倡导者弊大于利）。但是，美国对于地方权力的最大限制来自州政府，而不是国家政府。联邦制通常被解释为是为了保护各州以任何方式组建地方政府的权力。最高法院已经明确表示，对于州限制、重新分配甚至废除地方政府权力的能力，联邦宪法并没有一般性的限制；并表示不愿意以干扰州构建州—地方关系的权力的方式来解释联邦法规。那么，联邦制更倾向于证明州对地方政府的严格控制是正当的，而不是促进向地方一级下放权力的一个有意义的基础。[①]

人们可能会认为，辅助性原则的概念可以为地方当局做更多的事。《欧盟条约》对辅助性原则的定义是：除了欧洲共同体的专属管辖范围之外，共同体应“仅在成员国不能充分实现拟议行动的目标，因此，考虑到拟议行动的规模或影响，可以由欧共体更好地实

① Exemplary cases invalidating federal legislation affecting local power include *National League of Cities v. Usery*, 426 U. S. 833(1976); *New York v. United States*, 505 U. S. 144(1992); and *Printz v. United States*, 521 U. S. 898(1997). For a critique of this jurisprudence, see David J. Barron, “A Localist Critique of the New Federalism,” *Duke Law Journal* 51 (2001), 377. The Supreme Court’s strongest statement of the lack of a federal constitutional limit on state power over local governments was expressed in *Hunter v. Pittsburgh*, 207 U. S. 161(1907).

现时采取行动”[①]。因此，辅助性原则“表示倾向于在最地方一级进行符合政府既定目标的治理”[②]。支持这种倾向的一个原因是，通过将权力放在最接近人民的一级来推进民主自治的工程。正如乔治·贝曼（George Bermann）所说，这种对决策权分散的偏好将辅助性原则与联邦制区分开来：

> 虽然联邦制传达了一种权力的纵向分配或者平衡的大致含义，但它一般不被理解为对于这种权力的任何具体分配的偏好的表达，更不用说就政府具体行动对这种分配的含义进行任何特定的问询了。在这方面，联邦制和辅助性原则虽然密切相关，却存在着很大的不同。[③]

辅助性原则的含义，与联邦制的含义一样，都存在很大的争议。对于地方政府来说，这场争论的重点在于，辅助性原则对地方权力的影响类似于联邦制在美国的作用。尽管有在地方一级进行管理的明确倾向，但是辅助性原则被解释为对国家政府的权力而非对地方政府的权力的保护。正如一位评论家所说，欧盟已经接受了一种“‘锯断式’的辅助性原则形式。直到国家一级都是辅助性原则，没有进一步发展”。[④] 事实上，接受了辅助性原则意味着“交由成员

---

① “Treaty Establishing the European Community,” Article 3b, O. J. (C340)(1997).

② George A. Bermann, “Taking Subsidiarity Seriously,” *Columbia Law Review* 94 (1994):332,339.

③ Bermann, “Taking Subsidiarity Seriously,” 404.

④ Gerry Cross, “Subsidiarity and the Environment,” *Year Book of European Law* 15 (1995):107,108.

国决定更多的权力下放行动是否可取……成员国可以按照其意愿自由分配国家权力”。[1] 当然，欧盟的决定可以限制地方权力，正如美国国家政府采取的行动可以限制地方权力一样。但欧洲共同体并不试图授权地方政府采取国家政府不允许的行动。事实上，当欧盟试图赋予国家以下各级政府以权力时，其重点并不在于地方政府，而在于区域。它创建了一个“区域委员会”，旨在向共同体决策的某些方面提供国家以下一级的声音。地区不等于地方政府。事实上，地方政府甚至不需要出现在区域决策的组织中。

美国联邦政府和欧盟都不愿意接受地方权力，这没什么好奇怪的。联邦制和辅助性原则所设想的权力下放侧重于在美国的州和欧盟之下的各国政府。这些政府有权做出的决定之一，也是它们需要保护的权力之一，就是确定应授予地方政府的权力的范围。不顾美国各州或欧盟成员国的反对而加强地方权力，将会限制它们的权力。美国或欧盟以联邦制或辅助性原则的名义增强地方政府的权力的决定，将会破坏这些原则。

2. 双层政府

对州政府和国家政府的尊重，并不是联邦制和辅助性原则未能赋予地方政府权力的唯一原因。另一个原因在于界定地方政府权力范围时所遇到的特殊困难：地方政府的数量如此之多，而且常常相

---

① Edward T. Swaine, “Subsidiarity and Self-Interest: Federalism at the European Court of Justice,” *Harvard International Law Journal* 41(2000):1,54.

邻，它们的职责和目标经常与上级政府的职责和目标发生重叠。在地方政府和规模大于地方的政府之间划分权力的困难，可以通过在美国建立大都市范围的区域政府的努力得到最好的说明。早在战后美国大都市区急剧扩张之前，主张用区域性办法解决城市问题的改革者就认识到，整个地区的单一政府并不能解决大都市分裂的问题。因此，它们试图通过将政府职能划分为最好在区域一级履行的职能，以及能够适当地保持地方特色的职能，以此建立一个“双层”的政府体系。

大都市区委员会是马萨诸塞州立法机关建立的，打算为波士顿及其周边郊区设立一个区域性政府，该委员会在1896年编写的一份报告最早阐明了这一想法。[①] 在强烈反对兼并周边地区的选择的同时，委员会提出了一个根据权力可以同时分配给两级政府的理念为模型的设计方案。委员会的建议是基于这样一种假设，即区域主义的基本原理在于促进该地区的经济，而任何特定政府职能在区域内履行的理由在于其产生更高效率的能力。从这个角度来看，它发现大都市范围的基本功能是排污、公园和供水（每项功能都由其自己的大都市组织负责），而大都市的交通很可能未来会增加。委员会认为，这些区域性职能可以由一个覆盖大波士顿的新县来履行，而“各个市镇的地方独立性将得到保证”，因为职能清单的任何增加都需要证明该事项具有普遍性，并且地方不能充分承担。

---

① *Report of the Metropolitan District Commission to the Massachusetts Legislature* (1896).

大都市区委员会对波士顿的提案从来没有脱离州立法机关，但其以职能分工为基础的双层地方政府平等的方案一直持续到今天。它还依赖于这样一种观念，即全区域的共识可以决定在两级政府中的每一级分别应该履行哪些职能。委员会对这一共识的理解源于其对经济的重视；正是这一点使得它能够将该地区描述为一个具有“共同利益和相当同质的人”。同样的重视也激发了1920年代从加州阿拉米达县到匹兹堡、克利夫兰和圣路易斯等地建立双层区域性政府的努力。但是，对于集权的担心实在太大了，以至于投票规则的设计是为了确保提案被否决（例如在匹兹堡，每个市政当局都需要三分之二的选票才能通过）。

1950年代末，建立双层政府的努力开始在圣路易斯和克利夫兰复苏，但这两项提议都再次失败。不过，到了这时，令人欣慰的想法已基本消失，即以为存在一种可以将职能分配给两级政府的共识。问题不仅在于“经济和效率”的概念可以被广义地解释为几乎包括地方政府全部的活动，从而使双层结构简单地成为集权化的垫脚石。这一困难，支持双层政府的老江湖们在考虑诸如增税权力的分配等有争议的问题时早就意识到了。同样令人不安的是，人们日益认识到还有其他价值需要加入区域主义的理论基础中。

美国政府间关系咨询委员会[①]在1960年代、1970年代发表的

① 即 the United States Advisory Commission on Intergovernmental Relations.

一系列报告中，极为仔细地阐述了这一宏大的设想。[①] 该委员会从四个不同的因素分析了地方政府的职能，即经济效率、公平、政治问责与行政效能，并且探讨了将这些冲突准则应用于任何特定的地方职能时所涉及的复杂性。委员会坚持认为，按照所有这些价值来进行权力分配是可能的。然而，它的信心却无从掩盖根本的困境：每一个传统的城市职能，比如警察、教育、住房、交通、公园以及环境卫生，同时也是地方和区域关注的问题。对这些问题做出的决定，不仅会影响居住在城市边界内的人，也会影响到居住在城市边界外的人。因此，对当地公民而言最重要的项目，可以被理解为区域性政府行动的适当对象。委员会认为，可以通过专业知识来克服这个困难。它呼吁各州进行逐个的个案分析，以便在区域权力和地方权力之间达成适当的平衡，敦促各方认识到解决办法往往需要对个别职能进行细分，并将其组成部分分配给两级政府。

解决区域性问题的双层方案依然被广为接受。一些支持者继续援引效率和经济的论据，但其中大多数人现在把重点放在促进该地区居民的种族和经济的融合、设计更公平的税收分配方案以及建立增长边界来遏制郊区扩张。换句话说，它们将实现区域公平而非效率优先，作为区域的基本职能。大卫·拉斯克（David Rusk）曾就

① For example, "Advisory Commission on Intergovernmental Relations, Alternative Approaches to Governmental Reorganization in Metropolitan Areas" (1962); "Advisory Commission on Intergovernmental Relations, Governmental Functions and Processes: Local and Area-Wide" (1974).

双层区域性政府提出过当代最详细的方案，他坚持认为：“虽然这可能是一个有益的结果，但提高效率并不是［我］……观点的一部分。”[1] 这种重点的转移，非但没有解决困扰双层政府这一提案的不确定性，反而使人们更难想象如何将具体的任务分配给两个不同级别的政府。与基于经济和效率的观点不同，对公平的强调明显威胁到了许多地方自治倡导者竭力保留的优势。毕竟，居住隔离、不平等的税收和无限的增长潜力使一些郊区居民受益，却牺牲了他们较穷的邻居。即使是贫穷郊区的居民和中心城市的居民——拟议的区域权力行使的受益者——也可能会意识到，一个有权实现平等的区域性政府可能会限制他们最重视的城市自决权的各个方面。如今的双层政府倡导者对缓解这些担忧几乎无能为力。虽然他们提出，即使在区域目标实现之后，地方自治仍然会存在，但他们并没有指出地方政府将继续履行哪些重要职能。他们只关注他们的区域性目标的实现。

对区域平等的要求与对地方自治的保护是相互冲突的，假装并非这样则有失真诚。区域效率和区域平等的目标之间也很容易产生冲突。这些冲突不能通过职能性的权力分工来解决，因为根本的问题是政治性的，而不是技术性的。建立职能性的权力分工的努力基于这样一种观点，即存在一种毫无争议的方式，它可以将政府职能划分为为狭隘的自利观念服务的职能，与为更大的利益服务的职

---

① David Rusk, *Baltimore Unbound: A Strategy for Regional Renewal* (Baltimore: Johns Hopkins University Press, 1996), 94.

能。但是，有一些中立的方式能决定哪些职能会滋长狭隘主义、哪些职能会促进共同利益，这样的观念并非只是虚幻。对此的寻求使得实现区域目标的努力受挫。为了避免做出有争议的判断，分析家们常常错误地抱有希望，以为允许地方在某些问题上提出狭隘的自利观念而又不会对外界造成负面后果是可能的。这样一来，双层政府的模式便以牺牲区域主义为代价，强化了狭隘的自利观念。

简而言之，双层解决方案的问题与联邦制和辅助性原则所面临的问题类似：这一概念并没有确定任何应当明确保留给其中一级政府的议题。彼得森的分析再次显现出其指导意义。他提出了一种观点，即认为发展政策应该留给城市，再分配政策应该留给中央政府。但是，正如他所认识到的那样，城市居民对在再分配方面制定政策感兴趣。那么，也许应该对法律框架进行调整，使城市居民能够参与到当前体制留给国家政治的各种权衡取舍中来。如果可以设计出一种法律框架，允许地方参与处理其极为关切的地方问题，那为什么不采用呢？答案不可能是：再分配不是地方事务。问题在于，是否应该调整法律结构，使之成为地方事务。

虽然任何特定的法律框架都可以使某些政策在这一级上比在那一级上更容易制定，但倾向于任何特定分配的原因反映了对地方政治内容的政策选择。正是这种见解鼓舞了早期地方自治的改革者。通过鼓励城市推行保护私营部门的议程，或者使它们能够推行更雄心勃勃的政策，城市可以被赋予权力，也可以被剥夺权力。并没有什么自然顺序可以依此把议题分为本地的或者非本地的。

三 权力下放的价值

然而，为什么地方政府通常——或者仅仅是我们在本书中关注的那些成功的大型中心城市——有权对它们想要实现的未来做出选择呢？如果地方自治是一个反映中央政府在地方权力该如何被引导的实质性偏好的概念，那么为什么还要费心把这些决定权完全交给当地的参与者呢？为什么中央政府就不能痛痛快快地决定它想要什么样的城市，然后采取可能使这种城市生活的愿景成为现实的政策呢？

这些问题的答案取决于对以下假设提出有效的挑战：一个更大的实体将以更为可取的方式做出决定。有很多原因会导致这个假设被误解。首先，如果地方政府不再像托克维尔所说的那样是民主的学校，那么地方参与就失去了内在价值。[①] 唯有赋予城市足够的权力做出对当地生活质量有切实影响的决定，城市才能保留让人们学习自治技能的能力。如果在决定重要事项时它们被排除在外，公民文化就会不知何去何从，这会对政治参与所带来的人类能力的提升产生不利影响。可以肯定的是，我们所关注的那些城市（每个都有几十万居民，有些甚至有数百万居民）的规模还不够小，不足以被

---

① Alexis de Tocqueville, *Democracy in America, Volume* 1 (Cambridge, Mass.: Sever and Francis, 1863), 74 - 76.

允许直接面对面地参与重大政策问题。的确，其中有些城市的人口比某些州的还多。然而，这些大型中心城市仍然是重要的民主学校。在收入、种族和人种方面，它们是我们拥有的最多元化的地方政府。它们所从事的那种政治和政策制定方式是不容易被复制的，无论是在它们周围更同质的但规模较小的郊区，还是在距离更远、地理范围更大且对它们拥有最终控制权的州，都是如此。出于这种原因，大城市有能力并且确实在促进公民生活的参与方面发挥着独特的重要作用。

赞成权力下放的另一个原因是，大城市可以在产生关于城市政策的创新思想方面发挥重要作用。毫无疑问，权力下放会带来地方政府无法做出明智决策的风险。尽管如此，分析家们现在认识到，有效的、可概括的政策解决方案通常最好是通过考虑当地环境下的广泛问题来发现。在本地化环境中解决问题，可以揭示更抽象的思考所不能确定的解决方案。地方机构在地域局限性也提供了一个打造公民能力的机会，政治学家们越来越认为这种公民能力对于维持为看似棘手的公共问题而提出的解决方案的努力是必要的。因为发现解决方案是机构设计的一个重要目标，所以地方政府机构才是改革的重要推动者。

这种普遍看法在美国具有特殊的作用。正如我们此前所看到的，对地方自治的批判建立在中心城市和郊区之间的粗略区分之上。然而，越来越清楚的是，这样一种非此即彼的中心城市/郊区的划分是不准确的。一些中心城市正处于繁荣时期。它们主要关心的是保住经济性住房，因为开发商已经有了在城里建造新的办公楼和豪华公寓的强烈愿望。诚然，大城市之间在经济状况方面有很大的差异，并不是所有成功的大城市都会以同样的方式获得成功。但这进一步强化了这样一个事实，即它们关于如何最有效地维持现状的选择，很可能会受到它们当地条件的影响。与此同时，许多远郊地区正感受着基础设施快速发展的压力，使它们难以维持目前的增长速度。另一些城市则在努力避免自己变得比附近的中心城市更穷；它们需要政策来防止一种愈演愈烈的螺旋式下降。地方政府之间的这些差异表明，需要对每个地方政府所面临的状况做出不同应对。它们还建议使用各种各样的站点来确定当前发展模式中存在的问题。如此多的社区似乎在经历如此不同的负担，同时也在体验意想不到的好处，这一事实清楚地表明了地方政府作为民主实验室的潜在优势。

郊区和中心城市当中目前存在的多样性，也凸显了试图通过将决策权分配给比当地决策者更高一级的决策者来寻求解决方案的潜在危险。中央政府有一种倾向，即通过一种能淡化差异的有限视角来看待问题。这个框架可以导致某种规划形式，削弱当地生活经验的活力。换句话说，集权化限制了在中央层面而不仅仅是在地方层面学习的机会。对于州或者国家而言，要产生维持改革所必需的公民认同感也比在地方层面上困难得多。

即使在目前的体系内，也有证据表明允许本地生成的政策发现具有潜在的有利影响。地方政策已经打破了人们对富裕郊区或者不幸的中心城市的刻板印象。它们受到“决策者之间的一种社会感染[①]否则便无法确定如何前行”[②]的刺激，而不仅仅是为了回应特定内部利益集团的孤立的游说努力。城市“互相期待，想确定适当的政策和治理模式”[③]。事实上，在一个城市出现的创新，会增加它在另一个城市出现的可能性，这正是因为它现在已经成为一种切实可行的政策选择。正是通过这种跨地区的过程，生活工资运动（the living wage movement）在许多地方获得了关注。当然，同样的现象在两个方向上都发挥着作用。地方之间相互模仿的趋势，有助于解释城市间经济发展实践的高度相似性。关键并不是在当地的学习过程总会产生最佳的结果。州主导的结构指导着地方参与的实验类型，城市将继续留在这种结构中。

在这里，我们可以再次学习早期的地方自治改革者。他们对于利用地方权力更广泛地改变公共决策抱有强烈的兴趣。事实上，20世纪初伟大的城市改革家弗雷德里克·豪伊（Frederick Howe）主张，城市不仅应该成为国家的“试验站”，甚至应该成为世界的

---

① 社会感染（social contagion），个体通过语言、文字、表情、动作和其他方式引起他人相同的情绪或行为的一种信息传递过程。——译注

② Harvey Molotch, "Urban Deals in Comparative Perspective," in *Beyond the City Limits: Urban Policy and Economic Restructuring in Comparative Perspective*, ed. John Logan and Todd Swanstrom (Philadelphia: Temple University Press, 1990), 175, 176 - 77.

③ Isaac Martin, "Dawn of the Living Wage: The Diffusion of a Redistributive Municipal Policy," *Urban Affairs Review* 36(2001): 470, 472.

“试验站”。[1] 然而，重要的是，这些改革者也意识到，那些构成地方权力的规则会影响地方政府可以进行的那种实验。州法确立的现行规则并不能视为既定规则。它们也许需要改变，以便为在目前的封锁线上行使地方权力开辟可能性。无论对于早期的城市改革者，还是对于我们来说，关键问题并不在于地方自治是应该保留，还是应该削弱。没有地方自治权需要进行保护或者予以放弃。关键问题是，什么样的法律改革将使城市能够为其未来制定实质性议程，并就未来应当如何进行政治辩论。

① Frederick Howe, *The City: The Hope of Democracy* (New York: Charles Scribner's Sons, 1906), 303.

第二部分　七座城市

第一部分提出的论点是用笼统的术语来阐述的：界定地方权力的不同法律结构，是决定一个成功的大型城市的政策及其改变政策的能力的一个主要因素。在这种普遍层面上，这个提法很容易被接受。但是它也可能过于含糊，以致无法发挥作用。那么，我们究竟是在谈论什么样的法律结构？法律结构究竟是如何影响城市决策的制定的呢？

在这一部分，我们将讨论这些特异性问题。我们对于波士顿市的权力进行了详细的考察，无论是地方自治的问题，还是在收入、支出、土地使用和教育等重要的实质性领域，以此与其他六个大城市相比较。据我们所知，在文献中，没有一处地方对于美国的州赋予和剥夺城市权力的不同方式进行过全面考察。有很多借助于相对自治、辅助性原则、地方自治和分权趋势等短语进行的笼统讨论，但对于美国大城市实际运作的法律语境讨论得太少。在接下来的章节中，我们希望读者能体会到州法律控制城市政策的方式。我们的评论绝不是详尽无遗的，即使在我们所涉及的主题上也是如此。关于交通、公共安全和公共卫生的其他章节也可以用同样的方式撰写。我们的目标是用具体的术语传达出法律改革在追求本书第三部分所考察的四种可能的城市未来中的一类或全部类型时可能发挥的作用。

为了实现这一目标，我们检视了治理波士顿、纽约、芝加哥、旧金山、西雅图、丹佛和亚特兰大这七座美国大城市的法律结构。所有这些城市都是其所在地区和州的大型的、具有经济影响力的参与者。每一个都有不同种族和人种的人口，比组成大都市区的其他社区的人口更具有实质上的多样性。与美国其他大城市相比，每个城市都运行得相当好，而且由于郊区的不断发展、大量移民以及持续的集中贫困的存在，每个城市都面临着巨大的且相互关联的挑战。

但是，这七座城市之间也存在很大的差异。它们的人口规模、多样性、居民受教育程度以及经济规模都各不相同。它们位于美国的不同地区，每个地区都有自己的政治文化以及对城市化和地方自治的态度。最重要的是，就我们的目的而言，它们是由其所在的州以极为不同的方式组织起来的，存在着不同的政府结构，在引导自身走向未来的能力上受到不同的法律限制。这些城市受到限制和获得授权的方式多种多样，这表明了对于改革的潜在需求。每一个这样的结构都互不相同，但如果它们都能够设计得当，很好地满足一个面临当今城市问题和挑战的大城市的需求，那将是非常了不起的。

我们选择把重点主要放在波士顿，把其他城市仅仅用于比较的目的。对七个州的七个不同城市的法律结构进行详细讨论，将是冗长而繁复的。我们认为，最好是详细探讨一种法律结构，用其他城市来说明备选方案。虽然任何一个城市都可以成为我们的关注点，但波士顿有许多优势。这是一个非常成功的城市，是经历了 1950

年代的艰难岁月之后繁荣起来的美国城市之一。然而，像美国其他大城市一样，它只是其所在地区的一小部分，周围还有 100 多个市和镇。聚焦波士顿，凸显了州对城市权力的限制与把中心城市和周边郊区联系起来的重要性之间的关系。波士顿也是反映美国地方自治的优点的一个象征性地点：城镇会议①的发源地，美国民主的故乡。但它的自治权非常有限，甚至比我们调查的其他六个城市还要有限。与此同时，尽管波士顿的权力不如其他城市，但其所受的限制并不罕见：在几乎每一个具体的点上，我们拿来作比较的城市中至少有一个与波士顿受到同样的限制（有时会更受限）。似乎更重要的一点是，对波士顿的权力的限制实在够大，而且够普遍，其他城市的读者可以由此产生警醒，看看他们自己的城市是否也受到了类似的束缚。

在我们开始对这七座城市的法律权力进行比较分析之前，对城市本身做出一个简单的比较，似乎会略有帮助。从土地面积看，波士顿在七座城市中面积排倒数第二（旧金山最小）。在人口方面，波士顿 2000 年的人口为 589141 人，比三座城市少（纽约有 800 万人，芝加哥有 200 万人，旧金山有 77.6 万人），比另外三座城市多（亚特兰大的人口刚刚超过 40 万，是最少的）。波士顿在一个重要方面排在最后。1990 年代，其他所有城市和其他所有大都市区的人口增长速度都超过波士顿及其大都市区，其中某些城市的增长速度

① 城镇会议，镇里有资格的选民为地方政府事务或制定法规而举行的正式会议。常见于美国新英格兰诸州。——译注

快得惊人。（自 2000 年以来，只有纽约和亚特兰大有实质性增长；除了芝加哥和旧金山的人口减少、波士顿的人口略有增加之外，其他城市相对稳定。）

在人种和种族的多样性方面，波士顿的非裔美国人、亚洲/太平洋岛民和西班牙裔（任何种族的）居民比例，恰好处于中间位置——在七座城市中排第四。像其他四个城市一样（除了西雅图和丹佛之外），波士顿是一个“少数族裔占多数”的城市。① 如果以多样性的另一种定义来看，波士顿的外国出生居民比例在这七座城市中排第三。② 最后，在所有这七座城市中都有相当数量的受过高等教育的人和生活贫困的人。③ 在一个有趣的方面，波士顿是与众不同的：其居民中读过大学或者研究生的比例在七座城市中排第一，是其他两个城市的两倍。

这些城市所在的大都市区也非常不同。根据一个众所周知的定义，即主要的大都市区统计区域④，波士顿大都市区在土地面积和人口方面都排在七座城市的中间位置。没有一个城市拥有其所在大

---

① 这些城市的少数族裔构成各不相同。波士顿的少数族裔人口比亚特兰大（主要是黑人）、旧金山（主要是亚裔）或丹佛（主要是西班牙裔人）的更多样化；也比西雅图（它是所有七个城市中非西班牙裔白人人数最多的）更多样化。

② 波士顿 25%的居民出生在外国，相比之下，纽约是 36%，丹佛是 17%，亚特兰大是 6%，全美是 11%。

③ 与波士顿相比，旧金山和西雅图的贫困程度较低，接受过高等教育的居民较多（在七个城市中，旧金山的居民出生在外国的比例最高）。

④ 定义美国大都市区规模的方法有很多种：人口普查局发布的波士顿人口数字从 5819100（综合统计大都市区）到 3406829（主要统计地区）不等。

都市区人口的大多数。事实上，这几座城市中的大部分，包括波士顿在内，仅有不到大都市区人口四分之一的居民住在这些城市里。另一方面，除了旧金山以外，大都市区本身的人口就算不超过，也差不多占了其所在州的一半。此外，虽然这七座城市所在地区的经济状况大不相同，但波士顿、芝加哥和纽约这三个地区位列美国四大经济区。(如果波士顿大都市区是一个独立的国家，那它的经济可以在世界上排到第 22 位，略低于瑞士，但超过比利时、瑞典和奥地利。①) 这七座城市的大都市区经济状况有一个方面是相似的：城市经济的表现远不如区域经济的。②

---

① 七个大都市区内的工作岗位分布差异很大：亚特兰大的工作岗位比波士顿更分散，而纽约市的工作分散程度较低。波士顿地区大约四分之一的工作岗位靠近中心商业区，一半多一点的工作岗位距离市中心不到 10 英里。在亚特兰大，工作要分散得多，只有 10％是在离市区 3 英里的范围内，而在离市区 10 英里内的只有三分之一左右。相比之下，纽约市超过四分之三的工作岗位在离市中心 10 英里的范围内，近一半的工作岗位在 3 英里内。另一种了解工作分配的方法是研究通勤模式。在七个大都市区中，包括波士顿在内有四个是由郊区通勤到郊区的居民比从郊区通勤到城市的居民多。然而，波士顿仍然吸引着大量的通勤者：通勤的居民多过在波士顿上班的居民。在其他地方，城市劳动力由郊区通勤者或城市居民组成的程度差异很大。在纽约，居民主导着城市的劳动力市场，而在亚特兰大则是郊区居民主导。

② 波士顿的整体下降，以该地区的百分比看，与大多数其他城市相当，尽管西雅图和旧金山的表现更好。从 1950 年代到 2000 年，除了西雅图以外，所有城市的家庭收入中位数在其大都市区家庭收入中位数所占的百分比都急剧下降（西雅图的下降幅度很小）。作为一个群体，他们在 1950 年的收入占到了大都市区中位数家庭收入的 97.5％，但在 2000 年下降到了 76.5％。这种下降说明了育儿郊区化和中产阶级家庭郊区化对美国中心城市的影响。在比较城市和地区家庭收入中位数时，下降幅度便没那么严重。(单亲家庭、雅皮士和退休人士计入这一数据，但不计入家庭收入。) 当然，它在所有七个城市都有所下降。所有城市的降幅从 1950 年的 93％降到 2000 年的 77.5％。

由于州的决策对城市权力而言至关重要，最后一种比较这七座城市的方法值得注意：城市在州立法机关中的影响力。政治影响力是一个难以衡量的概念，但一些基本数据表明，七座城市之间存在差异。在马萨诸塞州，11％的众议院议员以及15％的参议院议员至少代表了波士顿的一部分。[①] 这些数字与丹佛、亚特兰大和西雅图的数字大致相当，尽管纽约和芝加哥有着更大的代表团。[②] 判断影响力的另一种方式可能是看州立法机关的领导层。与纽约、芝加哥、旧金山和西雅图一样，该州立法机关之一的领导人来自波士顿。而另一方面，丹佛和亚特兰大的立法代表团却是立法机关中的少数派，其大部分的有效权力被剥夺。然而，纵观过去就会发现，波士顿在其历史上的大部分时间里一直处于与丹佛和亚特兰大相似的地位。[③] 最后，州立法机关在波士顿开会，就像在丹佛和亚特兰大一样，来自波士顿之外的代表和参议员可能因此要比在其他地方开会对波士顿有更好的了解，并对其成功负有更多责任。即便如

① 10个众议院选区完全在城市的范围内；与邻近社区共享其他七个选区的城市，投了所有这些社区中的大多数选票。在6个参议院选区中，只有两个完全在市内，并且该市只对其中一个投了大多数选票；它在其他三个选区投了多数票。

② 除旧金山（3％）外，波士顿的众议院成员所占比例在所有城市中最低，尽管它与丹佛（16％）、亚特兰大（12％）和西雅图（12％）的比例大致相当。（纽约州有42％的州议员，芝加哥有30％）。这些数字也使得波士顿在参议院方面位居七个城市的中间位置，远低于纽约（42％）和芝加哥（31％）。马萨诸塞州最不寻常的地方在于只有城市和跨境席位的议会从众议院转移到参议院。其他六个城市基本上保持了参议院和众议院席位上的代表模式。

③ 除了现任议长和他的前任，众议院领袖在过去一个世纪里代表波士顿的时间仅有10年。

此，在许多对波士顿的法律权力进行界定的法律通过期间，波士顿在州立法机关中的代表性仍然很弱。

在撰写后面四章的时候，我们依据的是城市和州机构、非营利组织以及学者发表的报告。我们查阅了一系列广泛的法律材料，其中包括授予自治权的州宪法条款、全州范围内的提案（如马萨诸塞州的《2½提案》，加利福尼亚州的《13 号提案》和科罗拉多州的《纳税人权利法案》）以及涉及地方权力的几乎所有方面的众多州法规。我们还将重点放在了针对性更窄的立法上，这些立法有针对性地对城市进行限制（有时是授权），其中包括制定城市宪章和授权公共当局——比如马萨诸塞州收费公路管理局和纽约帝国开发公司——在城市范围内进行重要的监管和土地使用管理的法律。所有这些法律材料都是依据对其进行解释的州司法意见进行考量的，这些司法意见通常是以进一步限制城市可以做出的选择的方式来解释的，有时也会为它们提供免受州干预的重要保护。最后，为了帮助我们对 6 个比较城市有充分了解，我们咨询了 6 位来自全国各地的著名地方政府法学者。在共同商定的研究方案的基础上，他们分别对 6 个比较城市中的一个的法律权力进行了详细调查。他们提交给我们的翔实报告为本书提供了不可或缺的资源。

后面的章节并没有对组织起这七座城市的法律结构进行全面概述。相反，我们试图强调各州在构建城市权力时所做的选择。马萨诸塞州为波士顿所做的选择可以作为例子来说明，其争议性通过其他州为其城市所做的不同选择得到了彰显。（当我们谈论“其他城市”时，我们指的只是这 6 个比较城市，而不是美国所有的城市）。毫无疑问，如果我们多列出一些城市，那么我们会发现更多的选择已经在某些地方被采纳。而且还会发现，有些城市甚至比波士顿更受州法律的限制。的确，当读者阅读这些章节时，他们最感兴趣的城市（也许我们没有讨论）可能是一个很好的关注点。有人可能会问，我所在城市的建制和波士顿的相比又如何呢？

第三章
地方自治

美国的每一个大城市都在一个并非由它们自己制定的法律框架内运行。这些框架存在本质上的不同。一个关键的区别在于，一个州是通过具体的法规还是通过一般的授权来界定地方权力。在19世纪的大部分时间里，所有的州都选择了第一条路。它们通过具体的立法界定了地方政府的权力，并制定了城市宪章。随着地方政府的规模和复杂性的增加，大多数州都改变了方向。与其要求快速发展的中心城市每次想要采取行动的时候都要向州立法机关寻求特别许可，还不如由州政府授予它们所谓的“自治”。地方自治赋予地方政府在未经州许可的情况下采取某些行动的权力，并且（在一些州）规定地方决策中的某些优先于与之冲突的州法律。我们考察的所有七座城市都被赋予了地方自治权。

但是，地方自治的含义在全国各地——以及这七座城市——存在着极大的差异。尽管地方自治通常被认为象征了对于先前法律所包含的那种地方法律无力的拒绝，但是地方自治条款不仅通过授予权力，而且通过限制权力的范围来塑造地方权力。所有的州都限制了城市的独立性，有些州限制得远比其他州更严。于是，细节就显得很重要了。它们确立了行使地方权力的基本游戏规则。通过这样做，不仅影响了城市可以推行的特定政策，也影响了每个城市对其规划自己的未来而不受州立法影响的能力的信心。由于这些原因，地方自治条款的差异就变得重要起来。我们将在这一章中研究这些差异。然而，所有的州都有一个共同点，即没有任何一处的地方自治赋予了城市地方自主权。

下面，我们将简要概述波士顿地方权力在地方自治前的性质。该市被州立法监管的历史表明，当一个城市不实行地方自治时，州政府可以对城市生活进行事无巨细的干预。然后，我们将波士顿的地方自治权与其他六个城市的进行比较。我们将重点放在州地方自治条款通常赋予的两项重要权力。首先是为这个城市制定政府宪章的权力，其次是一般的自治权：未经特别法定授权而采取行动的权力。在地方自治规则的这些关键维度上，波士顿并不比其他城市好，而且往往更糟。然而，这七座城市都受到了一些重要的限制，并且这些限制是建立在对其地方自治权的授予上的。

这些限制的文本基础各不相同。一些地方自治条款明确规定，启动立法的权力仅限于“本地”事项。这些用语使得法院可以自由地将紧迫的社会利益事项，比如努力消除住房或就业市场上的歧视，列为超出地方自治权范围的事，因为这些被认为比本地问题更重要。① 在一些州，只对“本地”事务授予地方自治权的情况还导致法院狭义地解释地方主动权的范围，以避免与管辖该问题的州法发生冲突；在这种情况下，当地为解决歧视、住房或环境等问题所做出的努力也可能遇到法律障碍。② 此外，一些地方自治条款，包括管理这七座城市中的某些城市的那些规定，明确禁止地方对“私法或民事事务”进行立法。这个类别一直是个谜，但它为法院提供了一种方法，以限制地方努力采取一系列可能减轻私人开发计划对社会的影响，私人开发计划从租金控制到生活工资条例，不一而足。③ 最后，地方自治条款有时会明确否定地方政府的征税权。这种限制不单是否认了它们征收通勤税或者对征收物业税以外的税种进行尝试的能力，还为法官们提供了一个依据，使他们可以怀疑一系列旨在确保私人土地使用开发以自己的方式进行各种地方尝试的合法性。简而言之，给予自治权的范围总是比它的名字所暗示的要有限，即使它比适用于波士顿的严格限制的形式宽松得多。

---

① See, for example, *Mc Crory Corporation v. Fowler*, 570 A. 2d 834 (Md. 1990).

② See, for example, *Lilly v. City of Minneapolis*, 427 N. W. 2d 107 (Minn. Ct. App. 1995).

③ *Marshal House, Inc. v. Rent Review and Grievance Board of Brookline*, 260 N. E. 2d 200 (Mass. 1970) (rent control); *New Orleans Campaign for a Living Wage v. City of New Orleans*, 825 So. 2d 1098 (La. 2002) (Weimer, J. concurring) (living wage).

一　波士顿在自治前的法律权力

这七座城市所在的州在不同时期实行了地方自治。到 1967 年波士顿终于获得自治权的时候，全美有三分之二以上的州已经让自己的城市开始了地方自治。在我们考察的城市中，只有芝加哥晚于波士顿获得地方自治权，但就连芝加哥也比波士顿更早享受到了一些免受州政府干预的保护。波士顿未能更早被允许实行地方自治，原因不在于缺乏努力，而在于州的反对。波士顿官员曾多次向州立法机关提交自治提案。波士顿迫切希望摆脱州的控制，是有充足理由的。数百年来，州立法机关一直不遗余力地主张自己对波士顿事务的管理权。

从 1630 年到 1822 年的近两个世纪里，波士顿和马萨诸塞州的其他城镇一样，都是由城镇会议管理的。早在 1635 年，州立法机关就将波士顿当时不到 30 个城镇的权力严格地限制在那些“只事关它们自己”的事情上。它还明确表示，即使在这个范围内，地方政府也无权制定与州法律不一致的法律。随着时间的推移，除了独立战争期间的短暂插曲之外，立法机关对城镇的控制日益加强，特别是对波士顿。到 19 世纪末，立法权已然至高无上。①

要想了解这一时期州政府是如何对地方事务行使权力的，一个

① For the early history of Boston, see James Bugbee, *The City Government of Boston* (Baltimore: N. Murray, 1887); *Mass. Legislative Research Council, Municipal Home Rule* (“Massachusetts Senate Report,” No. 950, 1965).

方法是通过研究州立法机关在制定波士顿宪章中的作用。1822 年，波士顿城镇会议申请批准城市宪章并如愿以偿，使波士顿成为马萨诸塞州的第一个市政法人城市①。1822 年的宪章是一项特别立法，即它是由州立法机关通过的，之后只能由立法机关来酌情修改。在随后的一段时间里，1822 年的城市宪章经历了一系列修改，逐步加强了市长的权力，特别是从 1885 年的宪章修正案开始，在波士顿的政治结构中引入了更多的州监管。1885 年，立法机关颁布了另一项重要的特别立法，剥夺了该市对于警察部队的所有控制权，并将该权力置于州长手中。1885 年的宪章修正案和警察立法都是由立法机关制定的，但实际上，与 1822 年的宪章不同，立法机关甚至没有交由波士顿选民进行全民投票。1909 年，同样未经公民投票，州立法机关修改了宪章，设立了一个由州长任命的财务委员会来调查该市的账目和开支情况，同时，把市长任命的人员报给州公务员委员会（Civil Service Commission）。在此期间，其他的州干预措施还包括有针对性地限制城市的借款权力，以及限制该市可用于公立学校的支出上限。未经州立法机关明确许可，波士顿还被禁止提高税率或增加评估②。似乎是为了让州承担的地方权力一目了然，州

① 市政法人城市（incorporated city），市政法人（municipal corporation）的一种，在美国是指为了地方政府的管理，由州通常以特许状的形式，将某一地区的居民联合起来而建立的既具有公司实体所具有的一般特性又被赋予一定公权力的法律实体。参见《元照英美法词典》，北京大学出版社 2013 年版，第 936 页。——译注

② 评估，指与财产税的评定与征收有关的情形。——译注

立法机关甚至在市长选举中直接发挥作用。就在1922年市长詹姆斯·迈克尔·柯利开始第二个任期前不久，一项新的法规使得市长无法在1926年继续连任。①

第二次世界大战后的几十年对波士顿来说是艰难的。1950年代，波士顿的人口减少了超过10万，这是其最糟糕的10年。然后在1960年代下降了5万多，1970年代下降了7万多，之后在1980年代略有上升。（丹佛最糟糕的10年是1980年代，其他城市则是1970年代。）正如经济学家埃德·格莱泽（Ed Glaeser）所说，在那些年里，没有什么理由"怀疑波士顿在未来几十年里会比罗切斯特、匹兹堡或者圣路易斯更加成功"②。采取一番行动是必要的。但波士顿的应对能力受到了限制。由于缺乏找到新的收入来源的权力，也无法使州让其他实体来承担对波士顿造成特别沉重的打击的那些负担，因此波士顿一再将重要权力移交给州，以换取更多的资金或者减轻负担的费用。

这段时间所做的交易是否明智，还有待商榷。在这些年里，波士顿确实成了全国重建工作的领导者，并且在这种努力中得到了州一些措施的帮助，这些措施给了波士顿一些额外的权力，作为交换，波士顿要放弃一些旧的权力。尽管如此，州建立的公共当

① Thomas O'Connor, *The Hub: Boston Past and Present* (Boston: Northeastern University Press, 2001).

② Edward L. Glaeser, *Reinventing Boston*, 1640 - 2003 (Cambridge: Rappaport Institute for Greater Boston, JFK School of Government, Harvard University, 2003).

局——有时是州本身——还是接管了重要的城市资产。市长同意了一项州提案，即在波士顿广场下方建一个车库，由州立马萨诸塞州停车管理局控制，归该局一个三人委员会管理，其中两人将由州长任命。在市长的支持下，该州又建立了另一个公共机构，即马萨诸塞州港务局，由其控制该市的口岸：托宾大桥和洛根机场。（港务局由州长任命的七人委员会管理，目前拥有该市范围内近10%的土地。）该州还成立了马萨诸塞州收费公路管理局（Massachusetts Turnpike Authority），并将马萨诸塞州收费公路延伸到城市之中，尔后保持了对收费公路的控制。1959年，资金短缺的波士顿把该市在1930年代修建的萨姆纳隧道卖给了马萨诸塞州。在一些重要方面，波士顿从城市脱胎换骨的时代挣脱了出来，在城市关键部分受到的法律控制比数十年前要少得多。

这种模式将在未来几十年中重演。面对财政危机，该州会向波士顿提供援助，以换取波士顿出售财产或转移对该市重要部分的控制权。在1980年代，这座城市把大量市政停车场出售给了私人部门和州。此外，还将建立另一个由州控制的机构，马萨诸塞州会议中心管理局（the Massachusetts Convention Center Authority），以管理该市的一个大型公共设施。这种模式也有例外。虽然州在1950年代对该市的交通网络行使了越来越多的控制权，但州立法机关允许波士顿否决对该市产生重大影响的拟议州公路项目。应波士顿市的要求，该州还成立了波士顿重建局（the Boston Redevelopment Authority），从而提高了波士顿协调重建工作的整体能力，即便在该重建过程中注入了一定程度的州控制。1962年的一项法规又把对波士顿警察局长的任命权交还给了波士顿市长。(将警察局长的任命移交给市长的法规确保了市长对警务部门没有太多的控制权:它规定警察局长的任期是固定的。)然而,总的来说,波士顿在一个多世纪的时间里经历了重大的经济、社会和人口变化,州法律普遍禁止该市按照自己的意愿对这些力量作出响应。相反,随着城市的变化,州将对城市的重要控制权从城市转移给了州。①

二 州授予自治权

鉴于这种州立法控制的历史,该州在1967年授予地方自治权时承诺将标志市与州之间法律关系的一个新阶段。马萨诸塞州关于自治的定义载于州宪法第89条(被称为《地方自治修正案》[*the Home Rule Amendment*]),并在《地方自治程序法》(*the Home Rule Procedures Act*)中作了进一步阐述。《地方自治修正案》的序言解释说,其目的在于"授予并确认每个市镇居民在地方事务上的自治权"。这种笼统的语言相当具有误导性。波士顿至今依然在行

① Thomas O'Connor, *Building a New Boston: Politics and Urban Renewal* 1950 - 1970 (Boston: Northeastern University Press, 1993); *Lawrence W. Kennedy, Planning the City Upon a Hill: Boston since* 1630 (Amherst: University of Massachusetts Press, 1992).

使法律权力方面高度依赖州立法机关。一个关键原因是，《地方自治修正案》在其两个主要特征方面都相对薄弱：一个是宪章权力，一个是一般的地方自治权。

1. 宪章权力

城市宪章是城市的小型宪法。它规定了城市政府的行政结构、城市机构和公务员必须遵循的程序，以及城市的许多监管权。宪章的重要性使得它是由城市还是由州来制定显得十分重要。马萨诸塞州《地方自治修正案》赋予波士顿自行制定宪章的权利，但这项权力的授予并没有被证明是必然的。像芝加哥和亚特兰大一样，波士顿也没有起草自己的地方自治宪章。事实上，波士顿的宪章是由州立法机关专门为它起草的，只有亚特兰大跟它一样。州立法机关已经签署了波士顿宪章，但这并不意味着该宪章是一部州法。该市的“宪章”是由州立法机关在过去 200 年中颁布的一系列法律拼凑而成的。①

波士顿没能起草自己的宪章，部分原因是这座城市直到在其历史相对较晚的时期才获得地方自治宪章的权力。当波士顿有权自行决定政府结构时，它已经是一个充分发展的现代都会中心。旧金山

① 市公务员办公室印了一本小册子，这是与波士顿宪章最接近的版本。它包含了一个有 5 段话的序言，揭示了州立法机关在起草宪章方面的总体作用。似乎是为了强调这一点，序言的结论是：“包含两部有用的作品……波士顿宪章中的许多法令都来自‘《1938 年 1 月 1 日前颁布的与波士顿有关的特别法》’以及‘《波士顿市法典》(1975) ’。二者都已绝版，可在图书馆查阅。”市公务员办公室，《波士顿宪章》(第 1 版，未注明出版日期)。

和西雅图在19世纪通过了自己的宪章，丹佛在1904年也经历了类似的过程，纽约市在1930年代起草了自己的宪章。然而，从根本上讲，马萨诸塞州构建城市地方自治宪章的权力的方式解释了为什么波士顿没有使用它。根据《地方自治修正案》，该市只有将其整个政府结构交给一个独立选举产生的宪章委员会处理，才能使构成其宪章的现行的杂乱无章的法规秩序变得井然有序。根据法律规定，该委员会一旦建立，就可以推行无限的改革议程。然后提交提案，由城市居民进行只投赞成票或反对票的表决（an up-or-down vote）。由此，这个过程就把一切都摆到了桌面上，而市任何官员没办法对其进行组织安排。这使得市政府官员几乎没有动力去推动宪章改革。①

其他州宪法规定的自治条款并没有那么严格。科罗拉多州允许丹佛市议会在不设立独立的宪章委员会的情况下启动实质性的宪章改革工作，加州也对其城市采取了同样的措施。根据华盛顿州宪法，像西雅图这样的城市可以为选民提供民选宪章委员会提案之外的其他选择。但波士顿并不是唯一一个在宪章上受州控制的城市。1970年代，在一个由州长尼尔森·洛克菲勒创建并部分控制的委

---

①《地方自治修正案》中的宪章修订程序的确向波士顿提供了一种修改其宪章的方式。它允许市议会三分之二的人提议修改，选民可以通过全民投票来批准。如果他们这样做了，修正案就成了法律。对宪章的有限地修订可以遵循这个程序；更为实质性的变更需要采用宪章修订或者通过程序。要求修正案获得市议会绝对多数支持，这使得这个程序相对受限。科罗拉多州和华盛顿州的宪法允许市议会的简单多数同意即可对宪章修正案进行投票。佐治亚州的自治条例允许市议会自行通过宪章修正案而不必诉诸公民投票。

员会的要求下，纽约市进行了一次重大的宪章改革。《科罗拉多州宪法》专门规定了丹佛行政管理机构的方方面面，使得丹佛无法自行更改。佐治亚州立法机关在亚特兰大市宪章的起草上发挥了重要作用。

尽管如此，波士顿比我们考察的其他城市对其宪章的控制和参与度都要低。在纽约市，宪章一直是当地公民辩论和讨论的一个重要焦点，但这从未在波士顿出现过。近年来，纽约市已经考虑了对一些事情采取宪章修正案和全民投票的方式解决，包括建立和修改纽约市的竞选资金系统，修改纽约市官员的任期，将洋基体育场从布朗克斯迁往曼哈顿西区，还有最近采取的无党派的市政机构选举。自 1904 年以来，丹佛几乎每年都对城市宪章进行一次修改。在过去的四个选举周期中，选民修改了宪章，设立了“社区规划与发展部”，使税收程序现代化，修改了主动提案和全民投票程序，改变了水务委员会发行债券的权力，改变了公务员制度，要求市议会设立道德委员会，并提高了市长和市议会为市雇员设定薪酬和福利的能力。在旧金山，过去 40 年里至少成立了 6 个宪章改革委员会。1996 年，旧金山通过了修订后的宪章，将其篇幅缩短了三分之二以上，并改变了该市的管理结构，让市长负责日常工作，同时允许民选官员而不是任命的委员会制定政策。[①] 波士顿更为被动的做

① Gabriel Metcalf, San Francisco Planning and Urban Research Association, *SPUR Newsletter* 9, “*SPUR History*: Forty Years of Citizen Planning for San Francisco” (January 1999).

法可能有其好处。宪章改革可能会分散人们对于更为实质性问题的关注。不过，波士顿缺乏本地的宪章运动这件事令人吃惊。这座城市似乎已经放弃了这种让市民关注城市未来的方式，而其他许多城市都在使用这种方式。州规定的宪章修订程序并没有给它什么动力去做其他事情。

2. 一般自治权

尽管波士顿还没有制定自治宪章，但它仍然可以行使一般的自治权。《地方自治修正案》第 6 条赋予所有市政当局自治权，无论它们是否为自己制定了宪章。（丹佛、旧金山和西雅图必须通过自治宪章，才能在其所属州的宪法下获得一般的地方自治权。）第 6 条乍看起来似乎非常宽泛。它授权任何城市或城镇行使“州议会［马萨诸塞州立法机关］有权授予……的任何权力或职能”。这句话很重要。它为马萨诸塞州最高法院的结论提供了依据：即使没有州授权立法，市政当局也有很大的权力管理土地的使用。[1] 近年来，波士顿就是靠着这句话来禁止在餐馆和城市工作场所吸烟。单独使用这句话，会使马萨诸塞州的《地方自治修正案》与我们调查过的任何州的地方自治法规同样宽泛。但是第 6 条笼统的介绍性语言在两个重要方面是胜任的。综合起来，它们使得波士顿获得的自治授权是这七座城市中最弱的一个。

---

① *Board of Appeals v. Housing Appeals Commission*, 363 Mass. 339(1973).

(1) 特定例外

第一个限制，在第7条中有详细说明，列出了明确规定城镇不得享有的自治权的6个方面。除了第6条授予的自治权之外，其他类别的权力如下：1）规范选举；2）征收、评估和收取税赋；3）借贷或抵押城市或城镇的信用；4）处置绿地；5）制定管辖民事关系的私法或民法，但与行使独立的市政权力有关的事件除外；以及6）界定并规定重罪的处罚或者监禁。对于这些类别，波士顿所处的位置与其实行地方自治之前是一样的，只有经州法特别授权的情况下，它才可以采取行动。

因为规定城市选举、征税、借贷和管理大部分私法或民法事务的例外涵盖了城市所关心的各种各样的问题，所以第7条使得马萨诸塞州的地方自治成了幻觉。也许这就解释了为什么那么多地方官员抱怨说，没有州立法机关的许可，他们几乎什么事都做不了；或者也可以解释为什么波士顿市的一位官员告诉我们，《地方自治修正案》不怎么被视为权力来源，而是得出结论认为地方行动需要州授权立法的理由；或者还可以解释为什么州立法机关在地方立法上花费的时间几乎和《地方自治修正案》通过之前的时间一样多。

这些例外的重要性因为州法院对它们的解释而被放大了。马萨诸塞州最高法院裁定，例外范围的清单并不详尽。地方政府对于第7条中未提及的一些事项也没有自治权，比如那些对大都市区其他城镇有重大影响的事项。此外，最高法院已经对私法或民法事务例外进行了解释，以使可能超出其范围的地方法令无效。例如，它援引这一限制使未经法定授权的地方租金管制条例无效，并且只有在地方反歧视条例缺乏强有力的执行机制的情况下才支持这些条例。州法院还解释了税收例外，说是为了取消人们可能认为不是税收的地方税收措施，包括对新开发项目征收的影响费。①

我们考察的其他城市在主动参与创造性决策时也遇到了障碍。但是，没有任何一个在授予自治权的情况下运作，该自治权免除了税收、借贷、私法或民法事务的监管、市政选举的监管。《伊利诺伊州宪法》中的地方自治条款就是这样一个例子，它可以说是马萨诸塞州《地方自治修正案》的镜像。它并没有广泛地将政府权力授予地方，然后明确否定地方的一系列重要权力，而是只授予市政当局与地方事务有关的那些自治权，随后以一种扩大解释的方式明确地对它们进行界定。芝加哥的地方自治权清单上包括征税权（尽管有一些重要的例外）、借贷权以及“为保护公共卫生、安全、道德和福利而进行监管的权力”。此外，《伊利诺伊州宪法》规定“自治单位的权力和职能应自由解释”，但《马萨诸塞州宪法》中没有这么规定。根据这一指示，州最高法院已将授予自治权解释为包括规范市政选举的权力，还包括要求市政选举为无党派选举的权力。②

---

① *Beard v. Town of Salisbury*, 392 N. E. 2d 832 (Mass. 1979); *Marshal House, Inc. v. Rent Review & Grievance Board*, 260 N. E. 2d 200 (Mass. 1970); *Bloom v. Worcester*, 293 N. E. 2d 268 (Mass. 1973); *Greater Franklin Developers Association v. Town of Franklin*, 730 N. E. 2d 900 (Mass. App. Ct. 2000).

② Illinois Constitution, Article VIII; *Boytor v. City of Aurora*, 401 N. E. 2d 1 (Ill. 1980).

丹佛也得到了同样慷慨的自治许可。《科罗拉多州宪法》明确规定丹佛作为一个自治实体，有权发行债券，建设、拥有和经营公用事业，并在城市领地范围内外行使突出领地的力量。它授予市政当局对地方和市政事务的控制权，管理市政选举、合并公园和水域的权力，以及为市政目的和改进而进行评估、征收和收取财产税的权力。《科罗拉多州宪法》指示法院不受限制地自由解释自治权，而且法院裁定州宪法承认城市控制地方或市政事务的权利，包括基于地方目的征收包括销售税在内的税收的权利。正如州最高法院所解释的那样，当人民在州宪法下采取地方自治时，“他们授予的是立法机关此前拥有的一切权力，授权市政当局在地方和市政事务中发挥作用”①。

与芝加哥和丹佛一样，旧金山也拥有自治权，可以征税、借债和监管市政选举。这些权力来自《加州宪法》，该宪法规定，采用自己的宪章（正如旧金山所做的那样）的市政当局对于市政事务拥有自治权。该州最高法院对这个词的解释很宽泛。旧金山利用其权力采用了一种公共竞选筹资制度，并征收了州立法机关未明确批准的税收，比如营业执照税。加州的《地方自治修正案》并未禁止对私法或民法事务进行监管，就像马萨诸塞州最高法院所依据的使当

① Colorado Constitution, Article XX, §§1, 6; *Berman v. City of Denver*, 400 P. 2d 434 (Colo. 1965).

地租金控制条例无效的那种法规。[①]

纽约市的自治权授予，像波士顿的一样，将征税明确排除在权力范围之外。但它仍然包含了波士顿所没有的一些权力。宪章修正案已经考虑了该市是否应该转而实行无党派选举制度，并已经授权市政为地方选举提供资金。这些措施中的每一项都可能超出波士顿自治当局的职权范围。纽约市还禁止了私人俱乐部的歧视、公共场所的香烟贩售机以及租车公司对居住地点的歧视。此外，它还对出租屋转变为合作社、共管公寓以及住宅租金进行了监管。波士顿采取这些措施的权力受到了第 7 条规定的关于私法或民法事务之例外的严格限制。[②]

只有西雅图和亚特兰大的自治权许可在某种程度上与波士顿所受到的限制具有可比性。《华盛顿州宪法》授权像西雅图这样已经通过自治宪章的城市"在其范围内制定和执行所有与普通法不冲突的法规，诸如地方警察法规、卫生法规以及其他法规等"。在近一个世纪以来的一系列州法院判决中，这种权力下放一直被解读得相当狭隘。其结果是，西雅图和波士顿一样，必须寻求州的立法授

① California Const. art XI, §5; *Glendale v. Trondsen*, 308 P.2d 1 (Cal. 1957); *Law v. City of San Francisco*, 77 P.2d 1014(1907).

② New York Const. art XVI, §1; *New York State Clubs Ass'n v. City of New York*, 505 N.E.2d 915 (N.Y. 1987); *Vatore v. Comm'r of Consumer Affairs*, 634 N.E.2d 958 (N.Y. 1994); *Hertz Corp. v. City of New York*, 607 N.E.2d 784 (N.Y. 1992); *Council for Owner Occupied Housing v. Koch*, 61 N.Y.2d 942 (1984); 210 *E. 68th Street Corp. v. City Rent Agency*, 34 N.Y.2d 560(1974).

权，才能在广泛的领域获得征税或监管的权力。佐治亚州对自治权的授予明确地免除了对私法或民法事务的管制，正如马萨诸塞州的《地方自治修正案》规定的那样。此外，佐治亚州最高法院裁定："城市权力必须严格地进行解释，任何有关特定权力的疑问都必须针对市政当局解决。"①

尽管如此，就连西雅图和亚特兰大似乎也比波士顿更能独立于州立法机关之外。《华盛顿州宪法》并没有像马萨诸塞州《地方自治修正案》那样明确否认地方自治权的广泛范围。因此，这就给州法官以有利于自治的方式解释这些条款留下了更多的空间。近年来，华盛顿州最高法院已经依赖自治权的授予来维护西雅图的权力使其运营自己的电力设施，并为市政雇员提供家庭伴侣关系福利。西雅图还根据其对自治权——即马萨诸塞州的《地方自治修正案》明示的例外似乎使波士顿无法行使的自治权——的主张，采取了地方竞选筹资措施，以及针对房地产业的不正当做法的私人诉因（a private cause）。至于亚特兰大，它的自治法规虽然范围狭窄，但既没有明确排除其借款权，也没有完全排除征税权，像波士顿那样。事实上，由州起草的该市宪章明确赋予了亚特兰大经常行使的一般征税权和一般借款权。②

---

① Washington Constitution，Article XI，§11；*City of Atlanta v. Mc Kinney*，454 S. E. 2d 517，521（Ga. 1995）.

② 1996 *Georgia Laws* 1019 §§1－102（c）；*City of Tacoma v. Taxpayers of Tacoma*，743 P. 2d 793（Wash. 1987）；*Heinsma v. City of Vancouver*，29 P. 3d 709（Wash. 2001）；*Peacock v. Georgia Mun. Ass'n*，279 S. E. 2d 434（Ga. 1981）.

(2) 优先原则[①]

马萨诸塞州的《地方自治修正案》的另一个重要限制涉及法律人所说的"优先原则"，即州立法机关的权力凌驾于与之冲突的地方法律之上。该修正案规定，城镇只有在其行为并不违反州宪法或州立法的情况下，方可行使自治权。然而，没有一个地方性事务可以免受州的干预。即使在城市不征税、不借贷、不监管选举，也不调整私人或民政事务时，其法律也必须符合州立法机关的法律规定。那么，至多只有在州立法机关没有表示不能采取行动时，所获得的自治权才允许波士顿采取行动。州法院甚至裁定，"州立法机关的权力包含了决定市政府是由任命产生而非由选举产生的权力"。[②]

优先原则有两种方式。有些州的法律明文规定优先于地方法令。据最高法院称，当波士顿试图为该市的市政职员的家庭伴侣提供医疗福利时，就遇到了这种情况。[③] 然而，马萨诸塞州的《地方自治修正案》并没有说州立法机关必须"否定"地方权力，才能使其被推翻。它只说，地方法律不一定与州法律"不一致"。修正案通过之后不久，人们就认真考虑改变这一措辞，使之更有利于主张自治权。这些努力没有成功。因此，甚至在没有明显冲突的情况下，修正案也允许州法规优先于地方法律。如果发现州以使地方行

---

① 在美国指的是在特定事项上，联邦法优先于州法，州法优先于地方法。——译注

② *Powers v. Secretary of Administration*, 587 N. E. 2d 744, 750 (Mass. 1922).

③ *Connors v. City of Boston*, 714 N. E. 2d 335 (Mass. 1999).

动与州政策不一致的方式处理了一般性问题，这就足够了。

州立法的领域如此多样和广泛，以至于任何地方法规都可能被理解为与某些州政策相冲突，这样一种事实让马萨诸塞州的优先原则问题变得更为复杂。例如，最高法院禁止波士顿动用自己的资金向选民通报当地公投的情况。由于立法机关在《地方自治修正案》之后颁布了“全面立法”来规范选举筹资活动，这项法律并没有具体说明一个城市是否可以花钱教育选民，法院裁定波士顿开展选民教育运动的愿望不符合州法律。[①] 像这样的决定对市政当局的举措产生可怕的影响。我们与波士顿内外的地方官员进行了多次交谈，他们反复援用了优先原则的不良影响——以及优先原则的主张可能引发的诉讼——作为对马萨诸塞州独立的地方权力主张的主要限制。

《地方自治修正案》确实对州的优先权施加了一个重要限制，即州不能通过针对某个城市的“特别法”。《地方自治修正案》第8条规定，州只有通过制定一般法才能享有优先权，除非州在州长的建议下，在立法机关各部门中获得三分之二的多数票。但这并不是说具有优先效力的州法对波士顿的影响不会比对马萨诸塞州其他城市更大。禁止租金管制的全州公投只影响了三个城市（其中就有波士顿），但这一倡议未能在这三个城市获得多数票。但

① *Anderson v. City of Boston*, 380 N. E. 2d 628, 633 (Mass. 1978).

是，最高法院仍然坚持认为这并不构成特别立法。[1] 尽管如此，对特别立法的禁令确实在一定程度上保护了波士顿免受有针对性的限制：这使得这样的措施很难理所当然被采纳。

禁止特别立法包含一项重要的限制：它不具有追溯力。它不适用于在承认地方自治之前颁布的州法律。鉴于波士顿的自治来得如此之晚，并且波士顿一直是州立法关注的一个特殊对象，因此有许多这样的特别法。在对州法典的检索中，会发现许多法规中都有“波士顿市除外”这样的字眼。这些特殊的律令中很多都是微不足道而又累赘的，比如严格限制波士顿（仅波士顿）可以收取拖车费的法律（最近被修改），或者限制该市学校委员会对夜校学生收取的滞纳金低于其他市镇允许的水平的法律。其他的也并非无足轻重。也许这些法律最有形的遗产是那些能在城市宪章中找到的，比如金融委员会的建立。

《地方自治修正案》还包含另一个例外：如果该市提交地方自治的请愿书，则允许特别立法。依赖这一机制并不能取代自治权的行使。依靠地方请求州立法许可的自治制度类似于自治之前建立的制度。州立法机关没有法律义务批准它收到的请愿书。在实践中，当所涉事项有争议（比如最近关于向家庭伴侣提供福利的请愿书）或者与被认为应当由州关切的事项（比如税收）有关时，州往往不

① *Greater Boston Real Estate Board v. City of Boston*, 705 N.E.2d 256 (Mass. 1999).

愿意批准。一份成功的请愿书通常需要城市投入大量的立法努力，但如果城市有权自行采取行动，就不需要付出此种努力。而且，当然，当一个城市必须向州政府申请许可的时候，它也就打开了以同意州政府要求为条件的互帮互助（logroll）或批准的可能性。正是出于这种担忧，马萨诸塞州的立法机关才把地方自治修正案放在了选票上。波士顿是马萨诸塞州最大的城市中心和州议会所在地，考虑到该市的行动涉及如此多的非居民的利益，所有这些担忧对波士顿尤为重要。

更为根本的是，作为对城市自治申请的回应而通过的州法律，依然是州法律。只有经过州立法机关的同意，才能修订或废除。因此，虽然该州允许波士顿根据自治法的要求重新组建学校委员会，但州立法规定（除了其他事项之外）新的学校委员会有 7 名委员，任期相互错开，一个由 13 人组成的提名小组（根据立法详细组织）将有权提出候选人名单，随后由市长从中选出委员会成员。如果不溯回至立法机关，这些规定都不能更改。当该市依靠请愿程序获得那些可以说是在其自治权范围内的权力时，对州控制的担忧变得更严重了。其结果可能是，州特别法将会优先于未来的地方自治权的行使。该市依靠请愿程序采取了许多极具创新性的保障性住房措施，可能就会产生这样的后果。

正如许多州已经将地方自治权广义地界定为包括马萨诸塞州豁免的许多领域（包括税收）一样，马萨诸塞州的《地方自治修正案》对于优先权的界定方式也不是自然的。虽然西雅图、亚特兰大和纽约就像波士顿一样必须遵守州一般法，但其他几个城市则受到保护，可以免受州法的影响。丹佛获得的州政府批准的地方自治权，规定“科罗拉多州的法律，只要还适用，应继续适用于这些市镇，除非被这些市镇的宪章或者依照前述章程而通过的法律所取代”。因此，尽管州法常常凌驾于城市法规之上，但有时候城市法规也凌驾于州法之上。事实上，科罗拉多州宪法明确规定丹佛是一个自治城市，并授予它州法院所拥有的、超出州政府控制范围的权力，包括借款权。由于这些保护措施，丹佛成功地挑战了试图规范市政用工惯例，并限制该市出于地方目的征收销售税的那些产生直接冲突的州法规。①

加州宪法规定，一个城市或县可以通过宪章赋予它“制定和执行有关市政事务的所有条例和规定的权力，并且只受其若干章程中规定的限制和约束”。州最高法院对此的解释是，授予“自治市或者自治县制定和执行其自身法规的宪法权力，以排除一般州法，前提是这个事务被法院认为是市政事务而非整个州关注的问题”。加州的市政当局依靠这种豁免权，推翻了州法律所规定的地方招标程序、市政招聘规则、地方选举甚至是几项城市征税权。②

---

① Colorado Constitution, Article XX, §6; *Fraternal Order of Police v. City of Denver*, 926 P. 2d 582 (Colo. 1996); *Winslow Const. Co. v. City of Denver*, 960 P. 2d 685 (Colo. 1998).

② California Constitution, Article XI, §5; *Bishop v. City of San Jose*, 460 P. 2d 137, 141 (Cal. 1969); *Piledrivers' Local Union No. 2375 v. City of Santa Monica*, 198 Cal. Rptr. 731 (Cal. Ct. App. 1985); *Rees v. Layton*, 86 Cal. Rptr. 268 (Cal. Ct. App. 1970); *City of Glendale v. Trondsen*, 308 P. 2d 1 (Cal. 1957).

芝加哥的自治条例明确禁止在某些情况下的立法优先权。根据州宪法，立法机关不能把一个城市的借款金额限制在其评估总值的3%以下，不能否决或限制其为了本地发展而进行专项评估的权力，也不能剥夺其为提供“专项服务”而征收附加税的权力。对于其他事项，包括地方对于自治权中征税权的行使，宪法要求具有优先性的州立法以绝对多数通过。最后，《伊利诺伊州宪法》特别指示法院以不拘泥于文意的方式解释本州的地方自主权，并且承认自治的市政当局在“同时”涉及州和地方事务的领域立法的权力。在实践中，伊利诺伊州最高法院认为，这些关于解释的指示，目的在于“将地方自治权被未表达的立法意图的司法解释抢占先机的情况消除或者至少降到最低限度”。①

三　自治的精神

“地方自治”在不同的州具有不同的含义。马萨诸塞州的地方自治使得波士顿难以制定自己的城市宪章，它特别排除了波士顿当局征税、借贷以及管理私人或民政事务的权力，并且事实上没有给予波士顿任何保护，使其免受否决地方政策的州法律的影响。在上述每一点上，马萨诸塞州的地方自治都禁止了其他州的地方自治所

① Illinois Constitution, Article VII, §61; *Scadron v. City of Des Plaines*, 606 N. E. 2d 1154 (Ill. 1992).

许可的事项。然而，即便是在这些州，授予地方自治权的同时也对地方权力进行了限制，有时是通过将地方自治限制在“当地”事务上，有时是通过特定的豁免，有时是由于州有能力推翻不一致的地方法律。鉴于“自治”一词的多义性，确定一个城市是否有权在没有得到州特别授权的情况下处理地方问题，常常需要细致的法律分析。城市成了一个“自治市”的事实，并不能回答其权力范围的问题。这一点值得强调，因为许多城市学者甚至一些法律学者都忽略了这一点。[①]

然而，一个城市的合法权力远不止州授予的地方自治中包括的那些保障。州法律的其他方面可以扩大或缩小城市的权力，其方式可能会隐藏在地方自治修正案的条款背后。其他州的这些法律自身也极其重要。丹佛的自治权中的征税权远比波士顿的宽泛，但是它根据一个单独的州法，即人们所称的《纳税人权利法案》工作，该法对其财政权力施加了非常严格的限制。此外，尽管丹佛在管理保障性住房方面比波士顿有更大的权力，但它和波士顿一样，受到全州范围内禁止租金管制的约束。接下来的三章是关于收入和支出、土地使用和教育的，它们重点介绍了这类州法在形成地方自治方面所起的作用。

尽管如此，州的地方自治条款本身还是很重要的。它们界定了

---

① 除了第 2 章提到的资料来源外，参见如 David Imbroscio, *Reconstructing City Politics: Alternative Economic Development and Urban Regimes* (Thousand Oaks, Calif.: Sage Publications, 1997), 148 - 150。

城市与州之间的基本法律关系，并为城市权力的行使设定了基本参数。它们表明了市政府官员是应该把税收看作其职权范围内的事，还是应该仅仅作为州考虑的事。它们决定了市政选举应该被视为一个城市的事，还是一个州立法机关负有最终责任的事。而且，它们也指示市政官员是相信有为他们保留的权力区域，还是假设没有这样的区域。在实践中，地方自治既是一种法律制度，也是一种精神状态。只有当拥有自治权的官员有信心主张可以赋予他们的权力时，它才会发挥作用。诸如《马萨诸塞州宪法》的《地方自治修正案》等条款中规定的法律定义，在创造一种自治精神方面发挥了重要作用，这种精神可以推定城市有权，也可以假定城市无权。

我们并没有用任何科学的方法来比较这七座城市的官员中普遍存在的自治精神。但是，我们已经和每个城市的一些现任和前任的政府官员进行了交谈，他们的感想与我们对法律资料的调查所显示的相符。那些被投入了更强有力的自治措施的城市，似乎对自己的立法权充满信心，而这些立法权是其他城市缺乏的。芝加哥的官员对于他们在这座城市行使的自治权感到满意，并且能够在其法律范围内正常工作。丹佛的官员也相信，他们能够依据自己的自治权行使大量权力。我们没有跟波士顿任何表达过类似观点的官员——无论是现任的还是卸任的——交谈过。事实上，只有西雅图的官员表达了在波士顿似乎普遍存在的约束感，西雅图也是唯一一个像波士顿一样地方自治权很弱的城市。我们认为，与批准芝加哥和丹佛实行的地方自治相比，马萨诸塞州的《地方自治修正案》相对较弱，这与我们在波士顿官员中发现的普遍存在的约束感有很大关系。如果是这样的话，扩大《地方自治修正案》中所包含的对自治权，可能会改变目前在波士顿占主导地位的关于城市权力的基本假设。

显然，一个城市的决策能力不仅仅是法律问题。它也取决于当时的社会和经济条件所提供的采取创新行动的机会。这里要说的很简单，那就是它进行创新思维的能力是由州赋予的合法权力独立授予的，也受州赋予的合法权力的制约。

第四章
收入与开支

城市拥有的两项最重要的权力涉及它们筹集和使用资金的权力。通常认为，这个权力很大程度上在城市的控制范围内。媒体社论经常抨击市政府增税，也不乏谴责市长和市议会的大量城市开支的评论。地方政治领导人因为未能为各种项目提供资金，甚至因为对城市服务大刀阔斧的削减而受到攻击的情况也并不少见。此种对于市政府财政决策的关注，掩盖了城市控制自身财务能力的一个基本事实：州法律几乎对地方预算的每一个方面都施加了强大的控制。事实上，有些招致了最为严厉的批评的政策，比如物业税过高或者城市给予市政员工的福利过于慷慨，往往是州财政政策所致，地方官员无权改变这些政策。因此，尽管美国的城市自负盈亏的程度令世界上的很多城市无法企及，人们通常以为这是拥有地方财政自主权所致，但美国的城市其实是没有这种自主权的。

下面，我们开始描述州对于城市收入的三个主要来源的控制：

税、费和财政补贴（grants-in-aid）。虽然我们也揭示了州政府对销售税、所得税以及针对特定活动的税收的授权之间的差异，但在这里，我们集中讨论物业税。我们还研究了州对费的定义以及州财政补贴的结构方式上的差异。如果不关注这些规则，任何关于城市权力的讨论都是苍白的，更不用说地方自治了。这些规则无论是单打独斗还是联手，都可以拒绝给予一个城市足够的资金，使其无法提供居民所需的服务。它们还可以迫使城市一次又一次提高某些税，因为它们取消了其他的增税选择。同样重要的是，州构建的城市财政影响着城市塑造自己未来的能力。州对于一个城市收入来源的限制，会影响城市对它应该促进的经济发展类型的看法。城市更有可能渴望促进其可以征税的类型的发展，而不是不能带来收入的那种。与此同时，州的控制会使城市容易受到经济变化的影响，从而也会受到私人投资者对城市决策的影响。我们调查的每一个城市都受到州法律的这种方式的影响。

考虑到各州在决定城市支出方面发挥的关键作用，州对于收入的控制就具有了更大的意义。每个城市都要遵守州对开支的规定，更重要的是，要遵守州要求城市为特定目的花钱的指令。这些强制性规定内容各异，有区区小事，也有构成地方预算很大一部分的，不一而足。州的支出规则以及州对收入的限制，它们共同作用的方式也影响着地方权力的行使。如果州政府对创造地方财政收入的限制过于严格，同时又要求城市支出过多，那么这个城市就可能出于其无法控制的原因不得不削减基本服务，以避免财政崩溃。即使没有这种情况，州对收入的控制和对支出方向的引导，这二者的结合也为城市决策提供了一个关键的结构：它们在很大程度上决定了城市政府的职责。

一　税收

1. 税收的一般法律结构

关于城市权力的第一个主要问题是，城市是否有决定如何筹集资金的自由裁量权。答案很简单，但并不能很好地理解：与地方财政自主权要表达的概念相比，所有城市的自由裁量权都要少得多，有些城市的自由裁量权甚至少得可怜。

想一想波士顿的财政实力。波士顿的大部分收入只有两个来源：物业税和州财政补贴（state aid）[①]。波士顿没有选择依靠这两个来源，而是通过额外的税收来增加财政收入。波士顿在州划定的约束条件下运作，这种约束限制了它可以征收的税种，甚至限制了它本可以从州已经授权的税收中筹集的资金。波士顿的整个税收结构——征什么税、如何评估税额以及由谁收取——都是由州决定的，因为马萨诸塞州的《地方自治修正案》并没有授予波士顿征税的权力。

① 即州政府对地方公用事业的补贴。——译注

这种法律结构也被其他州拒绝了。芝加哥、丹佛和旧金山都在一个将税收推定在城市自治权范围内进行的自治框架内运作。1906年，就在加州的一项地方自治修正案通过十年后，加州最高法院采用了美国最高法院的表述来解释自治市征税权的重要性：

> 征税权是一个市政当局应当享有的权力，这一点太明显了，不值得讨论。正如菲尔德大法官（Mr. Justice Field）……所说，“一个没有征税权的市政当局就是一个没有生命、没有行动能力、也不能达成任何有用的目的机构”。①

在这种背景下，加州的法律结构与马萨诸塞州的法律结构有了很大的不同。科罗拉多州也存在类似的模式。在那里，根据州宪法，税收也被视为一种地方权力。事实上，州在抢夺地方税收方面做出的努力有时被认为是违宪的。

伊利诺伊州的地方自治框架与波士顿的形成了鲜明的对比。1970年，《伊利诺伊州宪法》的修正案赋予芝加哥广泛的地方自治财政权。正如这项规定的起草者之一所解释的那样，该措施的目的在于“给予自治单位一些额外的权力，使其能够根据自己的需要增加财政收入，而不受州立法机关的轻易侵犯或限制。我们一致认

---

① *Ex parte Braun*, 74 P. 780, 782 (Cal. 1903) (quoting *United States v. New Orleans*, 98 U. S. 381, 393 [1878]).

为，没有钱的地方自治是没有意义的"[①]。因此，伊利诺伊州的地方政府有自由裁量权依靠各种来源获得税收，芝加哥也利用这种自由裁量权征收了一些税。它还开发了波士顿没有获得的使用费[②]和其他非税收入来源。即使是波士顿的主要收入来源——物业税，在芝加哥受到的限制也比在波士顿要少。

虽然波士顿的征税权受到了超乎寻常的限制，但其由州建立的税收结构说明了我们更为普遍的观点。州法律通过禁止一些税种、允许另一些税种来控制每个城市的收入。当然，即使没有州的控制，城市的征税权也会受到限制。城市有理由担心地方税将会驱逐商业，或推动郊区腾飞。但是法律约束本身在城市政策的形成方面起着重要作用，即使对那些比波士顿享有更多财政自由的城市而言也是如此。

2. 物业税

人们普遍认为物业税是城市收入的主要来源，但这种想法并不能描述我们在本书中所考察的城市：这些城市中的每一个，除了波士顿之外，都从其他渠道获得大部分收入。尽管如此，它们都在相当程度上依赖物业税。因此，它们所在的州界定地方物业税征收权的方式在各地都很重要。由于这种税在波士顿特别重要，我们便从

---

① John C. Parkhurst, "Article VII—Local Government," *Chicago Bar Record* 52 (1971):94,100.

② 即 user fees，这里是指州政府向特定设施的使用者收取的费用。——译注

这个城市开始。

(1) 波士顿的物业税

在 2008 财政年度，物业税为波士顿的总收入贡献了 57%（州的补贴占 22%，消费税、费、停车罚款等其他所有来源仅占该市收入的 21%）。相比之下，物业税的收入约占丹佛市预算的 10%，芝加哥的 12%，旧金山的 15%，亚特兰大的 20%。即使在另外两个最依赖物业税的城市——西雅图和纽约，物业税也只占该市总收入的四分之一左右。

波士顿在很大程度上依赖物业税，这使得马萨诸塞州对其物业税所施加的限制特别重要。州规定了税额的上限，免除了某些物业的税收，并控制税收如何在居民住宅、商业地产、工业地产之间进行分配。波士顿对不受控制的物业税的担忧并非新鲜事。1885 年通过了一项法令，将该州其他地方的物业税税率限制在评估价值的 12%，同时把波士顿的税率上限定为 10.5%。1885 年的这个限制在 20 世纪的大部分时间内均处于废止状态，但是马萨诸塞州的选民在 1980 年通过了《2½提案》，批准了一项更为严格的、在全州范围内实行的物业税限制。

《2½提案》，顾名思义，是对物业税设置了两项限制。任何一个市政当局的物业税总额都不得超过其应纳税总额的 2.5%，这被称为“征税上限（levy ceiling）”。物业税的年增长率也不得超过上一年征收额的 2.5%，这被称为“征税限额（levy limit）”。在这些限制之内有一定的回旋余地。最为重要的是，一个自治的市政当局可以通过公投的方式，将当年的税收增加到超过2.5%的上限。然后，这个增加将成为下一年计算征税限额的基准。市政当局还可以从征税上限中排除特定的资本项目或债务。这种排除仅在项目或债务的有效期内存在，它不会被添加到未来的计算基准之中。[①]

《2½提案》1980年通过后，其直接后果是迅速而有突破性的。市和镇的教师、警务人员和其他公务员被下岗。面对这场财政危机，州介入并提供了援助，以帮助市政当局维持基本的服务。州援助因此成为该州所有市、镇的经济政治中一个不可或缺的组成部分。然而，即使有了这种州援助，波士顿也多次接近《2½提案》中的征税上限。此外，征税上限使得波士顿难以应对物业评估的低迷，并且无法从经济复苏中获益，为周期的下一阶段做好准备。《2½提案》也不允许波士顿为了跟上通货膨胀的速度而增加其物业税基础。

在马萨诸塞州，应对这类问题的一个做法是通过全民投票来批准推翻提案。波士顿尚未要求其选民通过投票进行否决，一些州官员提出，波士顿在要求其他征税权之前必须先解决物业税的否决问题。但是目前还不清楚，为什么法律制度应该要求波士顿在它能够获得其他城市已然拥有的额外征税权之前，对提高物业税的投票进行单一议题的全民投票。伊利诺伊州已经建立了一种税收结构，这种结构所基于的假设与马萨诸塞州的完全不同。在伊利

① *Massachusetts General Laws*, ch. 59, §21(c).

诺伊州的地方自治制度下，城市拥有征税权，除非那些反对它们行使此项权力的人成功地通过全民投票要求城市放弃权力。马萨诸塞州将全民投票作为行使额外征税权的先决条件；伊利诺伊州则将之作为放弃征税权的先决条件。值得注意的是，伊利诺伊州行使地方自治征税权的大部分市政当局已经否决了要求选民放弃投票权的全民投票。

波士顿物业税的第二大限制是免征物业税的物业数量。对于一个严重依赖物业税的城市来说，波士顿免税物业的比例相当惊人。原因在于州法律将波士顿的大部分土地排除在纳税名单之外。根据2002年的一项研究，波士顿一半以上的土地是免征物业税的。[①] 这远远超过了其他城市的数目。丹佛只有25.4%的土地是免税的，亚特兰大只有不到20%。波士顿大量的土地，即其土地总面积的26%以上是免税的，因为这些土地直接归州或者州机构所有。这个城市本身亦是免税物业的第二大所有者，其中几乎一半是绿地和其他空地。（在免税土地中，大学和医院占2%，其他免税机构占8%。）某种程度上，波士顿的大量免税物业是通过代税付款[②]的方式获得补偿的。但这些捐款是自愿的，并且只占波士顿预算的1%。

---

① Boston Redevelopment Authority, *Tax Exempt Property in Boston: Analysis of Types, Uses and Issues*, Report #562 (December 2002).

② 即 payment in lieu of tax，简称 PILOT，译为代税付款，是指在因为免税权或者对于特定不动产的使用而导致税收减少的情况下，对于地方政府所作的补偿。

州限制波士顿控制物业税的另一种方式在于限制该市在不同类型的地产之间分配税负的能力。1978 年，一项宪法修正案授权波士顿和该州的其他城市可以为住宅地产、商业地产、工业地产和个人财产设定不同的税率。如果没有这项修正案，波士顿将无法在不同类型的物业所有者之间分配不同的税负。即使在这项修正案颁布后，波士顿对物业进行分类的权力仍然受到州法律的限制。与宪法修正案同年通过的州立法，使得城市可以在州税务局批准的情况下提高对商业地产、工业地产和个人财产征收的物业税，但最高只能是对住宅物业所有权人征收的 1.75 倍。①

即使波士顿成功地取消了对其征收物业税的权力的所有直接限制，但是实际限制仍然存在。在物业税的世界里，身处其中的波士顿只是众多处境良好的社区之一。任何物业税的增加都会引起人们的担忧，想搬到市郊，从而导致城市税基的下降。不得不每年维持这样一个微妙的平衡。波士顿需要筹集足够的资金来提供良好的服务和改善其基础设施，以吸引居民和企业来此定居或留在这里。与此同时，必须谨慎地保持尽可能低的税率，以达到同样的目的。波士顿对这一动态平衡的认识，使得该市在二战后的几十年内里努力争取获得免除其部分商业地产的物业税的权力。为了吸引新的发展，波士顿自愿地、实际上是迫不及待地放弃了物业税，只获得较

① 2003 年，波士顿试图提高这一限制，使居民免受房价急剧上涨带来的日益增加的税负影响。而该州同意这样的改变是有条件的：它允许波士顿在一年内以更高的税率向商业地产征税，但在接下来的 5 年里，这一差额必须下降。

少的收入。[①]

(2) 其他城市的物业税限制

波士顿对物业税的依赖使得该州对物业税施加了严格的限制。但是，有些城市则是在比用于波士顿的更严厉的物业税法律限制下运行的。受限制最严重的两个城市是旧金山和丹佛，它们分别受制于加州的《13 号提案》和科罗拉多州的《纳税人权利法案》。马萨诸塞州将其税收限制作为一项法规，与此做法不同，《13 号提案》和《纳税人权利法案》都被写入了州宪法。

在加州，《13 号提案》把旧金山的物业税完全排除在旧金山的掌握之外，将物业税的税基和税率的控制权赋予了州而不是市，还把评估价值定义为 1976 年的（修正案通过前两年）或者该财产新建、所有权易手时该财产的全部现金价值。该提案规定总物业税率的上限为评估价值的 1%，批准任何特别税都需要三分之二的多数票，禁止任何与物业有关的附加税，并规定任何州一级税收的增加都需要得到州议会三分之二多数的批准。鉴于加州对物业税收入的控制，加州可以重新分配物业税以适应其需求。随着 1992 年教育收入增长基金（the Educational Revenue Augmentation Fund）的设

---

① 因此产生的立法（被称为第 121A 章）获得州立法机关的通过，以处理该市受到破坏的地区。位于这些地区的私人开发项目在 15 年内免征物业税并免于特别评估，如果开发项目提供某些便利设施，如经济适用住房，时限则会延长。起初，第 121A 章只能用于主要是住宅的开发项目。为了吸引保诚保险公司兴建现在的保诚中心，1960 年对第 121A 章进行了修订，将商业发展纳入其中。保诚中心被认为在波士顿建成之时能为当地经济提供很好的服务。

立，州将 30 亿元的市、县物业税份额转移到地方学区，以满足教育的资金需求，弥补预算的缺口。简而言之，旧金山的物业税收入在功能上仅仅是作为州援助的另一个要素。

像旧金山一样，丹佛对物业税收入的控制也很少。丹佛的财产税征收首先受到《加拉格尔修正案》（*the Gallagher Amendment*）的限制，该修正案由州立法机关通过，并于 1982 年由全州公民投票通过。为警惕住宅物业税的上涨，《加拉格尔修正案》将住宅物业税收入固定在总收入的 47%（修正案通过时的水平）。然后，1993 年，科罗拉多州的选民通过了《纳税人权利法案》，它建立了一个公式，以此大大限制了年收入的增长，并规定任何超过这一限额的收入都要退还给纳税人。《纳税人权利法案》还要求，任何新的税种、税率的提高或税收政策的变更都必须提交给选民批准。2005 年，科罗拉多州选民通过一次全民投票限制了《纳税人权利法案》的影响，允许该州保留盈余收入用于教育、卫生和交通事项，并授权调整税收限额的公式。

即便如此，《纳税人权利法案》的限制仍然比《2½提案》极端得多。而且，这还只是故事的开始。《纳税人权利法案》与《加拉格尔修正案》的交叉产生了严重的复杂局面。由于关于商业物业和住宅物业的物业税比率是锁定的，税收估值的变化可能要求提高一个分类的税率，以保持“加拉格尔平衡”。但在《纳税人权利法案》下，任何物业税的增加都需要获得选民的批准。如果增税被否决，或者市政当局认为不值得将其交由选民进行投票，那么唯一的选择就是降低税率以保持前述比率。由此，《纳税人权利法案》和《加拉格尔修正案》的交叉点产生了逆棘轮效应①。事实上，由于《纳税人权利法案》的退款限额是根据上一年的收款情况计算的，因此一年内税收的任何下降都会对一个城市之后所有年度的预算额产生持久的影响。

对旧金山和丹佛的物业税施加的限制给这两个城市带来了非常严重的财政问题。像《$2\frac{1}{2}$提案》一样，它们反映了全国各地对物业税的普遍反对。但是旧金山和丹佛都不像波士顿那样依赖物业税。就连像芝加哥这样没有面临州规定的物业税上限的城市，近年来也一直在避免提高物业税。芝加哥被免于适用于伊利诺伊州其他城市的州物业税上限，然而，该市已经自愿采用了一种类似于州施加的税收上限。做出这样做的决定，反映了芝加哥有意识地奉行不增加物业税的财政政策。市政官员得出结论，考虑到物业税对居民造成的负担，发掘其他收入来源更有意义。波士顿有限的财政选择并不能给它提供同样的机会来回应人们对于高物业税的担忧。

3. 税收多元化

虽然所有州都要求——并因此授权——其城市从地方税收中获得大部分收入，但没有一个城市在提高收入方面有完整的自由裁量权。各州在允许其城市征收的税种方面差别很大，而这些由州对税

① 即 ratchet-down effect，棘轮效应是指易于向上调整而难于向下调整的情况。逆棘轮效应，指易于向下调整，而难于向上调整的情况。——译注

种多元化程度施加的限制产生了重要影响。波士顿对物业税的依赖就说明了这一点。从本质上讲，物业税鼓励一个城市在其总体发展政策中强调地域性。波士顿的政治如此依赖这项税收，于是把重点集中在某种类型的土地使用开发上。这个城市必须集中精力提高其的价值，以便提供城市服务，包括提供给游客的服务，诸如治安、消防、卫生和公园等方面。波士顿对地产开发的重视对城市政策的各个方面，特别是提供保障性住房方面，都产生了重大影响。它对物业税的依赖使得提高物业价值对于城市十分重要，甚至不惜让潜在的居民无力负担。如果物业价值不增加，城市就不能通过物业税筹集足够的资金来提供必要的服务。

对于一个相对自给自足的新英格兰小镇来说，这样一种以土地资源为目标的税收所固有的对于地域性的强调似乎是很自然的。但对于像波士顿这样的大都市来说，这种强调忽略了城市在地区、州和国家经济中更为广泛的作用。波士顿是该地区的经济中心。通勤者每天涌向波士顿，他们依靠波士顿提供的基础设施和服务来实现他们的目标。波士顿还是一个重要的旅游目的地，成千上万的游客来享受这座城市的文化、历史和自然资源。1990 年代进行的研究表明，虽然根据 1990 年的人口普查，波士顿的居民人口只有 57.4 万，但是在任何一个工作日，波士顿的人数都会飙升到大约 120 万，而在发生特殊事件时，几乎可以达到 200 万人。① 对物业税的

① Boston Redevelopment Authority, Insight Report, *Boston's Population Doubles—Every Day* (December 1996).

依赖，不仅忽视了来自这些非居民的收入的潜力，而且对城市旅游和文化发展的促进作用也不大。

税收缺乏多样性，也会导致城市忽视维持低物业税所带来的好处。由于州施加的限制能使城市免受依赖增加物业税来解决财政压力的诱惑，因此它们可以发挥潜在的有益作用。波士顿在不大幅提高物业税的情况下负责任地管理预算的能力，有助于推动其整体经济的成功，同时也有助于当地地产价值的增加。此外，虽然州将城市土地排除在税收名单之外的规定剥夺了城市所需的收入，但也鼓励了从这些免税政策中受益的私人机构在城市投资。包括波士顿在内的许多城市未来的经济健康，常常被认为取决于免税机构——尤其是大学和医院——是否愿意在城市中保持强大的影响力。如果没有权力挖掘其他收入来源来弥补对物业税依赖程度的降低，对于波士顿而言，将比芝加哥等城市更难预见因免除物业税而导致的收入损失。由此促使这座城市更为关注通过大学和医院来增加收入，而不是将这些机构给城市带来的优势最大化。

收入来源的多样性可以使城市以不同的方式实现其整体发展战略。税收的多样性使城市能够避免陷入依赖新的地产开发带来的收入来源。但是，税收的多元化也存在风险。对于波士顿而言，物业税是一项稳定和持续的收入来源，而那些依靠销售税或者所得税的城市却出现了收入上的剧烈波动。而且，依靠销售税的城市在面对周边城市企图通过购物中心的竞争来实现收入最大化的尝试时，会显得十分脆弱。加州的城市正困在与邻居争夺零售业销售额的缠斗中，并且这场竞争已经给该地区的环境造成了太多的创伤。此外，销售税和所得税可以像物业税那样，对边界产生同样的异常依赖。

尽管人们对税收的多元化感到担忧，但得出这样的结论似乎是错误的，即波士顿应该感激州政府迫使其依赖物业税，或者感激州政府要求它放弃有限的税收权力提供的收入。有人怀疑其他城市是否愿意用其更为广泛的税收权力来交换波士顿受到的限制。在西雅图，2006 年，物业税占全市普通资金①的 27%，而零售税占 20%，营业及开业许可税占 19%，公用事业税占 17%。亚特兰大和芝加哥从其他地方税收中获得的收入都是从物业税中获得收入的两倍，旧金山从其他地方税收中获得的收入比从物业税中获得的要多得多。丹佛的普通资金中有一半以上依赖于销售税，然而即使是丹佛的税基也比波士顿的更加多样化。丹佛依靠其他税收，包括物业税，获得了另外 20%的收入。

4. 其他地方税

税收高度多元化的城市还有另外三种地方收入来源：销售税、所得税或营业税，以及针对特定行业或活动的税收。这些额外的税收来源不仅缓解了物业税的压力，而且通过重点关注经济发展政策而不是提高地产价值给城市带来了创造城市收入的动力。然而，正如没有一个州赋予城市在没有重大限制的情况下征收物业税的权

① 即 general fund，不指定用途的资金。——译注

力，也没有哪个州允许城市在不受监管的情况下使用这些其他类型的税收。

(1) 销售税

波士顿的州销售税为5%，与其他城市相比，该市购物者支付的销售税相对较低（亚特兰大为7%，西雅图为8.8%）。更重要的是，从波士顿市政府的角度来看，马萨诸塞州销售税的所有收入均由州政府保管。我们调查的其他每个城市都有一部分收入来自销售税。可以肯定的是，销售税的当地部分通常很小，因为州法律阻止其变大。

在亚特兰大、芝加哥和旧金山，当地所占比例为1%；在西雅图，这个比例还不到1%。但是丹佛的地方销售税为3.5%，大于该州2.9%的销售税（与其他销售税一起将总税率提高到了7.2%）。纽约市的地方销售税最高，目前为4.375%。加上4.25%的州销售税后，纽约的整体销售税达到8.625%。

地方征收的销售税增加了城市居民的负担。但它们也使城市能够从使用城市基础设施，利用其集中的经济财富以及享受其文化，历史和自然便利设施的通勤者和游客那里获得财富。波士顿还通过商业地产税和营业许可及证照费，间接地从通勤者和游客那里获得了一些收入。但是，依靠销售税、更广泛的使用费和类似来源的旅游城市从游客和通勤者那里获取收入要比波士顿成功得多。旧金山和波士顿一样，也是一个受欢迎的旅游目的地，据估计，它从旅游业中获得了3.5亿美元的税收，在该市48亿美元的预算中占比超过7%。

马萨诸塞州对地方销售税的厌恶，不仅仅出于其对税收的敌意，也是不喜法律结构所致。由于马萨诸塞州拒绝授予其下辖的市政当局征税权，因此，波士顿在没有得到州法律批准的情况下，无权征收销售税。在具有地方自治税收权传统的州，城市经常率先开征销售税。丹佛就是如此，州最高法院认为“为支持地方自治政府而征收销售……税的权力，对于地方自治权的充分行使至关重要”。[①] 但是，即使是那些最初依靠地方自治权来发掘此种收入来源的城市，最终也被套上了缰绳。许多州为了提高统一性，已经用州销售税取代了地方销售税。加州和伊利诺伊州都发生了这种情况，尽管旧金山和芝加哥在各州宣布控制销售税之后，仍能维持销售税的征收权。

（2）所得税或开业税（occupation tax）[②]

除了波士顿和亚特兰大以外，每个城市都从所得税或开业税中获得一部分收入。西雅图缺乏地方自治征税权，但是一项州法令使得它能够从大部分商业活动的总收入中收取超过1亿美元的营业税和开业税。纽约州宪法也赋予该州政府税收决策权，但是纽约市已经被依法授权按照州确定的税率来征收个人所得税；其个人所得税

① *Security Life & Accident Co. v. Temple*, 492 P. 2d 63 (Colo. 1972).

② 是对特定工作和企业征收的税。比如酒吧的酒类许可证和餐馆的健康许可证，都属于这个范畴。在美国，开业税是在州和地方各级评定的，通常是固定费用。——译注

和企业所得税几乎占该市税收收入的三分之一。伊利诺伊州的宪法明确否认芝加哥有权征收自己的所得税，但是一项州法令确保了芝加哥在州所得税中占有一定比例。2003年，芝加哥从这项税收中获得了将近2亿美元的收入。1958年，丹佛在争取自主征收所得税的努力中失败了。但是，它已经利用其原本广泛的自治权征收开业权利税[①]，而且每年净赚约2000万美元，大约是物业税收入的三分之一。旧金山根据其地方自治权征收的工资税已接近3亿美元，超过其销售税和酒店客房税的总和。尽管亚特兰大缺乏自主征税权，但是如果选民通过全民投票予以批准，就可以依法征收1%的地方所得税。（到目前为止，该市已经决定不去追求这个选择。）

有些讽刺的是，波士顿是个无权对个人收入或者商业收入征税的城市，而且也是除旧金山外，唯一一个工作岗位多过居民数量的城市。实际上，美国国内只有另外一个城市，即华盛顿特区，为其所在地区提供了相似比例的就业机会。华盛顿特区和旧金山一样，也从所得税中获得收入。当然，不征收地方所得税有政策方面的原因，而最明显的担心是，这样做会鼓励居民和企业迁出城市，脱离其限制。但波士顿可能会继续被剥夺对收入征税的地方权力，与之相应，它也会像芝加哥一样，可以获得一定比例的州所得税。全州范围的税收不会将雇主或居民赶出这个城市，但它会考虑到波士顿在地区就业中发挥的独特作用。

---

① 开业权利税（occupational privilege tax），俗称人头税 head count tax，许多城市对在该城市内工作领取工资的人按月收取的税收。——译注

其他城市在税收收入上的权力要大得多，这表明了州法律在塑造地方财政权方面的重要性。然而，即使是城市被授权征收所得税或开业税，也仍然受到州法规的广泛监管。事实上，虽然芝加哥受益于州政府的决定，即分配一定比例的州所得税给它，但它无权决定这个税应该多高或多低。授权在其他城市征收地方所得税或开业税的州法规也包含了上限。

(3) 定向地方税

除了物业税、销售税、所得税或开业税之外，城市还被授权征收一系列有针对性的税收（定向税收）。丹佛有房客税（lodger's tax)、电信税、特许经营税、汽车租赁税、餐饮和酒水税、设施开发准入税和航空燃油税等。旧金山征收营业执照税、不动产转让税、公用事业用户税、停车税和临时占用税。芝加哥有十几种税。即使是没有自主征税权的三个城市也征收了大量的附加税。纽约市在其预算中列出了12种税收，外加一项“其他税种”。西雅图对7种服务征收入场税[①]和公用事业税；其预算中也单独列出了一项“其他税收”。亚特兰大征收酒店/汽车旅馆税、酒精税、公用事业税、汽车税和保险费税，并且具有征收一系列附加税的法定权力，而不仅仅是所得税和开业税，但它并没有行使这个权力。

该州授权波士顿征收的定向税只有机动车辆税、宾馆和汽车旅

① 即 an admissions tax，是对通过出售剧场、影院、夜总会等娱乐场所、集会或体育比赛等的入场券或以其他形式收取的入场费用征收的娱乐税。参见《元照英美法词典》。——译注

馆税以及航空燃油税。机动车辆税的收入占波士顿定向税收入的大部分，宾馆和汽车旅馆税其次，航空燃油税第三。波士顿因此有 4 种税（包括物业税），而其他城市的税种则是这个数字的 3 到 7 倍。由于波士顿举办重大的国内和国际活动，宾馆/汽车旅馆税是波士顿从旅游业中获取收入的主要方式。波士顿的官员抱怨说，这项税收甚至不能提供足够的收入来支付与旅游业相关的额外费用。波士顿在主要的旅游项目上均有亏损，从 1992 年的波士顿帆船赛，到 1994 年的世界杯足球赛，再到 2004 年的民主党全国代表大会。波士顿已经游说州立法机关允许其征收餐厅餐饮税、停车税，以及电影和娱乐门票的 50 美分附加费，但未能成功。结果，波士顿的定向税收只占其总预算的 4%。旅游业的其他收入则通过州自己的定向税和销售税直接流进了州政府口袋。

虽然其他城市在征收定向税方面拥有更多的自由裁量权，但这些特殊的城市税通常需要得到州法的明确授权，而且州法规定了城市可以征收的税种的各项参数。由于州的权力对于地方法律具有广泛的优先效力，这些州法就决定了税收的性质。即便一个城市单纯地依靠自其自治权来征收定向税，但如果它对定向税的依赖达到了可能会引起州议会强烈反对的程度，也可能会受到州法以及州权优先效力的限制。

(4) 税种多元，税收增加

我们对税收的讨论可能被理解为是要求增税。这不是我们的目标。一个城市可以有多种多样的收入来源，也可以只有一种收入来源，但无论是哪种情况下，总体税负都是一样的。对我们而言，问题不在于税收有多高，而是税收从何而来。各种形式的税收，不仅是物业税、销售税和所得税，还包括各种定向税，都会对城市政策产生影响。它们鼓励城市促进创收目标，抑制那些不能带来收入的政策。那么，有关城市权力的关键问题就是：谁来决定如何分配税负。在某种程度上，州政府做出这个决定的时候，就像马萨诸塞州所做的那样，就会剥夺城市对其未来的选择机会，无论其允许征收何种税。有关城市在税收决策中的作用的论点，并不是在税收问题上主张地方自主。无论在哪里，人们都已经认识到州和市对其居民征收的税收尺度是有利害关系的。因此，每个城市在税收方面都或多或少地受到州的限制。与其他地方一样，这里的问题也在于城市结构的设计，即如何在关键的收入问题上分配权力。这个问题不仅需要关于税收的决定，还需要关于费和州援助的决定。

二　费

税收不是城市获得收入的唯一途径。当地征收的各种费用，从颁发许可证的费用到商业开发商支付的必要费用，或者为保障性住房支付的费用，都是另一种现金来源。对各项费进行充分利用的城市，已经获得了相当可观的收入来源。与税收一样，使用费的征收也影响着地方政治。多年以来，费在加州一直扮演着重要的角色，对收费的日益依赖产生了一种按服务收费的心态（fee-for-service mentality），而这反过来也改变了一个城市政府的角色：它提供什么服务，以及它的存在是为谁服务。地方政府不再是为所有居民提供公共产品的一般服务型政府，而是越来越多地发挥着零售商作用，个人用户从它那里购买和消费服务。在这里，收入来源再次影响到接受这些收入的城市的性质。在这里，这种相互作用的方式也是通过州一级的决策而形成的，有时甚至完全由其政策决定。

对于波士顿而言，收费可能是展现其地方权力的一种重要形式。虽然马萨诸塞州的《地方自治修正案》否认波士顿有权在未经州授权的情况下征税，但波士顿可以自行评估和收费。州授权的立法范围很广，收费的程序仅由一项地方条例通过（经市议会和市长批准）。由于法律对于费和税的处理方式差异巨大，所以在马萨诸塞州经常会发生法律之争，即某项具体评估是费还是税。如果将其解释为一种费，则评估通常在市政当局的权力范围内。如果将其理解为一种税，它就会被取消，因为《地方自治修正案》规定对于税需要州立法机关进行特别授权。马萨诸塞州的法院判决倾向于遵循第二种选择，从而限制了波士顿本来可以从各项收费中获得收入的权力。

马萨诸塞州最高法院在爱默生学院诉波士顿市一案（Emerson College v. City of Boston）中清楚地阐明了对于某项评估是收费还是征税的判断标准。正如法院解释的，费在三个方面不同于税。费的收取

> 是作为某项政府服务的交换，而这项服务使以其他社会成员不能分享的方式支付费用的一方受益；这项服务是根据选择支付的，因为支付费用的一方可以选择不使用政府服务，从而避免付费；而收取费用并不是为了增加收入，而是在于补偿政府实体为提供这项服务而支出的费用。①

爱默生学院案的判决提出了波士顿的建筑物评估中一个“增强消防服务可用性”的费用问题，那些建筑比传统建筑需要更多的人员和资源来进行防火。虽然征收这项费用的条例是根据具体的州授权立法制定的，但法院还是把这项费用定为一项税。法院指出，这是因为从这项费用的支付中所产生的利益，影响到了邻近建筑物以及被收取费用的该建筑物内的个人。调查发现，收费是强制性的，尽管如果业主安装了消防安全设备，这些费用可能会少收。最后，调查还发现，这项费用的收益并非专门用于支持消防服务的增加，而是用于支持一般性的消防和警察服务，这一事实与费的补偿性目的并不相符，反而与税收的目的相一致。

在其他城市，法律用语和司法解释之间的差异促进了对收费的更大依赖。加州的情况尤其如此，在1970年代末，平均而言，费占了城市预算的25%，在1990年代中期则占到了41%。加州的城市转向使用费，主要是由于《13号提案》对税收施加的法律限制，

① *Emerson College v. City of Boston*, 462 N. E. 2d 1098 (Mass. 1984).

而且司法解释也促进了这种转型。加州法院的法律问题不同于马萨诸塞州的税/费争议。除了对物业税进行严格限制之外，《13 号提案》还要求地方政府通过的任何“特别税”都必须获得三分之二的多数票同意。加州法院对这种限制进行了狭义的解读。许多价值评估被归类于费，而不是特别税。加州最高法院通过批评导致《13 号提案》受限的主动程序，证明其狭义解读的合理性，称其为“内在的不民主”，因为全州范围内的大多数选民试图禁止大多数当地选民提供有利于当地居民的服务。[①]

许多费用在马萨诸塞州完全属于税收范畴，在加州却被视为收费。例如，旧金山通过了一项过境费，对于市中心的新开发项目每平方英尺征收 5 美元，以“为旧金山市政铁路系统提供收入，抵消因在市中心建设新的办公空间而导致的高峰通勤时间预计增加的为新乘客提供服务成本”。这笔费用的好处并不仅仅是建筑物所有者的（事实上，几乎没有多少好处可以说是开发商的），它最终使来往于旧金山的通勤者受益。但加州一家上诉法院直接调查了开发商造成的“影响”，以证明这笔费用的合理性。法院解释说，征收的费是对建筑工程造成的增加成本的一个很好的估计。此外，法院指出，“开发商必须被要求支付街道、下水道、公园和照明的费用，

① Terri A. Sexton, Arthur O'Sullivan, and Steven Sheffrin, "Proposition 13: Unintended Effects and Feasible Reforms," *National Tax Journal* 52(1999), 99, 107; *City & County of San Francisco v. Farrell*, 648 P. 2d 935 (Cal. 1982).

以作为开发特定地块的先决条件”，尽管最终受益的是全体公众。①马萨诸塞州坚持为支付费用者提供特殊福利的情形，显然并未在这里出现。加州对这笔“影响”费的宽大处理，似乎源于其愿意将收费解释为一种消极的征收（如同额外支出的“罚款”），而不是是用于购买特殊福利。

将潜在费用归类为税收的司法分类，并不是波士顿通过收费筹集资金过程中的唯一问题。另一个问题是优先权：收费可能与州法相抵触，无论是明示，还是暗示。几十年来，州法律唯一限制波士顿的典型例子是，波士顿可以向从城市街道上拖走的汽车的车主收取费用，上限设定为 12 美元，远远低于城市为拖走汽车而支出的费用。尽管州立法机关现在已经准许波士顿收取最高达 75 美元的费用，是州内所有其他地方允许的最高数额，但此种现象已经存在了多年——且不论州法仍然决定着波士顿可以向那些汽车被拖走的司机收取多少费用——这一事实说明了波士顿无法控制自己的财政命运到了何种程度，以及这种限制所经常采取的单调形式。

最后，正如我们已经指出的那样，波士顿在过去 70 年里失去了对其基础设施的许多关键部分的控制权，并且其从基础设施方面获得收费收入的权力也因此而减弱。一项独特的收费项目，通常直接关系到一个城市对其基础设施的关键部分的所有权，这种收费方

① *Russ Building Partnership v. City & County of San Francisco*, 234 Cal. Rptr. 1 (Cal. Ct. App. 1987).

式的存在使得其他城市更容易从收费中获得收入。在旧金山，使用费，特别是来自城市拥有的机场和医院的，几乎占该市运营预算的33%。在芝加哥，使用费约占全市总预算的15%，其中大约三分之一（约5亿美元）来自“奥黑尔收入基金”（the O'Hare Revenue Fund），这是从芝加哥主要机场收取的使用费。与旧金山的情形一样，这些费用涵盖了运营成本，而不是提供了城市可以随意使用的资金。但其他独特的收费可能有更大的用处。芝加哥天桥（Chicago Skyway）之前是芝加哥市政所有的一条高速公路，很长一段时间以来，芝加哥都是从使用芝加哥天桥收取的通行费中获得很大一部分费用，直到其2005年被私有化。尽管这些收费部分用于支付运营和维护成本，但在它们的帮助下，一笔为城市其他交通改善项目筹集的额外的5200万美元债券得以发行。阻止该市使用这些“额外”资金的诉讼以失败告终，部分原因在于州法院认定，征收过路费属于该市的地方自治权范围。[①]

三　州的援助

波士顿对物业税的严重依赖伴随着对州援助的非同寻常地依赖，它是该市排名第二的最大收入来源，占总收入的20%到30%。

① *Endsley v. City of Chicago*, 745 N. E. 2d 708 (Ill. App. Ct. 2001).

在这方面，只有纽约与波士顿一样（纽约市约30%的收入以州援助的形式出现）。其他城市也接受州援助，但这通常是为学校提供资金，而不是像波士顿那样是为其他日常活动和学校提供资金。丹佛的州援助占该市总运营预算的比例不到3%（尽管几乎占学校预算的35%），旧金山的州援助占该市预算不到10%。在亚特兰大和西雅图，从州政府转移到市政府的援助几乎没有哪个是用于一般目的的。

波士顿获得的州援助比其他城市多得多，这一事实可能被认为反映了波士顿在州议会中的权力。然而，最近一段时间的州援助表明了相反的情况。一个使波士顿依赖州政府任意分配的体系，并没有让该市有坚实的基础来规划它的未来。目前的结构确保波士顿的财政状况与州立法预算之争交织在一起。州的援助可以在没有来自城市的任何投入的情况下改变，而最终的数字将是什么，始终充满了不确定性。除了游说州政府提供更多的资金外，波士顿无法靠自己的力量增加或促进州的援助。如果不是州的援助，波士顿将像丹佛和旧金山一样，被赋予新的征税权，以克服州对其征收物业税的权力的限制，那么它将对自身的财政拥有更多的地方控制权。如果占波士顿预算30%的是销售税或者所得税而不是州的援助，波士顿就可以在其范围内促进就业和零售业销售，并从中受益。

从州政府获得大笔资金的其他城市，也比波士顿保持着更加独立于州立法控制的状况。根据州立法规定的严格模式，芝加哥（连同伊利诺伊州的其他市政当局）的人均所得税是州政府收取的所得税的10%。此外，如果销售行为发生在芝加哥，它还将获得州销售税的1%以及其自己的销售税收入。因此，芝加哥获得了州政府的大部分资金是因为一项法定权利，而不是基于州立法机关每年对该市“需求”和立法机关所能负担得起的向其转移的资金的判断。芝加哥也从州—地方的收入分享中获得资金，这些资金在芝加哥61亿美元的运营预算中占4.5亿美元。尽管波士顿接受州的援助有时是基于一个公式，但州立法机关不仅已经调整了对教育的援助公式，这是州对波士顿提供的最大一笔援助；还调整了马萨诸塞州彩票收入的公式。（另一种形式的州援助，称为“额外援助”，并不是基于一个公式。）州援助的公式易于调整，这一事实使得波士顿比其他城市更脆弱，特别是因为州援助占其总预算的相当大一部分。

马萨诸塞目前的州援助制度造成了一个问责方面的问题。州可以通过缩减州援助来减税（或者拒绝增税），以弥补自己的预算缺口。但是城市不能将其预算缺口转嫁给另一个实体。城市只能增税或减少服务。因此，州会从减税或平衡预算中受益，而城市减少服务或增税则会使其受到政治上的损害。州得到了好处，即便它对城市受到指责的事负有责任。这种问责的缺失被州创造的结构放大了，一如下文所述，而这个结构决定了城市对自身支出的控制权。因此，无论是否会增加城市预算的可自由裁量的比例，不同的法律结构都可能会产生重要的政治影响。

四　支出

我们对城市收入来源，即税、费和州援助的调查，描述了这七座城市在收入来源上的巨大差异，以及州法在这种情形中所起的作用。尽管州法律决定了各地的收入来源到底是什么，但有时州也会准许城市征收多种税，而不是把城市限制在物业税上；有时州会爽快地允许城市以费代税；有时州援助是按照权利分配给城市的，而不是按年度预算酌情分配的。在这些类别中，州决策的具体细节都会影响着城市政策。城市的支出结构也是同样多样化的。于此，城市的灵活程度也是州法令和法院判决的产物。再说一遍，细节极其重要。

1. 资源配置的基本法律结构

城市为提供基础服务而必须承担的大部分实质成本并不是因为城市选择承担责任而产生的。州政府决定是否自己承担这些基本服务，将其分配给州创建的公共机构，或将之指派给城市。州就如何分配这些义务而做出的选择，是地方支出决策的主要决定因素。各级政府之间对不同职能的责任分配并不明显。此间存在着重要的差异，但也有相似之处——公共安全在每个城市的预算中都是非常重要一项。此外，一旦州确定承担警务、消防费用在很大程度上是地方的责任，那么该市大部分可用收入的必然流向便很明显了。但是许多城市不像波士顿那样，通过普通资金收入来资助教育。另一方面，波士顿与纽约不同，根据州法，它对其居民医疗补助费用的一部分不必承担责任。与纽约州政府不同，马萨诸塞州政府几乎将所有的公共福利支出以及大部分卫生与医疗支出分配给自己承担。①

州政府这些决策的结果是，许多城市只剩下相对较少的资金用于推动那些实现城市自身未来愿景的项目。如果算上公用事业费用，西雅图在核心服务上大约花费了80%的预算。据估计，在超过10亿美元的预算中，旧金山有200万美元可用于自由支配的开支。而且，所有的城市都把绝大部分的支出分配在人力资源方面。丹佛和芝加哥将其普通资金收入的70%至80%用于人事成本。因此，当收入持平或下降时，预算的灵活性主要通过削减市政劳动力来实现。

在这方面，波士顿是典型。教育和公共安全（警察和消防）费用是波士顿最大的两项开支。在2008财政年度，波士顿在这些领域的支出约占其普通资金支出总额的67%。该市还有一些强制性开支，必须由普通资金提供。偿还债务本息和州评估约占预算的11%，而养老金福利又占了8%。刚刚提到的六类（学校、警察、消防、偿债、州评估、退休费用）约占全市支出的86%。总的来说，只有11个城市部门的拨款超过了城市预算的1%。除了前面已经提到的六类外，还有公共工程、除雪、公共卫生、交通和图书

---

① Alicia H. Munnell and Lynn E. Browne, *Massachusetts in the 1990s: The Role of State Government* (Boston: Federal Reserve Bank of Boston, 1990), 49-62, 154.

馆。鉴于这些支出义务以及对可用收入的限制，在市政预算过程中，为新的地方项目提供资金往往是事后考虑的事。一个城市通常必须从其允许的收入所创建的受到限制的结构，而不应该通过制定优先支出事项清单开始这一过程，然后确定实现这个项目所需的收入数额。接下来，优先确保州指派的基础城市服务项目会得到支付。可以肯定的是，每个城市都会做出一些酌情行事的决定，以微不足道的方式向地方开支倾斜，以推动城市所追求的那种未来愿景。然而，鉴于它们必须为核心服务提供资金，很难将可自由支配的支出作为确定城市未来发展道路的主要手段。

乍看起来，马萨诸塞州法律结构的设计似乎旨在产生相反的效果。虽然波士顿没有获得州立法机构的事先批准就没有权力征税，但是《地方自治修正案》推定性地授权波士顿可以将其资金用于其选择的任何目的。波士顿的问题在于，它的支出决策，与其他决定一样，也要遵守州的一般法律。州禁止其将资金用于特定目的，要求其支付其他服务费用，并规定其要为不受其控制的州创建的政府机构提供资金。其他城市也同样受到州法律的影响。亚特兰大与波士顿一样，也要服从专门的定向立法，纽约市则受到 1970 年代财政危机期间成立的州设市政援助公司的财政监督（尽管后者近年来的影响已经有所减弱）。然而，这种限制性的特殊立法并不是城市支出权的法律结构的普遍特征。相对而言，丹佛似乎不受适用于波士顿的那种具有特别针对性的不合理要求的束缚。此外，与波士顿不同的是，那些享有一定程度的自治权保护使其不受州立法影响的城市，通常拥有更多的地方权力来控制自己的开支，因为它们的决定不会因为州法令的优先性而被轻易否定。

波士顿缺乏支出决策方面的权力，这不仅是州立法的结果，也是司法判决的结果。一个值得注意的州控制的例子，是康纳斯诉波士顿市案（Connors v. City of Boston）。在该案中，波士顿发布行政命令将集体医疗保险福利扩展至市政雇员的家庭伴侣，最高法院裁决该行政命令不符合州法律，因此是无效的。由于城市提供医疗保险福利的能力受州法的管辖，法院推定，州不允许地方提供的福利比州的水平更高。[①] 然而，管辖亚特兰大、芝加哥、丹佛、纽约和西雅图的州法院，都对同样的问题做出了相反的裁决：它们已经裁定，其州法律对于这些城市的家庭伴侣福利条例并不具有优先权。（旧金山长期以来一直提供这些福利，加州法院并未提出异议。）事实上，在得出丹佛享有这个权力的结论时，科罗拉多州的一家上诉法院认为，市政雇员的福利是一个享有地方自治权的地方应该考虑的问题，因而丹佛在这方面是有决定权的。[②] 这就意味着科罗拉多州的城市不必依赖州法的授权即可为其雇员提供集体医疗保险计划；它们可以自行决定。既然这个问题被理解为地方性的，那么，科罗拉多州法院发现几乎没有任何规定向市政雇员提供医疗保险福利的州立法，也就不足为奇了。要不是马萨诸塞州州法林立，法院可以更容易维护城市权力。具有讽刺意味的是，波士顿是

---

① *Connors v. City of Boston*, 714 N. E. 2d 335 (Mass. 1999).

② *Schaefer v. City & County of Denver*, 973 P. 2d 717 (Colo. Ct. App. 1998).

唯一一个没有权力动用城市资金为市政雇员的家庭伴侣提供医疗保险福利的城市。毕竟，它也是除了旧金山以外唯一一个必须根据州宪法给同性伴侣发结婚证的城市。

马萨诸塞州法律结构的某个方面，即关于禁止无资金支持的委办事项的规定，确实起到了保护波士顿而不是限制其自由裁量权的作用。从 1981 年起，这项规定阻止州在未经地方同意或者未得到州政府全额资助的情况下，“强行要求任何市或镇提供任何直接服务或者要求其承担支出”。① 这一限制明显是为了抵消《2½提案》对地方税收的束缚。但是，尽管《2½提案》对税收的限制已经被证明意义重大，但是对州无资金支持的委办事项的限制尚未被证明是有意义的。其主要原因在于这项禁令明显是有预判的，许多重要的州任务在 1981 年之前就下达了。另一个原因是，法院为这项禁令的解释使州能够在不提供新的资金的情况下继续增加新的成本。这样做的一个方法是，州将接受无资金支持的委办事项作为接受其他类型的州援助的条件。其他城市有时会摆脱州政府强行要求支付开支的法律。丹佛以地方自治权为依据，成功地挑战了要求对地方警察进行昂贵培训和资格认证的州指令。但总的来说，事实证明，限制本州强制地方承担开支的努力在其他地方并不像在波士顿那么重要。虽然旧金山得益于对无资金支持的委办事项的限制，但加州法院对几部将强加地方大量开支的州法予以了支持。这些法律的范围

① *Massachusetts General Laws*, ch. 29, § 27C(a).

从增加当地工人的赔偿金，到强迫地方政府向州雇员提供失业保险，不一而足。

2. 地方支出权：具体案例

下面我们将简要介绍两个关于州对地方支出的各种具体限制的例子：债券发行和市政雇员福利。在波士顿，州政府干预这两项支出的方式正好相反：它限制地方政府用于债券债务的支出，同时强制地方政府承担员工福利的支出。这两种方式都对城市预算产生了重大影响，而城市对此无法改变。

(1) 州通过发行债券限制支出

提供基本市政服务的成本相当之高，而来自税、费和州援助的资金非常有限，因此城市往往无法使用可自由处置的资金来支付大型项目和规划的开销，于是通过举债来实施这些举措。城市借贷可以理解为一种增加收入而不是支出的方式。然而，我们把州对城市债务的限制视为对城市支出的限制，因为筹集的资金只能要么通过一般收入偿还，要么通过新服务或者资本改良所产生的费用来偿还。为了展示这些债务限制的多样性，我们将波士顿与另外两个城市——丹佛和芝加哥进行了比较。

按照马萨诸塞州的法律，波士顿可以自行批准的债券最多占该市应税财产的估值的5%，经过州议会的批准可达10%。[1] 该州还

① 根据1966年法案，州还允许波士顿基于特定目的（例如建筑和翻新）在债务限额之外发行债务。

规定了不同类型债券的最长偿还期限，并详细限定了受许可的发行债券的目的。这些州规定导致城市的长期资本项目通常需要州的批准。丹佛和芝加哥在截然不同的法律制度下运作。尽管波士顿的《地方自治修正案》明确规定借贷不是地方权力，但是丹佛不受任何州规定的债务限制。丹佛发债能力的唯一限制是该市自己设定的。丹佛的城市宪章将其债务限制在该市物业价值的3%。芝加哥发行债务的权力则更为广泛。伊利诺伊州的宪法和州立法机关都没有规定债务上限，因此芝加哥是没有借款限额的。毫不奇怪，在这种情况下，芝加哥的债券债务大约是其应税财产估值的10%，这明显高于波士顿。

芝加哥对债务而非州援助的依赖，使它比波士顿更不容易受到州对其预算优先的命令的影响。芝加哥还能够在债券债务的资助下，支持一项雄心勃勃的社区发展计划。然而，其未封顶的债务限额可能以一种不当的方式对芝加哥造成了不利。由于没有上限，州立法机关便可以忽视城市的财政问题，甚至在城市受到债务困扰时可以更漠然。有一点很清楚：芝加哥的负债剧烈增长。从1998年到2002年，芝加哥的人均长期直接债务翻了一番。当债券所欠的债的数额计入这一总额中时，该数字再次翻番。芝加哥的还本付息的支出占其物业税收入的42%。虽然目前的发展轨迹似乎不太可能无限期地持续下去，但是标准普尔等债务评级机构并未采取任何行动来减缓这种趋势。将波士顿的借款限制在马萨诸塞州法律规定的相对适中的数额之内，可能会有长远的好处。然而，鉴于基本服务的成本以及物业税、州援助以外的其他收入来源的匮乏，波士顿相对有限的借款能力限制了它为自己的未来进行投资的可能，而这种投资其他城市是有合法权力付诸实行的。

(2) 州对市政雇员福利的规定

市政雇员的工资占了大部分城市预算的很大比例。市政官员经常因为向市政雇员工会低头而受到批评，这种情形经常妨碍城市争取新的增收权力的努力。然而，重要的是要认识到，这些支出决定并不总是由城市自己做出的。州法律通常在这个领域大大地束缚了城市的选择。例如，波士顿对于员工福利成本的两个关键因素，即退休金和医疗福利的水平，几乎没有控制权，因为主要因素是由州法决定的。这一次我们比较的城市还是丹佛和芝加哥，在那里，它们的州法创造了一个非常不同的结构。

波士顿市政雇员的退休金普遍受州的监管。波士顿市几乎所有的雇员都通过“州—波士顿退休系统（the State-Boston Retirement System）”领取退休金。他们的退休金是根据州法制定的公式支付的，唯一有权修改公式的是州立法机关。州不仅规定了退休前和退休后的死亡抚恤金的种类和数额，还规定了因残退休的资格和资金要求，为某些类型的雇员（尤其是公共安全人员和退伍军人）提供了一些福利优待和选择，并且确立了待遇确认和上诉权的程序。州还控制了生活支出的增长。简而言之，波士顿将承担起为市政养老金的花销提供资金的义务，对此它无从置疑，至于这笔开支究竟有多少，它实际上是无法控制的。[①]

丹佛的养老金方案归市政府管辖。一项城市条例使得市雇员不必参加科罗拉多州的养老金计划，它设立了信托基金来管理费用的缴纳和支付，并成立了一个由市长任命的退休委员会来对该方案进行管理。委员会规定方案的内容，听取未能享受福利的雇员的申诉，并始终基于投资手册来引导受托人对基金的管理。（即使丹佛也没有完全控制其养老金成本：市警察和消防员参与了全州范围实施的《养老金固定收益计划》。）芝加哥在控制养老金成本方面的灵活性，更像波士顿而不是丹佛。所有养老金待遇，包括法定的生活费用增长，都由州法律规定。由于养老金支出是该市增长最快的预算项目，这一法定方案要求城市承担大量的强制性成本。然而，2003年，伊利诺伊州立法机关批准了该市起草的提前退休方案，并催促赶紧将其付诸实施。伊利诺伊州的法律还规定芝加哥对州养老金决定可以施加一定的影响，为此它要求所有的养老金委员会中至少有两名市政官员作为当然成员。最后，伊利诺伊州最高法院维持了一项规定强制退休年龄的市政法令，驳回了该法令因与州《养老金法典》冲突而无效的论点。[②]

再次以这三座城市为调查对象，发现它们在医疗福利方面同样

---

① 1997年，州决定停止对退休人员的上涨生活成本提供补助，改由通过地方选择权法案，让地方养老金委员会批准增加。波士顿接受这种选择。但立法使地方民选官员只能选择是否做出给予生活费调整的最初承诺。随后所有的决定都归退休委员会来做。

② *Peters v. City of Springfield*, 311 N. E. 2d 107 (Ill. 1974).

有着显著的差异。1968 年，马萨诸塞州立法机关授权自治的市政当局为其雇员提供医疗保险。虽然这项立法是一项由地方选择的法规，但是决定加入的自治当局随后不能随便退出。此外，由于州法确立了自治当局为其雇员提供医疗保险的唯一方式，因此自治市镇基本上都要参加。不出所料，波士顿选择了参加。该法详细规定了这一方案的实质内容，包括各种雇员的许可缴费水平以及福利的种类和水平。一旦城市选择加入这个系统，这些要求就有了约束力，从而降低了波士顿控制医疗保健成本的灵活性，而这些成本在其预算中占很大一部分。

丹佛和芝加哥能够更自由地为雇员提供更多的福利，也能更自由地对这种节省成本手段予以减少或者限制。丹佛的地方自治权赋予了它在雇员福利方面的控制权，这被认为是地方关注的事项。[①] 尽管芝加哥对雇员福利的控制程度不如丹佛，但是伊利诺伊州的法律并没有强行要求城市或者雇员的缴费额或福利水平。与波士顿不同的是，芝加哥可以并且确实也针对医疗保险方案的条款进行了协商。由于医疗保健费用每年上涨约 20%，市政官员强调，市政雇员未来将不得不承担更大比例的医疗费用。

有关养老金和医疗福利的州法律，只是州对支出控制的举例说

① 对丹佛权力的唯一限制传统上是城市宪章使用的语言。2003 年 11 月，选民删除了城市宪章中关于雇员福利的指导方针，允许他们根据条例进行制定。这一改变旨在允许市长和议会接受、拒绝或修改薪酬和福利建议。警察和消防部门的薪酬和福利是不同的，它们由丹佛市宪章强制规定的集体谈判过程确定。

明。波士顿还需要向马萨诸塞湾运输局支付款项，以维持公共交通系统。它还需要为 4000 多名就读特许学校的学生交纳学费，尽管这些学校大部分都是在没有任何城市投入的情况下由州政府批准的。此外，它还必须拨款近 3.21 亿美元用于联邦和州政府的定向拨款所规定的目的。就像我们对影响城市增收能力的法律结构的考察一样，这些例子与上面提到的那些例子一起表明了城市的支出在多大程度上没有反映出城市为了促进自身的活力、繁荣或者竞争力而做出的哪些决定对城市而言是必不可少的。

每个城市的运作都要受到州对某些开支的限制。但是由于此种限制在各城市之间的差异很大，所以“城市权力”这个词在不同的地方有着不同的含义。从债务偿还到员工福利，从选民教育到学校资金，在这些方面的自由程度使一些城市比其他城市更能培养起它们自己的优先事项。同样，正如我们所看到的，收入来源的多样性改变了城市发展的可行选择，更不用说决定收入来源的权限了。这七座城市适用的收入和支出规则差异巨大，似乎都不太可能被认为对它们各自的经济有利。相反，现行的收入和支出规则往往促使城市偏向于一些关于它们未来的看法，而不管它们的公民或其选出的领导人的愿望如何。

第五章
土地使用和开发

在本章中，我们将讨论城市控制建筑环境的权力，这是城市增长和发展的硬件方面。城市不会以一种透明的方式来做出建筑环境方面的决策。土地使用权嵌于一系列异常复杂的法规、司法裁决、所有权结构和公共机构中。此种复杂性使得一个城市的土地使用政策甚至对于最感兴趣的观察者来说也是晦涩难懂的。然而，土地使用权对于一个城市的面貌的影响是其他城市权力所无法做到的。与地方自治权或者有关金融、教育的决策不同，城市对土地使用的控制权对于每个人而言都是可见的，不仅在那些有着新办公大楼和为高端人士打造的高层建筑的高端社区里，也在那些变化不大的社区。虽然私人开发商的经济决策也与城市景观的转变有很大关系，但是地方政府的法律也影响着他们的决策。

城市学者往往把规划和开发作为城市享有自主权的领域，而轻视州法律结构对城市土地使用决策的重要性。① 我们对于法律结构有不同的看法。在这里，与其他地方一样，我们从赋权和去权两方面来构想城市决策。不管是州准许的还是不允许的，由此产生的结构会对建筑环境产生总体影响，这种影响鼓励城市推行某些土地使用政策而非另外一些政策。我们通过关注城市土地使用权的两个重要组成部分来研究城市结构：关于城市硬件开发的决策以及关于保障性住房供应的决策。我们首先来看控制城市土地使用权的基本规则：分区和规划的一般权力，州把城市的一部分排除在城市管理之外的程度以及城市利用创新性财政工具推进土地使用政策的能力。然后，我们考察城市提供保障性住房的能力。无论一个城市有着怎样的未来愿景，它的土地使用权的这两个方面都是很重要的。正如本章将要证明的那样，城市对土地使用确实有相当大的权力。但行使权力的方式受到州法律细节的显著影响。

一　城市的土地使用权

1. 分区和规划

州建立的分区和规划机构为城市的土地使用政策安排辩论，并决定谁是决策者。市议会所做的决定可能不同于按特定利益集团

① For a review of the literature, see David J. Barron, "Reclaiming Home Rule," *Harvard Law Review* 116(2003):2255,2267 - 70.

组织的分区机构做出的决定。城市规划决策同样可能受到州决定的影响，即决定将规划和开发决策合并到一个城市机构，而不是将它们分成两个。尽管这些权力分配对土地使用决策十分重要，但它们一般不由城市自己决定。事实上，在这两个层面上，马萨诸塞州法律对待波士顿的方式与其他城市不同，无论是全国其他城市，还是马萨诸塞州内其他城市。这些其他城市同样受到州的控制：它们不能选择采用马萨诸塞州对波士顿实行的权力分配方式。

(1) 分区的权力

马萨诸塞州的《地方自治修正案》赋予波士顿进行分区和规划的权力，而没有州政府的特别授权。波士顿已经充分行使了这项权力。它促进了市中心的硬件发展，帮助主要机构实现增长计划，加强街头生活，提高老旧居住区的活力。然而，正如我们所见，《地方自治修正案》还使州立法机关能够抢在波士顿之前行使该市的分区权。立法机关也已经充分行使了它的权力。最重要的是，它颁布了一项特别立法，即《授权法案》(*the Enabling Act*)，该法案仅适用于波士顿，并决定波士顿如何行使其分区权。

《授权法案》1956 年通过，比《地方自治修正案》的通过要早，该法案的最初作用在于赋予波士顿之前所缺乏的土地使用权。[①] 1920 年，该州的其他自治城镇已经获得了分区权，但是波士顿所得

---

① Lawrence W. Kennedy, *Planning the City upon a Hill: Boston since 1630* (Amherst: University of Massachusetts Press, 1992).

的分区权少得可怜。《授权法案》首次授权城市而不是州政府来规范建筑的高度和大小、开放空间的数量和人口密度。但《授权法案》并没有终结该州在土地使用问题上把波士顿单独列出来区别对待的传统做法。例如，在1990年代初，立法机关通过了法令，禁止波士顿官员为那些会影响波士顿广场或波士顿公共花园的任何部分采光的新建筑颁发许可证。

更重要的是，《授权法案》为波士顿的分区决策建立了与其他地方不同的结构。它设立了两个分区管理机构：分区委员会（Zoning Commission）和分区上诉委员会（Zoning Board of Appeal）。分区委员会负责通过和修订波士顿的分区法规和地图；分区上诉委员会负责听取分区上诉，并批准与分区法规的要求有差异的做法。管辖马萨诸塞州其他所有城镇的分区权的法律规定了一个非常不同的结构。它不要求设立单独的分区委员会，而是将分区权授予了市议会（或者其他同级机构）。[①] 我们考察过的其他城市也是如此：它们的规则还规定了由市议会（在旧金山是由监事会）来批准分区决定。换言之，在其他地方，分区权掌握在负政治责任的行动者而不是被任命的官员手中。只有波士顿将其分区结构追溯到一项特别的立法行为，而不是制定总体分区授权法，只有在波士顿，州法律框架才在事实上将市议会排除在分区

① *Massachusetts General Laws* Ch. 40A; Cynthia M. Barr, *Boston Zoning: A Lawyer's Handbook*, 2nd ed. (Boston: Massachusetts Continuing Legal Education, 2003).

过程之外。

《授权法案》还有其他非同寻常的特点。在波士顿，市长必须从美国劳工联合会—产业工会联合会、大波士顿房地产委员会、大波士顿商会、承包商协会和波士顿建筑协会提名的候选人中选拔分区委员会成员；得有3人代表社区协会。上诉委员会也被要求有类似的架构。没有其他城市遵循《授权法案》的要求，即被任命为分区委员会成员的人必须从州确定的特定团体的名单中抽取。其他城市（如芝加哥、丹佛）准许其市长全权任命委员会成员，或者允许任命不具备成员资格但有当地立法机关大力支持的人（如旧金山）。其他城市最接近该州要求波士顿遵循的做法的是，有的城市被要求确定某些职业，至少要从中选出几个委员会成员。但是，施加这些职业资格要求的两个城市（亚特兰大和纽约）尚未选择遵循州立法机关为波士顿设定的路线。波士顿的委员会成员必须代表一些团体（从房地产业到建筑业），这些团体有兴趣推翻分区限制以促进发展。亚特兰大市的宪章规定，分区调整委员会的5名成员中要有2名是规划师、建筑师或相关专业人士，其余成员则是非专业人士。纽约市的宪章规定，听取有关分区的不同要求的请愿的分区委员会要有5名成员，其中必须有一名注册建筑师、一名专业工程师和一名规划师。也许波士顿的分区结构是为了促进比其他地方更多的发展。其方法之一是将权力授予一个单独的分区委员会，委员会成员是为了促进建筑商的利益而组织起来的。如果这是原始方案，波士顿就不能更改它。只有州，而不是波士顿市，才能决定如何改变该市当前分区的行政结构。[①] 在其他城市，州法律是以不同的方式进行限制的。通过制定受市议会极大影响的土地使用决策，并要求有代表不同声音的人在分区委员会中任职，州法律可以阻止市长追求一个发展议程，即使他本人赞成这种方案。

波士顿和其他城市之间的另一个重要区别是相当技术性的，但是它说明了《授权法案》影响波士顿所能做出的分区决策的详细方式。它还说明了所有的州在制定地方土地使用政策方面发挥重要作用的方式，尽管这些作用通常是无形的。我们想到的不同之处涉及律师们所称的“既得权利”原则。这一法律规则冻结了分区规则，以便在现行法规下着手开发的业主不会受制于后来采用的新的、更繁杂的规则。这项原则会对城市规划产生非常不利的后果。西雅图受到类似既得权利规则的约束，它的情况便说明了这一点。华盛顿州法律规定，开发权应在开发许可证申请之日授予，而不管开发何时真正进行。结果，在西雅图地区的开发商寻找往日的小块建筑用地来应用，以便他们能够在旧标准下建造新房屋，而不是在后来的

① 州法律曾经允许只有受拟议变更所影响的业主才能提出分区修正案的申请。1993年，为了增加社区参与分区委员会和分区上诉委员会决策的程度，州立法机关在1993年修订了《授权法案》，允许波士顿的任何财产所有人或者居民向分区委员会提出此类修改申请。虽然马萨诸塞州的其他城市可以选择采用波士顿现行分区修正案程序，但只有波士顿需要这么做。

更严格的土地使用和环境法律下进行建设。[1] 波士顿在既得权利主张方面比西雅图拥有更大的灵活性，但《授权法案》中的既得权利保护依然十分重要。它规定，除非城市已经通知开发商关于新的分区规则的听证会正在等待中，否则，一旦许可证已经颁发或施工“已经合法开始”，开发商即有权冻结分区。相比之下，加州规定，只有在许可证已经颁发并且依照旧法律事先批准的基础上进行大量的资金和物质投入时，业主才能获得先前的分区规则中的既得权利。加州还要求将这些资金花在现场的实际体力劳动上，而不仅仅是制定详细的计划和蓝图。与波士顿的情况不同，加州的城市在此程序的后期可以灵活地更改分区规则：不仅可以在许可证发放之后，而且可以在为计划支出费用之后。如此复杂的规则将会对开发过程产生重大的影响。

(2) 规划权

就像它在分区方面所做的那样，马萨诸塞州为波士顿建立了一个与该州其他城市完全不同的规划管理机构。州为波士顿建立的框架将规划权赋予了一个独立的政府实体——波士顿重建局，该局还负责推动和实施城市的重建事务。马萨诸塞州的其他城市则需要设

---

① See Gregory Overstreet & Diane M. Kirchheim, “The Quest for the Best Test to Vest: Washington's Vested Rights Doctrine Beats the Rest,” *Seattle University Law Review* 24(2000): 1043; Roger D. Wayne, “Washington's Vested Rights Doctrine: How We Have Muddled a Simple Concept and How We Can Reclaim It,” *Seattle University Law Review* 24(2001): 851.

立一个单独的委员会，只负责规划，成员由市长任命并经市议会确认。美国的其他城市，与马萨诸塞州的其他自治市镇一样，也有一个由城市控制的规划机构，而它并不负责（实际上通常是不允许其影响）特定的重建项目。丹佛的发展和规划结构具有典型性。由市长任命的丹佛市重建局是一个重建机构，负责社区振兴、经济发展和住房出新。丹佛规划委员会也由市长任命，负责监督该市规划办公室的工作，并且建议修改丹佛市的综合规划，以促进城市的增长和发展。芝加哥、纽约和西雅图也有各自的规划和开发机构，每个机构都有自己的成员和宗旨。唯独波士顿必须依靠一个准独立的公共机构来监督规划和经济发展。

当然，其他州采取的做法也同样是有约束性的：它要求城市以分散的结构运作。巩固波士顿的规划和开发也有益处。分割这些任务可能会抑制开发，同时允许单个实体在遵守计划和遵从开发人员的请求之间进行权衡，可以使有计划的开发更有可能发生。此外，当开发商对波士顿的城市建设表示有兴趣时，一个简化的分区特许程序让波士顿有能力迅速采取行动。波士顿重建局在 1957 年成立之后的十年间，对市中心进行了颠覆性的改造，这证明了单个实体有能力在城市外观上作出重大改变。

但是，将规划者和开发者的角色结合起来也存在很大的风险。一个令人关切的问题是，综合规划和开发机构迅速而有效地运作能力有其另外一面。该机构可以迅速行动来重塑城市的外观，而不用与会受到其影响的人充分协商。对于波士顿重建局在 1950 年代、

1960年代推动城市重建的不安，反映出了这些关切。巩固规划与开发也有可能潜在地使开发权压倒规划权，实际上造成城市没有真正的规划。批评者认为，拥有规划权是十分重要的，在开发谈判中有变更、修订、改变规划的权力会损害规划，甚至使规划失去意义。

在这些备选方案之间的选择代表了一个关于规划在城市发展政策中的重要性的决定。一个独立的城市规划委员会可以对城市土地使用政策产生重大影响。2002年，丹佛市规划委员会提出了"丹佛蓝图"（Blueprint Denver）计划，这是自1950年代以来丹佛市规划过程中的第一次重大修订，随后获得市议会通过。这一综合性的土地使用和交通规划要求对丹佛的分区法规进行彻底调整，并加强政府间的合作，将丹佛市划分为"稳定区"和"改变区"。[①] 其他城市也有总体规划。亚特兰大的城市宪章要求该市每15年制定一个全面开发方案，而华盛顿州的《增长管理法案》要求西雅图每10年更新一次全面开发方案。波士顿不需要制定城市的总体规划，而且它也没有这样做。

波士顿也没有其他城市用来监督分区变化的机制。在纽约、旧金山和西雅图，规划委员会必须先批准拟议的分区修正案，然后才能将其送交市议会最终通过。在旧金山，州法要求该市按照一个长期、全面的总体规划实施土地使用规定。尽管波士顿的《授权法案》要求波士顿重建局审查拟议的分区修正案，但并不要求该局进

---

① Jennifer T. Moulton and Bill Hornby, "Blueprint Denver Plan for the Future Melds Land Use, Transportation," *Denver Post*, March 17, 2002, E-1.

行批准。波士顿也有不同的机制来监督规划决策。是波士顿的分区委员会而非波士顿市议会，有权通过分区修正案来限制规划委员会的行动。因此，波士顿市议会控制其规划机构的权力远不如其他城市，波士顿重建局有权开发而不仅仅是规划，这一事实放大了某种缺陷。

机构很重要。一个强大的、独立的规划机构存在与否，比如市议会对分区决定的审查存在与否，都会影响到城市作出的此类决策。尽管波士顿有相当多的权力来做出分区和规划决策，但是具体由谁来为城市做出这些决策是州政府的选择。虽然该州在这方面为波士顿做出了不寻常的选择，但是各州做出此种选择并不罕见。关于谁应该决定地方土地使用政策方面的争议性问题，这个基本问题定期由州给出答案。

2. 州对地方土地使用权的豁免

无论决策者是谁，他们被允许做出什么样的决策的问题仍然存在。州法律在这里的影响也是无处不在的。波士顿是一个再合适不过的例子。当波士顿行使其分区和规划权时，它只能影响其辖区中的一部分。查尔斯河流域是波士顿休闲和自然景观的重要组成部分，州对该流域有自己详细的整体规划，同时还管理着“指定港口区”和“滩涂”，这两者共同构成了波士顿港的大部分地区。[1] 更重

① Barr, *Boston Zoning*.

要的是，州通过对城中重点地块的所有权来控制土地的使用。该州及其控制下的实体在波士顿拥有的土地几乎是波士顿自己拥有土地的2倍。（纽约市在市内拥有的地块数量大约是州有土地数量的8倍，其估值是州有土地的26倍。）我们在这里着重关注两个例子：机场和主要道路。

波士顿16%的免税土地（占地超过2300英亩）由波士顿洛根国际机场占用。自1956年以来，该机场一直由一个独立的州机构——马萨诸塞州港务局——拥有和运营。波士顿对城市的这一部分事实上几乎没有任何控制权。而丹佛、芝加哥和旧金山与此不同：它们都拥有自己的机场。确实，尽管（与波士顿不同）这些机场并非位于传统意义上的城市范围内，而是建在与核心城市有一定距离的附属土地上，但它们拥有自己的机场。即便是在纽约和新泽西港务局运营着拉瓜迪亚机场和肯尼迪机场的纽约市，该市也拥有建造机场的土地，并将其出租给港务局。这种安排代表了与机场相关收入的一个有保障的来源，并使城市在两个机场的长期规划决策中具有一定的影响力。尽管机场——与马萨诸塞州港务局在波士顿的其他物业一样——每年都为马萨诸塞州带来大量盈余，但波士顿仅有权获得航空燃油税的收入。①

丹佛说明了备选所有权结构的价值。在1980年代初，这座城市意识到斯泰普顿机场已不能满足该地区的需求，机场建于1929

---

① 该市确实收到了来自马萨诸塞州港务局的税款，但这远远低于城市应得的土地应纳税额。

年，由该市直接拥有并经营。因此，它开始计划建造一个新机场。其最大的障碍是城市内的建设用地不足。该市转向邻近的亚当斯县，说服国家允许它为建新机场吞并 53 平方英里的土地，这一交易得到了州议员和州长的大力支持。新机场于 1995 年启用，并已成为该市的收入来源；从长远来看，该市的所有权似乎将成为非税收入的重要来源。同时，靠近丹佛市中心的、为市所有的老斯泰普顿机场为该市未来的发展提供了潜力。事实上，这片面积为 4700 英亩的土地，是全国最大的城市开发区。由于该市拥有这座机场，所以它能够按照丹佛市议会批准的一项恢弘计划进行开发重建。这部分地产是由一个名为斯泰普顿开发公司的非营利组织开发，它是一个由纽约市重建局创建，并由市长任命的人控制的实体。规划设想了 1.2 万套住房、300 万平方英尺的商业空间、1000 万平方英尺的办公空间、1000 多英亩的公园、一个医疗中心和数所学校，所有这些都受到了新城市主义思想的影响。①

波士顿在洛根机场修建第五条有争议的跑道一事上与马萨诸塞州港务局进行了 30 年的较量，这表明波士顿对其机场的控制力相对不足。该市经常在法庭上强烈反对这个项目，但州政府和联邦航空管理局最终批准了港务局的扩张计划。尽管港务局被要求采取一些旨在减轻东波士顿居民对空气和噪音污染的担忧的措施，但如果该市像其他城市一样控制机场，似乎很明显，关于洛根机场扩建的

① Stapleton/Denver development: www. stapletondenver. com/.

辩论会以完全不同的方式进行。

如同其机场一样，波士顿收费公路、隧道和桥梁的关键决策者也不是城市。连接波士顿和查尔斯顿的托宾纪念大桥由马萨诸塞州港务局拥有并运营。连接波士顿和东波士顿的三条隧道由马萨诸塞州收费公路管理局（the Massachusetts Turnpike Authority）拥有并运营。这种所有权结构的一个后果是，城市不会从通行费中获得收入。（从 1958 年到 2005 年，芝加哥的天桥由该市所有，并通过向用户收取使用费获得资金，为城市创造收入。）州机构拥有波士顿交通基础设施的一个更为重要的后果与土地使用控制相关。收费公路管理局拥有超过 200 英亩的城市土地，在面对影响波士顿的重要开发建议时，它是一个主要参与者。最引人注目的例子是，收费公路管理局拥有和管理着中央干道/隧道工程（“大开挖”），这是美国历史上最大的公共工程项目。该项目在波士顿港下方修建了连接市中心和洛根机场的第三条隧道，一条连接隧道与马萨诸塞州收费公路的“收费公路延伸段”，以及一条地下公路，最终形成了一个新的查尔斯河渡口。从一开始，该市就想方设法控制该项大开发，但根据 1997 年颁布的州法，收费公路管理局“拥有并负责建设、维护、维修、重建、改善、恢复、融资、使用、治理、管理、控制和运营”整个大都市公路系统，其中包括“大开挖”。[①]

① Massachusetts General Laws, ch. 81A; Massachusetts Turnpike Authority, “Memorandum of Understanding between Massachusetts Turnpike Authority and the City of Boston, Acting by and through the Boston Redevelopment Authority” (1997).

这项权力的影响远不止公路和隧道。1997 年的立法将收费公路财产的空中租赁权从波士顿的建筑法、消防法、卫生法和分区法中划了出去，并让收费公路管理局拥有了相关地块的开发权，这些地块占地 44 英亩，市值超过 5 亿美元。这一安排引起了很大的争议，包括不满一项在收费公路和相邻地块的路面上建造一座 49 层巨塔的提议。与州机构通常向企业出租土地的做法相反，州决定对地上和空中权利（尽管不包括建筑物）免征城市财产税，此举更加激化了争议。冲突的另一个根源涉及收费公路管理局对一系列公园的控制，这些公园被称为罗丝-肯尼迪绿道，位于波士顿市中心“大开挖”项目的一处土地上。2004 年，该市和收费公路管理局达成了一项协议，由私人捐款和收费公路管理局的捐款共同支持的一个非营利组织将管理这块土地。非营利组织的 10 名成员中，一半由收费公路管理局任命，两人由州政府任命，两人由市政府任命，另一人由肯尼迪家族任命。

收费公路管理局的持股只是州对波士顿的重要区域拥有所有权的后果的一个例子，这种后果既有消极的一面也有积极的一面。从积极的方面看，土地由州持有确保了波士顿的资本的显著提升，而波士顿不必用自己的资金来支付。马萨诸塞湾交通管理局（The Massachusetts Bay Transportation Authority）是个州立公共管理机构，其成员由州长任命，拥有和运营着波士顿的所有地铁、公共汽车和通勤铁路。虽然根据评估，该市对交通管理局有财政贡献，但是这项评估被其在该市的资本支出所抵消。马萨诸塞州会议中心管理局（The Massachusetts Convention Center Authority）提供了另一个例子。该机构 1982 年由州立法机关设立，其成员很大程度上由州长任命，负责波士顿会展博览中心的设计、建设和运营，该中心位于波士顿南部一个占地 60 英亩的地方。

然而，波士顿在硬件开发上如此之多的资本支出都是按照州控制的实体的要求进行的，这一事实意味着波士顿主要规划的决策者往往是州而不是市。其他城市也在类似的州对城市土地使用的控制下运行。在丹佛，新的体育场馆已经在州立公共机构的控制下建成，就像马萨诸塞州会议中心管理局一样。在芝加哥，一个由州控制的公共机构管理着麦考密克会展中心和海军码头，它们是这座城市两处最重要的旅游景点。在纽约，纽约和新泽西港务局是世贸中心遗址重建的主角。纽约州的帝国开发公司完全由州长任命的人管理，在纽约市的重大项目中发挥着重要作用，比如时报广场的重建项目、第 125 街公司、阿波罗剧院、奥杜邦舞厅、皇后区东河沿岸一处占地 74.5 英亩的综合开发区、第 34 街美国主要邮政设施的重建，最重要的是协调 911 袭击后休斯顿街以南曼哈顿下城的重建和复兴工作。

州的这些限制很重要。但是州对城市的实际控制范围也是如此。在其他城市中，有可能确定在州有土地上进行的改造性开发项目州却很少干预。纽约市已经就城市自有住房的存量制定了一项雄心勃勃的住房计划，丹佛市已经负责了与该市自有机场相关的重大重建项目。波士顿没有可与之相比的项目。原因之一是其他城市拥有波士顿所没有的资产所有权，比如机场和公路的。另一个原因是，州立公共机构赋予了它们更大的权力来影响开发，这一事实令它们从中受益。仅举一例，芝加哥交通管理局由一个8人委员会掌控，其中4名成员和主席由芝加哥市长任命，但须经市议会和州长的批准。（州长任命的3名成员同样需要市长和伊利诺伊州参议院的批准。）芝加哥市因此在处理交通问题上比波士顿有更大的发言权。

3. 城市重建中使用财政工具的限制

州对市财政施加的限制影响土地使用政策的最基本途径在于通过它们决定城市如何提高税收。另一种途径是界定城市使用创新财政工具的权力。我们在这里讨论州政府对于市当局在其中两种财政工具上的界定，即税收增额融资区和商业改善区。

税收增额融资制度是利用物业税收入来偿还为促进发展而发行的债券的一种机制。在该制度下，城市发行债券为指定地区的土地征收、规划和基础设施改善提供资金。这些地区内物业的物业税估值增加所产生的收入，则会被抵押以偿还债券。因此，税收增额融资不仅仅是一种创收手段。它是促进新的城市硬件开发的工具，因而也是土地使用政策的一个重要组成部分。通过准许一个城市甚至在施工之前就对一个硬件开发的未来经济效益提出要求，税收增额融资可以帮助城市创造所需的收入，从而为公共规划和基础设施提供资金，而这些公共规划和基础设施首先可以吸引开发商进行建设。

税收增额融资1947年在明尼苏达州首创，在马萨诸塞州2003年采用之前，已经在大约40个州开花。而波士顿不得不等待一项州法令，这是《地方自治修正案》中限制性条款的直接后果，该修正案明确地将征税权排除在赋予城市的权力之外。波士顿不可能像芝加哥那样形成自己的税收增额融资框架。此外，波士顿也没有像其他城市那样使用税收增额融资，原因可以在向其授权的法规的细节中找到。在某些方面，马萨诸塞州的法规相当宽泛。它不像亚特兰大那样要求指定地区欠发达或者破败不堪，也不像丹佛和旧金山那样赋予在一个单独的重建机构内建立地区的权力。相反，马萨诸塞州的法令将权力赋予了城市本身，市民选领导人有权对区域进行划分。根据马萨诸塞州的计划，与芝加哥不同的是，该市最多可将25％的自治城镇地理区域指定为改善区；与其他州不同，马萨诸塞州要求自治城镇的开发规划在得到州经济援助协调委员会的批准后才能生效。或许最重要的是，它要求将为税收增额融资而发行的债券计入市政债券的整体限额中。这一限制在旧金山或丹佛这些依靠重建机构创建征税区的城市并不存在。（在债务上限更高的城市，或者像芝加哥一样没有债务上限的城市，这样的要求没有多大意义。）只有西雅图有一个税收增额财政体系，其所受的约束与波士顿相当。这毫不奇怪，因为西雅图与波士顿一样，也没有以任何有意义的方式利用税收增额融资。

商业改善区是城市的地区分支，其目的是从业主那里筹集额外的税收，为超出城市自身提供的服务范围的服务提供资金。在获得州法律授权之后，它们的设立还需要得到市政府的批准。与税收增额融资一样，商业改善区被绝好地理解为城市土地使用政策的一个组成部分。商业改善区结构允许一个城市将其土地监管权的一部分下放给业主，然后业主可以共同对其投资的区域实施控制。商业改善区结构的存在本身就可以发挥作用，使城市的部分区域能吸引更多的投资。然而，值得注意的是，商业改善区是有相当大争议的。原因在于它们通常由一个业主选举产生的董事会来管理，也就是说，不是由该地区的居民或居住在商业场所的承租人管理，而是由业主管理，即使他们住在城市之外。批评者对商业改善区的反对是依据这种组织形式：他们认为，商业改善区产生了严重的民主问责问题，并且促进了传统市政服务的私有化。①

尽管存在争议，但是商业改善区作为振兴城市社区的一种手段，在美国各地越来越频繁使用。它们通常创建于市中心商业区，提供诸如卫生、治安、社会服务和基础设施改善等服务。全国范围内有 1000 多个商业改善区正在运营。仅纽约市就有 130 多个商业改善区，芝加哥有 25 个（其中一个包括占该市总估值 34%的物业）。在丹佛，最重要的商业改善区是 120 街区的下城商业改善区，它为清洁和维护服务、安全措施、消费者营销活动和经济发展努力提供资金。西雅图和亚特兰大有大量的商业改善区，旧金山也有一

① Richard Briffault, “A Government for Our Time? Business Improvement Districts and Urban Governance,” Columbia Law Review 99(1999):365.

个主要的商业改善区。

只有波士顿没有商业改善区。这不是因为它没有付出努力。波士顿市中心购物区（下城十字路口）的业主们，自1996年以来一直在积极地寻求州立法授权建立一个商业改善区，但未能成功。考虑到这种共同努力，我们在获悉以下消息时可能会很惊讶，即马萨诸塞州已于1994年通过了授权立法，它允许包括波士顿在内的自治城镇建立商业改善区。波士顿还没有建立一个商业改善区，因为这项授权立法赋予了每个土地所有者选择不缴纳经营该地区所需的评估费的权利。马萨诸塞是美国唯一一个准许商业改善区的业主以此种方式退出的州，而这项规定一直是该州创建商业改善区的障碍。商业改善区通常需要所在地区提供大量的支持才能创建，但是一旦建成，它们将根据既定时间表对区内的所有物业征税。其他城市拥有对商业改善区的物业征收附加税的法定权力，并且在有些情况下还可以发行债券，而无需业主的一致同意。考虑到这项计划存在的问题，即允许个人业主在要分享商业改善区努力的好处时选择退出，波士顿的业主没有对采用这种模式表现出任何兴趣。

现在应该清楚我们所说的“细节”是什么了。波士顿有权通过税收增额融资以及建立商业改善区来筹集资金，但这些工具的法定授权的确切措辞，决定了波士顿能否有效地使用它们。这与我们之前关于地方自治的观点是一样的。波士顿是一个自治市，但这并不意味着它可以在未经州授权的情况下进行税收增额融资或建立商业改善区。这些细节问题影响着一个城市的土地使用政策的方方面面，尤其是它能为保障性住房的需求做些什么。

二　提供保障性住房

在整个波士顿大都市区，就像在美国其他许多大都市区一样，存在着严重的并且日益增长的保障性住房问题。州法律影响中心城市住房市场的一种方式是通过它对城郊提供保障性住房的能力和愿望的影响来实现。在马萨诸塞州，州政府鼓励城郊社区增加保障性住房，尤其是通过该州的《反势利分区法》（*the Anti-Snob Zoning Act*）来鼓励。[①] 在其他大都市区，如亚特兰大、芝加哥和丹佛等，没有相应的州法律。然而，即便是在马萨诸塞州，如果州法律提供的激励措施不足以激励附近的自治城镇增加它们的保障性住房的供应量，波士顿最终将获得不成比例的份额。此外，马萨诸塞州的一些州法律也对周边城镇提供保障性住房产生了抑制作用。州对税收的限制使郊区依赖于物业税，从而降低了它们向中等收入居民开放的兴趣。州法律禁止自治城镇当局采取租金管制措施。州的《细分控制法》限制了对现有道路的分区的本地审查，从而减少了郊区对重要的新开发项目的控制。尽管其他州鼓励郊区提供保障性住房的州压力较小，但郊区可能有更多的自由来主动承担保障性住房

① Massachusetts General Laws, ch. 40B.

问题。

在本章中，我们没有讨论这种区域性住房问题，因为这个问题很重要。（我们将在第10章回到区域性问题上。）我们关注的是成功的大城市自行提供保障性住房的能力。“保障性住房”这个短语并非指向一个单一问题。一个令人担忧的问题是缺乏面向中低收入者的住房，中低收入通常被定义为家庭收入等于或低于该地区家庭收入中位数的80%。全国许多州和市的住房政策都是针对这一人群的。但是还有另一个保障性住房问题：中等收入阶层，即那些家庭收入甚至在中位数以上的人，没有负担得起的住房。例如，2003年波士顿售出的5726套独栋住宅或公寓中，只有351套以中等收入家庭能承受的价格出售，占总销售额的6%。只有9%的出租公寓的价格是普通波士顿人能够负担得起的。[1] 旧金山和纽约的情况表明，这种负担能力的问题绝非波士顿独有。

我们将分别讨论这两个保障性住房问题。我们从中低收入人群的住房政策开始：补贴性住房、联动计划和包容性分区。然后，我们讨论成功的城市在租赁和持有产权上都出现的高房价问题，这是所有城市居民无论现在还是将来都面对的。

1. 安置中低收入人群

所有这七座城市，甚至是像波士顿这样以高房价为特征的城

---

① City of Boston, Leading the Way II: A Report on Boston's Housing Strategy FY2004—FY2007 (May 2004).

市，其境内都有相当数量的保障性住房。波士顿拥有该地区 40% 的保障性住房。此外，与其他城市一样，波士顿正在努力保持甚至增加其对中低收入城市居民的住房供应。但是，每一种可行的方法都受到州法律的限制。其中一些限制，例如对于补贴性住房的，受到预算的制约；另一些限制，比如对联动、包容性分区（inclusionary zoning）和租金管制方案的，都源自对城市自治权的解释或者州立法机关的法定授权的缺失或具体规定的限制。尽管存在这些限制，但每个城市都能并且确实在一定程度上满足中低收入居民的需求。在这方面，波士顿一直是领导者。但是，和其他城市一样，波士顿的问题远比它现有的资源以及法律权力所允许的要严重得多。

(1) 通过直接支出或使用城市资产来补贴住房

在波士顿，公共住房是低收入家庭能够负担得起的最大住房来源。它由波士顿住房管理局（Boston Housing Authority）所有，占全市补贴性住房的三分之二，这方面的需求从未如此之大：有 2.2 万人在等候名单上，但全市只有 1.4 万套房。其他各种联邦、州和市计划也为波士顿的住房单位提供了补贴：总的来说，2000 年，近 20%的住房（在一些地区超过 40%）得到了补贴。这些数字并不罕见。纽约市住房管理局是全美最大的住房管理局，在全市 343 个开发项目中拥有超过 17.8 万套公寓，可为 40 多万人提供住房。芝加哥住房管理局则可以为 5%以上的城市人口提供住房。补贴性住房需要资金，然而，对城市收入的限制大大束缚了城市的能力。过去20年来，联邦和州政府对住房的支持大幅下降。即使在现有的补贴金额下，超过3.2万波士顿居民也将一半以上的收入都用在了房租上，波士顿无家可归者的人数达到了历史最高水平。[①]

增加现有的保障性住房存量的另一种方法，是让城市获得以前私人拥有的房产的所有权。城市通过取消拖欠城市税的房产的赎回权来做到这一点。波士顿和芝加哥在一定程度上实行了这一政策，但纽约市已经将该机制作为其保障性住房政策的重要工具。这项计划始于1970年代末，当时许多房东都拖欠税款。为了刺激他们补缴，该市取消了欠税房产的赎回权。许多业主很乐意让城市把这些建筑从他们手中夺走。结果，该市成了数万套住宅单位的产权持有者。它认识到，这些单元是增加保障性住房存量的潜在手段。通过各种方案，该市促进了这些被称为“对物”物业（“in rem” property）的发展。在15年的时间里，全市新建和改造了20多万个单位。其中一些占据了整个街区，另一些则在多个单位里占了2到8间房屋。2002年，纽约市长迈克尔·布隆伯格提出了一项名为“新住房市场”的计划，计划在5年内投资30亿美元，为中低收入的纽约人保留和建造6.5万套住房，其中一部分是通过提供城市拥

① City of Boston, Leading the Way II; Boston Redevelopment Authority, Residential Land Use in Boston, Report #592 (February 2004); New York City Housing Authority website: www.nyc.gov/html/nycha/html/home/home.shtml; Chicago Housing Authority website: www.thecha.org/index.html.

有的土地来建造7000套住房。这个计划的一个重要组成部分是处置该市剩余的“对物”住房。[①] 波士顿无法效仿纽约的模式，因为在其控制之下的私有财产相对较少。

（2）联动和包容性分区

鉴于波士顿自身增加保障性住房供应的能力有限，它必须像其他城市一样，在很大程度上依赖私营部门的努力。尽管实行地方自治使波士顿遭受了一些限制，但是为了增加低收入和中等收入家庭的住房，波士顿一直是主张其监管权的先锋。其最重要的努力之一是一项联动计划，正式名称为“开发影响项目要求(Development Impact Project Exactions)”。1983年，该市制定了这一计划，目的是“减轻大规模开发对中低收入者住房和就业机会的影响”。它要求大型商业、零售、酒店或类似建筑的开发商支付保障性住房的费用或提供同等的实物捐助。从计划启动到2000年6月，发放了近6000万美元的联动基金，产生了近6000个住房单位，其中大部分已经分配给收入在该地区家庭收入中位数80%及以下的人群。[②]

波士顿推行这一创新战略的权力取决于它能否获得州立法机关

① David W. Chen, “One Housing Woe Gives Way to Another,” *New York Times*, December 21, 2003, sec. 1, at 49; Dennis Hevesi, “Transforming the City's Housing: Act 2,” *New York Times*, May 2, 2004, sec. 11, at 1.

② Barr, *Boston Zoning*; John Avault and Geoff Lewis, Boston Redevelopment Authority, *Survey of Linkage Programs in Other U.S. Cities with Comparisons to Boston* (May 2000); Boston Redevelopment Authority, *The Boston Economy*, Report #589 (October 2003).

的特别立法。1986 年，分区委员会制定联动计划的权力受到质疑，理由是它缺乏采用该方案的自治权。初审法院站在了挑战者一边，认为联动费用相当于征收未经授权的税款。在博南（Bonan）诉波士顿市一案中，最高法院驳回了初审法院的判决。[①] 但是它这样做的理由是，原告没有资格提起该诉讼。法院没有讨论原告的法律论点的是非曲直，尽管它确实指出，该市的法定权力问题可以通过立法予以解决。1987 年，当州通过一项法律明确授权实施联动计划时，波士顿采纳该计划的法律不确定性被消除。授权立法相当具体。其他且不说，它详细说明了允许的罚款数额和还款期限的长短。而且，尽管它允许波士顿在规定的范围内定期增加征收额，但还规定，其他的变更需要经过州批准。其他城市已经能够更独立地采取行动，它们拥有的更大权力塑造了它们采取联动政策的方式。旧金山已经制定了一项联动条例，时间大致与波士顿的一样长，而且由于其广泛的自治授权，旧金山能够多次修改该条例，以要求更多的捐款并扩大其覆盖面。这样做的程序只需规划委员会对地方分区法进行修订，然后交由监事会批准。

波士顿的另一个重要举措是其包容性分区政策。[②] 2000 年 2 月，市长托马斯·梅尼诺签署了一项行政命令，要求某些住房开发

---

① *Bonan v. City of Boston*, 496 N. E. 2d 640 (Mass. 1986).

② National Housing Conference, "Inclusionary Zoning: Lessons Learned in Massachusetts," *National Housing Conference Housing Policy Review* 2, no. 1 (January 2002).

商为该市的保障性住房存量出一份力，这些住房开发商要么拥有 10 个或更多单位的项目需要进行分区救济[①]，要么拥有城市出资的项目或者在城市土地上开发的项目。根据行政命令目前的形式，这些住房开发商要在一个新的开发项目中留出 15%的单元作为保障性住房，也可以由波士顿重建局决定，直接或通过向本市保障性住房基金捐款，在场外建造更多的保障性住房单位。这些住房，一半将留给那些在该地区收入中位数的 80%或以下的人；另一半则提供给在该地区收入中位数的 80%至 120%之间的人。

由于这一政策采取了行政命令的形式，批评者担心这个政策可能会被新市长，确切来说是现任市长弃置不顾，以招徕有吸引力的开发项目。因此，他们认为这项政策应该写入分区法。然而，即便它确实成了分区法的一部分，也不能确定包容性分区政策是否能够经受法院根据《授权法案》进行的审查。《授权法案》并没有明确授予包容性分区的权力。它只是规定可以批准对正常分区条例的例外，这些例外情况可能要遵循“适当条件和保障措施”。此外，在博南案判决之后通过的明确授权波士顿联动计划的立法，并没有具体授权实行包容性分区。因此，尽管波士顿强制实施包容性分区要求的权力或许可以一辩，但它没有全国其他城市可以获得的明确授权。

① 当房屋或者土地所有者受到分区的影响时，可以诉诸两种救济方式：一是申请将其排除在前述分区之外，一是申请认定分区法律违宪或者不当。——译注

这种缺乏明确性，与丹佛可行使的权力形成了鲜明对比。[①] 2002年，丹佛市议会通过了一项包容性分区条例，并随之制定了“中等价格的住房单位计划”。该条例适用于所有新住房达30个甚至更多单位的住房开发项目，并规定10%的单位作为保障性住房。它承诺该市会加快这些开发项目的分区许可程序，提供开发密度奖励（a density bonus），并向开发商支付每个保障性住房单位5000至10000美元不等的补贴。考虑到丹佛是一个根据《科罗拉多州宪法》实行自治的城市，显然有权颁布这项条例。重要的是要认识到，科罗拉多州的地方自治结构推翻了马萨诸塞州法律的推定。在马萨诸塞州，由于免税权以及管理私人或民事事务的权力不在地方自治权范围内，因此波士顿制定诸如联动计划或者包容性分区计划的权力受到质疑，缺乏相对明确的授权立法。在科罗拉多州，对于地方自治权的这些限制都不存在，因此，丹佛首先采取行动的权力是毋庸置疑的。事实上，在丹佛颁布条例后不久，科罗拉多州的一位立法委员就提议立法，禁止地方立法要求开发商以低于公平市价的价格出售房产。这项立法提案没有颁布，也不确定其是否有效。在科罗拉多州，只有当法院认定州立法是在处理应当由州关注的事项时，州立法才会凌驾于地方立法之上。鉴于科罗拉多州的先例，尚不清楚州立法如果通过，是否符合这一标准。

---

① Nick Brunick, Lauren Goldberg, and Susannah Levine, “Large Cities and Inclusionary Zoning,” (Business and Professional People for the Public Interest, November 2003).

其他城市也受益于与丹佛类似的广泛的地方自治权。加州的城市可以依靠当地的征税权来支持联动条例。事实上，萨克拉门托或许会采用地方房地产转让税来诱使当地房地产经纪人支持拟议的联动条例。鉴于马萨诸塞州基于地方自治权所享有的税收减免（加州不存在此类减免），波士顿将无权自行采用转让税这一办法。因此，它也就不能利用征收这种税的可能性为诸如联动条例这样的替代方案赢得政治支持。虽然最初帮助制定波士顿联动政策的咨询团队提议对新开发项目征收“邻里影响消费税”，但这项税并没有征收。[①]如果没有州立法授权，是不能征收的。

西雅图与波士顿一样，但不同于丹佛和旧金山，它需要特定的州立法机关对房地产开发商征收影响费。而且与波士顿一样，也已经从州那里获得了必要的授权。芝加哥似乎有权根据其扩大的地方自治权通过一项包容性条例，但它没有这么做。芝加哥看起来好像不愿意采取可能造成郊区商业和开发的损失的措施（无论是法规还是税收）。芝加哥还可能受到该州对征收合法性评估异常严格的标准的制约。

(3) 租金管制

波士顿三分之二的住房单位是出租房。因此，波士顿居民必须支付的房租价格是决定该市住房供应是否能够负担得起的一个重要因素。20 多年来，波士顿（连同布鲁克林和剑桥）采取的控制住房

① Jane Schukoske, “Housing Linkage: Regulating Development Impact on Housing Costs,” *Iowa Law Review* 76(1991):1011.

成本的措施都是租金管制。1970年，马萨诸塞州立法机关通过了一项租金管制授权法案，使人口达到5万乃至以上的自治城镇有权地方租金管制条例。之所以需要授权立法，是因为最高法院认为马萨诸塞州的自治市镇缺乏实行租金管制的地方自治权。法院认为，租金管制是对房东与房客之间关系的一项规定，因此是依据《地方自治修正案》特别豁免城市权力的私法或民法。① 波士顿因此根据特别授权法实施了租金管制条例，其目标在于确保为低收入者、老年人和残疾人提供负担得起的出租屋，同时为房主提供合理的回报。

当然，租金管制是不是提高住房负担能力的有效手段，一直是学术界和政策界激烈争论的一个话题。但另一个问题与我们的关切更为相关：应该授权哪一级政府作出解决这场争论的政策判断呢？在马萨诸塞州，全州公民已经解决了这场争论，否决了波士顿这么做的权力。1994年，全州公民投票禁止在全州范围内颁布租金管制条例。尽管投票措施在全州范围内的投票中勉强获得了成功，但是当时制定了租金管制条例的每个城市的大多数投票人都对这项措施投了反对票。当时，波士顿大约有2.2万个单位实行了租金管制，禁止租金上涨，直到单位易主；另外6.3万个单位所受到的租金管制相对没有那么严格：租金每年可上调到市政官员设定的上限，通常为10%。在全州公投撤销了租金管制之后，1995年至1999年间，该市的租金上涨了近50%。最近，波士顿大部分社区的租金已

① *Marshal House v. Rent Review and Grievance Board of Brookline*, 260 N.E.2d 200 (Mass. 1970).

经趋于稳定，甚至有所下降。尽管如此，波士顿的承租人收入的中位数大约是3.3万美元，而租房者收入的54%要用来支付房租。这个数字是该地区最高的。[①]

目前尚不清楚波士顿即使可以，是否还会选择再次实施租金管制。波士顿市议会已经否决了一项拟议的租金管制条例。其中一个原因是考虑到波士顿对物业税的过分依赖，担心对该市财政造成影响。另一方面，在1994年全民公投禁止租金管制后，波士顿市议会确实通过了公寓转换条例，旨在保持该市房屋租赁的平衡，特别是针对老年人、残疾人和中低收入者。该条例为已经改为共管公寓的租户提供了租金增加和驱逐的保护。波士顿通过这项立法，是依据它认为是州立法机关的具体授权。虽然执行1994年全民投票的立法明确废除了一些有关租金管制的法律，但它并没有废除旨在保护正在进行共管公寓改造的建筑物中的租户的立法授权条例。但是，最高法院推翻了波士顿的条例。法院认为，波士顿试图保护被改造成共管公寓的未来租户（而不是该公寓的现有承租人）的做法，是围绕禁止租金管制的立法进行的，而这是不被准许的。[②]在1990年代，波士顿有超过2500个出租单位在共管公寓开发中

① City of Boston, *Leading the Way: Boston's Housing Strategy* FY 2001—2003 Completion Report (October 2003); Boston Foundation, *The Greater Boston Housing Report Card 2003: An Assessment of Progress on Housing in the Greater Boston Area* (April 2004), 24.

② *Greater Boston Real Estate Board v. City of Boston*, 705 N.E.2d 256 (Mass. 1999).

消失。

其他城市的租金管制经验喜忧参半。旧金山和纽约继续实施租金管制法。在旧金山，租金管制法根据基于通货膨胀率制定的时间表来限制每年允许的增长，并且覆盖了该市绝大部分的出租单位。近年来，旧金山的租金管制法变得越来越严，这在很大程度上是由于全市范围内的投票活动。另一方面，在纽约，最近的州立法削弱了曾经是美国最严格的租金管制法。大多数单位不再受到严格的租金管制，而是实行一种称为“稳定租金”的租金管制形式。1993 年，州立法机关通过了一项法律，将豪华公寓或高收入租户从稳定租金的对象中剔除。1997 年，随着批准租金管制的法令即将到期，立法机关进一步缩减了纽约州（包括纽约市）的租金保护措施。2003 年，再次面对租金管制的授权到期时，立法机关亦再度削弱了对租金的保护。2003 年的立法专门针对纽约市的租金管制。

西雅图和丹佛与波士顿类似，也缺乏实行租金管制的权力。（芝加哥从未试图实行租金管制。）西雅图已经制定地方租金管制条例好些年了，但是在 1980 年代，州立法机关通过了一项法律，禁止任何地方租金管制条例。丹佛无权通过租金管制条例，因为科罗拉多州的多家法院已经将其通常广泛授予的地方自治权解释为无法推翻与之相冲突的州反租金管制立法。科罗拉多州最高法院裁定，由于租金管制措施解决了当地和全州关注事项的“混合”问题，自治市镇在面对与之冲突的州法律时不能实施租金管制。[①]

2. 中产阶级住房

2000 年，波士顿大约有 25 万个住房单位，其中 16 万个是出租房。[②] 只有租金管制（现在已经没有了）和补贴性住房（继续处于可能被废止的危险境地）影响了这一住房存量的很大一部分。而波士顿的大部分努力仍然是针对中低收入居民，不是针对波士顿更普遍的住房问题。然而，波士顿住房的高成本影响到了每一个当前的城市居民以及潜在的未来居民。解决这个问题的一个办法是在城市里为中产阶级建造更多的住房。事实上，除非发生这种情况，否则很难想象波士顿如何能在房价大幅上涨、房租居高不下的情况下开始大显身手，这种价格飞涨的情况是波士顿近年来的主要特征。

波士顿能做些什么来解决市内住房的高价问题呢？显然，它这样做会受到很大的限制。其中一个源于我们已经讨论过的州法律和财政收入方面的限制：增加住房供应或限制价格上涨的关键方法，从补贴性住房到租金管制，都不在波士顿的能力范围。与波士顿一样，旧金山也存在负担能力的问题。[③] 但是，旧金山拥有波士顿所

① *Town of Telluride v. Lot Thirty-Four Venture*, L.L.C., 3 P.3d 30 (Colo. 2000).

② Boston Redevelopment Authority, *The Boston Economy*.

③ 旧金山的房价中值在 2003 年超过 65 万美元，湾区的房价中值为 54.5 万美元，比前一年高出约 18%。

没有的工具来应对这个问题。与波士顿不同，该市有权实施租金管制和控制共管公寓转换。芝加哥也是一个生活成本较高的城市，但它使用增税融资资金来补贴保障性住房的建设。而芝加哥所在的库克县在重建多户住宅并向中低收入家庭出租所需数量的公寓后，降低了物业税。尽管波士顿最近获得的增税融资权现在为其效仿芝加哥提供了一些空间，但鉴于其在税收管理方面缺乏权力，这两种策略都很难被采纳。

波士顿面临的另一个问题是，即使在现行的法律制度下，其发展政策也存在着各种矛盾。一方面，中产阶级化[①]——和随之而来的地产价值，当然还有由此造成的房价上涨——是这个城市的目标之一。它的经济发展理念助长了中产阶级化，很大程度上是因为它对州允许征收的物业税产生了依赖。此外，该市本身也有想改善其社区住房质量的愿望，这是合乎情理的。诚然，这座城市也致力于维持乃至增加保障性住房的数量。然而，这些政策是相互冲突的。而中产阶级化的政策现在占据了上风。这并不是说，中产阶级化与向中产阶级和穷人提供保障性住房之间必然是冲突的。阶级多元化的城市是一种可能的目标。历史上存在许多不同类型的城市。但是现在，收入多样化需要一个宽泛的法律制度，这个制度能在城市升

① gentrification，又译绅士化，指一个旧区从原本聚集低收入人士，到重建后地价及租金上升，引致较高收入人士迁入，并取代原有低收入者。在《元照英美法词典》中译为移居开发，是土地开发用语，指中产阶级或相对富裕的人群向欠发达地区移民，以推动该地区及周边地区的经济发展。——译注

级时，确保现有的和新的住房是绝大多数波士顿居民能负担得起的。这样的法律制度可能包括一些管理措施和住房补贴：欧洲城市传统上向社会的广大阶层提供租金补贴，并且其提供的公共住房数量是美国城市提供的 2 到 3 倍。它还可能包括各种各样的创新财产制度，例如促进有限股权。许多这样的举措都不在城市的权力范围内。

尽管如此，波士顿仍在努力解决其整体的保障性住房问题。该市正利用其所拥有的权力，通过提供抵押贷款保护、刺激住房建设并为小型开发项目（包括为综合大学和学院建造宿舍）提供援助等方案，推动中产阶级的保障性住房建设。① 其他城市也在探索更多的可能性。根据“芝加哥平价社区合作计划”（Chicago Partnership for Affordable Neighborhoods），对于同意将平价住房单位纳入其市场价格开发项目的开发商，芝加哥市将向其提供激励措施，而这些平价住房单位针对的购房者是收入在该地区收入中位数的 60％至 120％范围内的人。保障性住房单位的售价不能超过 15.5 万美元。芝加哥还为开发商提供了其他激励措施，即每个保障性住房单位可享受最高达 1 万美元的许可费减免、营销援助、周边区域改善和景观美化、密度奖励，并简化许可流程。该计划还通过按购房者收入确定的水平发放延期无息贷款来鼓励购房者（但要求购房者从私人贷款人那里获取首笔抵押贷款）。② 尚不清楚波士顿是否可以在未事

① City of Boston website：www. cityofboston. gov/.

② City of Chicago website：egov. cityofchicago. org/.

先获得州立法授权的情况下使用这些工具。

根据“纽约市住宅工程计划”，建筑商可以在空置的城市自有建筑中建造 1 到 4 套家庭住房，并按市场价格出售给个人购房者。在大多数情况下，对购房者没有收入方面的限制，对出租公寓也没有收入或价格限制。购房者是通过抽签的方式来选择的，不过会优先考虑住宅所在社区的居民。另一个条件是购房者必须占据至少一个单位作为他们的主要住所。建筑商通常与贷款方合作，提供低首付的抵押贷款，而且，由于贷款方在确定购房者贷款资格时已经考虑了出租公寓的收入，因此许多房屋对于中等收入和中产收入的购房者来说是买得起的。为了使这个计划切实可行，这座城市还以名义价格（nominal prices）将建筑物转让给建筑商，并向购房者提供部分减税或补贴，同时还施加了转售限制。[①] 如上所述，波士顿没有城市自有住房使其能够采用纽约市的计划。但是，与开发商合作，该计划的内容可以帮助刺激新的住房措施。

这些计划很有价值。但没有人会争辩说，它们对于住房市场构成了干预，而且力度大到了足以让中产阶级能在这些城市里住得起。此外，重要的是不要忽视我们在本节开头提到的一点：波士顿大都市区的保障性住房危机，与美国其他地区一样，都是遍及整个地区的。除非中心城市住房问题所在的区域背景成为政府政策的焦点，否则不可能有真正的解决办法。一些城市已经开始认识到这一

---

① Department of Housing, Preservation and Development, City of New York, *Home-Works Homeownership Program* (2004).

点。在芝加哥，有人提议建立一个类似于波士顿的联动计划，并在整个地区内实施。从长远来看，这样一种区域性做法似乎为波士顿提供了最大的潜力，同时也突显出波士顿在多大程度上没有能力独自解决一些最紧迫的问题。

第六章

教育

教育也许是市政府提供的最重要的服务。许多城市在教育上的花费与其在其他所有职能上的支出加起来一样多。但是，公立学校在城市生活中发挥的作用远比它们对城市财政的影响重要。一个强大的学校系统影响着城市人口的性质：它吸引有孩子的家庭来到城市，并把他们留在城市里。反之亦然：一个城市的公立学校系统的实力受到城市居民类型的影响。一个过多为贫困家庭儿童提供服务的学校系统面临着财政和其他方面的压力，而许多郊区的学校系统则可以避免。这些压力可能会导致更少的新家庭搬到城市，并且会导致现有居民迁出。那么，一个城市公立学校的实力与一个城市的政策之间就存在着直接的关系。一个没有很多有孩子的家庭的城市，与一个拥有不同人口构成的城市相比，很可能会追求不同的目标。一个强大的公立学校系统也会影响城市其他方面的形象。随着学校的不断完善，考虑在何处选址的公司以及决定地方权力范围的州政府官员，都会对城市的自我管理能力产生信心。另一方面，一个不完善的学校制度可能会防碍一个城市吸引投资的能力，并阻碍其获得必要的自治权以满足城市学校系统的需求。

不仅教育对这七座城市都很重要，而且它们的学校系统所面临的问题也非常相似。其中一些问题仅仅源于它们的规模。七座城市的学区[①]明显大于其区域内其他任何一个学区。波士顿有 135 所公立学校，为大约 6 万名学生提供教育。其他城市大部分在学校规模方面与波士顿相当，但纽约市的 1400 所学校接收了 100 多万名学生，芝加哥的 600 多所学校有近 44 万名学生。[②] 所有学区都与其所在城市的边界相同。

但规模只是中心城区学校系统面临的挑战之一。它们所服务的学生的人口构成也同样重要。所有七座城市的公立学校的学生群体构成，与邻近的郊区居民构成以及城市的居民构成均明显不同。贫困学生比城市贫民还要多。72％的波士顿学生有资格享受免费或低价的膳食，尽管波士顿贫困线以下的人口比例只有 19.5％。在其他城市，有资格享受低价午餐的学生也很多，从西雅图的大约 40％到亚特兰大的大约 75％不等。波士顿的学校里，非裔美国人、西班牙

① 学区，由州立法机关创设、组织的准市政法人（quasi-municipal corporation），负责该州公立学校的管理。准市政法人指其成立的唯一目的是履行某一公共职能的政治体（political body）。美国州将学校体制划分成区的原因在于，与州一级的官僚化体制相比，地方化的管理和政策制定更具效率，也更能对社区需要作出反应。参见《元照英美法词典》。——译注

② 旧金山管理着 114 所学校，近 6 万名学生；丹佛是 144 所学校，7.2 万多名学生；西雅图是 130 所学校，4.7 万名学生；亚特兰大是 102 所学校，5.5 万名学生。

裔和亚洲人的数量也明显多于整个城市的。虽然在2000年波士顿市的非西班牙裔白人为49.5%，但波士顿公立学校学生中只有14.6%是非西班牙裔白人。[①] 非西班牙裔白人在所有其他城市中也很少，尽管少数族群之间的分布有所不同。[②] 学校人口的另外两个特征也很重要。七座城市中有六座（除亚特兰大之外）的学校都受到移民的严重影响。学习英语作为第二语言的儿童占波士顿学生总数的21%；在旧金山，这一数字超过了30%。[③] 特殊教育学生占波士顿公立学校在册学生总数的20%，这是一个非常高的数字。在其他城市接受特殊教育的学生比例在7%至14%之间。[④]

学校系统的规模和人口构成是实施优质教育的关键因素。而它们显然不在一个城市的控制范围内。这本身就是对地方教育管理的一个重大制约。这些制约通常被认为是理所当然的，或者归因于更为强大的人口力量，只有通过能够彻底重新划定市政边界线的改革才能解决。因此，州对地方权力施加的限制通常并不被视为城市无

---

① 非裔美国人占学校总人口的48.8%，占该市人口的25.3%；西班牙裔学生占学校总人口的26.9%，占城市人口的14.4%；亚裔占学校总人口的8.9%，占城市人口的7.6%。波士顿的教师中有61%是非西班牙裔白人，26%是非裔美国人。

② 旧金山的学校人口中有40%以上的亚裔，20%的西班牙裔，而亚特兰大约有90%是非裔美国人。西雅图是非西班牙裔白人最多的城市，占40%；没有其他任何城市的非西班牙裔白人人口超过20%。

③ 波士顿学英语的人比丹佛少（略高于25%），但其比例高于纽约（13.5%）、芝加哥（14%）和西雅图（11.7%）。亚特兰大的比例最低，为2.5%。

④ 城市之间在这个维度上进行比较是困难的，因为不同的学区有不同的标准来界定谁是特殊教育学生。纽约市公立学校接收特殊教育的学生比例为14.0%，西雅图为12.6%，芝加哥为12.3%，旧金山为11.9%，丹佛为11.0%，亚特兰大为7.4%。

力影响其学校系统的规模和人口结构的因素。事实上，经常有一个强有力的假设：如果城市必须对什么负责任，那就是“它们的”学校。而对于“它们的”学校的定义，则被认为是没有争议的。对地方事务的传统理解通常把教育放在首位。对于许多寻求地方自治的人来说，教育似乎恰恰是一个着眼点。在许多教育改革者眼中，这也正是城市学校系统如此糟糕的原因。州向它们施加了太多的控制。

然而，事实上，教育方面并没有比其他对城市成功至关重要的领域拥有更多的自治权。在波士顿和其他地方，州法律通过调整该市学校系统的组织结构、可获得的资金数额以及所提供的教学内容来影响当地的教育政策。该州还规定了各种不同的教育选择，从私立学校到郊区学校，供那些子女可能在本市公立学校上学的家庭使用。在本章中，我们讨论这些形式的州的干预。诚然，在这些限制范围内，城市可以做出各种各样的决策来提升公共教育的质量。最后，我们分析了其中一些选择。但我们首先要解释的是，为什么州政府对城市学校的管理方式并不是自然而然的。事实上，虽然在前几章中，波士顿作为范例说明了一个州的行事能在何种程度上让市政府难以解决一些最紧迫的问题，在这里，波士顿仍然是一个值得注意的例子，说明了各州有时是如何认识到给予城市对学校系统有意义的控制权之后所带来的重要益处。

一　教育治理结构

在马萨诸塞州，和其他州一样，州宪法规定教育的职责由州自身承担，尽管教育被广泛地理解为典型的地方权力。因此，各州必须而且确实在决定美国如何提供公共教育方面发挥重要作用。州影响地方教育的一个重要途径是确立一个城市学校系统的基本组织结构。

1. 地方学校系统的组织

关键的组织问题在于这些学校是由独立选举产生的学校委员会管理，还是由市长任命的学校委员会管理。根据州法律，马萨诸塞州的绝大多数学校系统由选举产生的学校委员会管理。在我们选定的这七座城市中，有四座也选举了它们的学校委员会成员。只有纽约、芝加哥和波士顿通过市长的任命来选择学校委员会成员。这种组织结构的差异影响着学校系统的各个方面。一个独立选举的学校委员会被设计成独立于传统的城市政治（至少是市长政治），但仍然受制于它自身的政治。相反，如果没有对学校系统的控制，市长就缺乏对一个基本要素的权力，这个要素也许决定了城市的人口和未来的潜力。

市长对纽约、芝加哥和波士顿公立学校的权力是相对较新的。

波士顿的学校已经由独立选举的学校委员会管理了 200 年，1989 年，波士顿居民在一次不具约束力的全民投票中以微弱多数票同意了指定的学校委员会。1991 年，州立法机关批准了波士顿的地方自治申请，授权成立了由时任市长任命的 7 人委员会。该法令规定，市长必须从 13 人提名小组给他的候选人名单中选出 7 名成员。提名小组的组成也由州法律规定，其中包括家长、教师、行政人员和商业团体，所有这些都是由相关组织选出来的。该小组的任务是“尽力提名反映波士顿市及其公立学校人口的族群、种族和社会经济多样性的个人”。[①] 该州立法规定，波士顿公立学校的日常运作不由学校委员会负责，而由学校的督学（super-intendent）负责，督学为学校委员会任命。督学对合同和人事享有专属权力，而学校委员会来制定广泛的政策，并与市长一同制定学校预算。

尽管这是一个州政府授权的组织，波士顿市长现在对该市学校的运作的影响力比历史上任何时候都大。除了纽约外，没有哪个城市能接近波士顿的整合程度。波士顿的学校委员会不仅由市长任命，而且还依靠该市的预算拨款。在有着选举产生的学校委员会的城市，学校委员会的政策和预算不受市长控制。选举产生的学校委员会在其任命的一名督学的协助下管理学校，并制定地方教育政策。选举产生的学校委员会独立于市政府，并不意味着独立于州政府。旧金山的学校委员会由当地居民选举产生，独立于市政府运

① *1991 Massachusetts Acts 108* §7(a).

作，但是由州长提出州的学校预算，并由州立法机关批准。州立法机关还为具体项目指定了教育经费。西雅图的学区同样独立于市政府，但受州政府控制。与旧金山不同的是，西雅图经选举产生的学校委员会制定当地的物业税税率，但须由当地选民批准。[①]

芝加哥市政府对教育的控制要多过有着选举产生的学校委员会的城市，但不如波士顿多。芝加哥公立学校系统由市长任命的 7 人委员会管理，没有经过市议会的同意或批准。事实上，一个类似于在波士顿存在的那种提名小组，为了让市长不受约束地控制其任命而被废除了。然而，一经任命，州立法便使学校委员会在其管理范围内具有自治权，特别是预算事项上。学校预算与城市预算是分开的，委员会决定其资金的筹集和分配。像加州一样，学校预算的最终批准并非来自城市，而是来自州。

只有纽约市在管理公立学校方面发挥的作用类似于波士顿。像波士顿一样，纽约通过地方物业税为学校提供资金，这一事实增强了它这样做的能力。州法允许市长取代独立的教育委员会，并与学校的校长一起有效地管理纽约市的公立学校。此外，尽管直到 1990 年代中期，州法一直在推动权力下放给纽约市的社区学校委员会，

---

① 由于担心西雅图市政府的作用有限，该市于 1990 年通过了家庭和教育税。该条例授权征收一项特别的城市财产税，“其依据是，所有学生的学业成功并不完全取决于西雅图公立学校，更是西雅图所有公民的责任”。在过去 15 年里，西雅图市利用这个权力筹集了近 1.4 亿美元。由一个 7 人组成的监督委员会（3 名市民、市长、市议会主席、区督学以及一名学校董事会成员）控制资金的分配。City of Seattle, *Families and Education Levy: Progress Report* (2003).

却将权力从社区的学区转移到了纽约市的校长手上。州设法律的这种结构变化使布隆伯格市长和新任校长得以对学校系统进行一系列有争议的改革。[①]

2. 州在学校财政和课堂教学中的作用

无论该市的学校是由市长管理，还是由独立选举的学校委员会管理，它们都是在州的广泛控制下运作。这些控制措施中最重要的是关于学校财务、课程安排和考试要求。它们在教育政策中的重要性此处不必再赘述。学校要花多少钱以及它们教授什么内容，在很大程度上共同决定了学校提供的教育质量。

(1) 学校财务

美国公立学校的传统资金来源是地方物业税。这种对物业税的普遍依赖是有问题的。人们早就认识到，地方物业税的税基与当地学校的需求之间存在很大的不匹配。因此，过去 30 年来，一波学校财务诉讼潮席卷全国。这波诉讼潮直接影响了波士顿、纽约、旧金山和西雅图的当地学校经费；在亚特兰大和芝加哥，类似的诉讼尚未提起或者未能胜诉，州立法机关已经对学校经费进行了改革，部分原因是为了应对其他地方诉讼的成功。只有丹佛在州法律结构

① 改变包括对排名前 200 位的成绩优异的学校之外的所有学校采用统一的阅读和数学课程，宣布对标准化考试成绩较差的三年级学生结束“自动升级”（social promotions），将一些规模庞大、处境艰难的高中拆分成若干小型高中，改革高中招生程序，改变城市学校的官僚体制。

中运作，这个结构并不寻求解决因依赖物业税而导致的不平等。

第一轮学校财务诉讼是基于州和联邦宪法对法律平等保护的保障。有人认为，州不能以创造归根结底不平等的教育机会的方式为学校提供资金。这是加州最高法院在塞拉诺诉普里斯特一案中所阐明的观点，通常被认为是现代教育财政的第一次挑战。[①] 虽然这个理论在一些州仍然受到欢迎，但1973年在圣安东尼奥独立学区诉罗德里格斯一案中被美国最高法院驳回，由此引发了第二波诉讼。[②] 这一次的争论是，州法院应该废除现有的学校财务制度，因为它们违反了州宪法中规定的特定教育任务。这些任务通常要求各州提供“良好的基础教育”、“适当的”教育或类似的教育。

司法决策的第二种理论与州承担教育责任的历史方式相吻合。多年以来，各州都提供“基础预算”，即一个特定数量的用于支持当地学校预算的补贴，并为当地学区应至少支出的总金额制定总体指导方阵。但基础预算往往与教育现实之间有着非常脆弱的联系。它们往往更多地反映了政治权力以及州愿意向城市分配资金的程度，而不是说明基础教育需要什么。在纽约州，学区的平均支出约为每名学生1.1万美元，对位于底部的那10%的学生的支出将近9000美元。然而，州设定的基础数额是每个学生4000美元。对州宪法的最低要求的强调以及试图提高宪法最低要求的诉讼，增加了城市学校系统的基础预算。但也带来了一些补救措施，导致了州对

① *Serrano v. Priest*, 557 P. 2d 929 (Cal. 1976).

② *San Antonio Independent School District v. Rodriguez*, 411 U. S. 1(1973).

教育的控制加强。新一轮案例的措辞强调了州的作用，这些案例加强了州对教育的监督，即使州已经增加了经费。

这就是马萨诸塞州发生的事。在 1993 年的迈克杜菲诉罗伯逊一案中，最高法院裁定，州宪法规定州有义务确保每个学生都能得到“适当的”教育。法院发现，较不富裕社区的儿童“没有按照宪法制定者的意图和授权，获得宪法规定的受教育权利”。[①] 对此，州立法机关通过了《1993 年教育改革法案》。其范围广泛而全面，几乎影响到教育的各个方面，从上课时间到毕业要求，不一而足。其最基本的要素之一是改变了州对教育的援助模式。州承诺了一个为期 7 年的增加教育经费计划，使州教育援助总额从 1993 年的 13 亿美元提高到 2000 年的近 28 亿美元。尽管最高法院最近认为州立法机关正在取得充分的进展，但是马萨诸塞州教育经费的争议仍在继续。[②]

尽管州加大了对公共教育的支持力度，但城市通过物业税筹集的资金依然相当可观。如果没有地方财政收入的增加，这七个学区中的任何一个都无法运作。因此，管理地方收入来源的州规定与州援助在确定学校获得的资助数额方面同样具有决定性作用。

(2) 课程框架与考试要求

拿到州增加的资金是有代价的，那就是州要更多地参与教育政

① *McDuffy v. Secretary of Executive Office of Education*, 615 N. E. 2d 516 (Mass. 1993).

② *Hancock v. Commissioner of Education*, 822 N. E. 2d 1134 (Mass. 2005).

策。州控制的两个最重要事项涉及课程和测试要求。在马萨诸塞州，《教育改革法》要求州教育部和州教育委员会在数学、科学技术、历史与社会科学、英语、外语、卫生与艺术等核心学科中建立课程框架。州机构也被授权提供课程标准，后者涵盖了从营养到《联邦党人文集》、从计算机技能到艾滋病等课题。（立法机关本身已经规定了从《权利法案》到体育等科目的教育。）此外，州机构还有权制定教师资格认证标准，规定上课时间和学年长度，并且可以宣布一个学区“表现不佳”，然后据此干预其运作。

《教育改革法》还规定对学生进行基本技能知识测试。1998 年，州教育部采用了一种评估方法，一种被称为马萨诸塞州综合评估系统（MCAS）的标准化考试。它提出该测试不仅要评估学生的能力，还要向州提供有用的反馈，以便采取补救措施，使所有的学校都达到同等水平。事实上，教育部正式要求地方学区采用这一考试作为正式的统一的毕业要求。考试将在四年级、八年级、十年级进行，重点是英语和数学。

其他城市也必须遵守州制定的考试和课程设计要求。人们不应认为这种州干预与当地学校系统的利益是相抵触的。各州经常将其干预措施描述为帮助学校系统认清其教育计划的优缺点的各种努力。事实上，芝加哥教育委员会已经将该州考试方案纳入了其基于绩效的管理体系。尽管如此，州制定的课程要求和考试要求还是决定了当地教育的大部分结构。但这两者仍然存在争议。一个问题是两者之间的关系，即考试制度会影响课程选择。另一个问题是课程大纲与学校财务之间的关系。州拨款可能没有考虑到有效使用课程框架所需的素质教育。还有一个问题是考试结果和阶层差异之间的关系。正如波士顿基金会的一份有关马萨诸塞州的考试的报告所表明的："到目前为止，马萨诸塞州综合评估系统的结果与家庭收入高度相关，即低收入社区的情况往往更糟，高收入社区的情况往往更好。"[①] 最后，从城市的视角来看，还有一个更基本的担忧："地方控制教育"是什么意思？选择仍然存在，但这些选择会在多大程度上受到州对教育的实质内容的限制以及州对教育的支持的限制呢？

二　州在建立教育替代方案中的作用

州对组织结构、财务和教学内容的控制并不是影响当地学校系统管理的唯一制约因素。各城市还必须考虑到公立学校系统的一些替代方案，并与之竞争。认为州在提供这些替代方案方面发挥着关键作用，这似乎有些奇怪。但州的作用是重大的。有时候州会直接创造出这些替代方案，比如当它授权在不涉及地方学校委员会的情况下创建特许学校时。在其他时候，州的影响力不那么明显，但并非不重要。学区是按照城市边界线划定的，这一事实确保了城市与

① Boston Foundation, *Creativity and Innovation: A Bridge to the Future, A Summary of the Boston Indicators Report* 2002, §4.5.2(2002).

郊区在学校教育上分开，毕竟它本身就是州法律的产物，而非源于当地的选择。

向城市居民提供的教育替代方案可以在促使有子女的家庭留在城市中发挥积极作用。它们还可以对城市学校产生有益的竞争压力，使其得到改善。但州对地方税收的限制产生了一种推拉效应，导致学校官员对这些可行性替代方案既有支持也有拒斥。州对教育的援助取决于在册学生人数，而这种依赖使城市很难应付公立学校人口中的重大波动，即使这种波动是可以预测的。大规模的人口撤离造成了预算上的漏洞，很难弥补，而突如其来的增长给设施造成的负担超过了产生的额外资金所能承受的范围。

这种推/拉效应的一个例证是特许学校和教区学校对波士顿公立学校系统的影响。波士顿官员一直公开表示不赞成特许学校，不仅因为他们无法控制大多数特许学校的创建方式，而且因为每一个在特许学校注册的学生都会从公立学校拿钱。与此同时，波士顿天主教大主教教区的财政问题也引发了人们的担忧，担心如果关闭市内的教区学校会造成大量学生涌入，将对波士顿的学校系统产生重大影响。这种推/拉的动态削弱了城市从更广泛的角度考虑教育替代方案的能力。校方担心每当一个学生转去特许学校，他们就会失去一笔钱，这种担心是可以理解的。入学人数的变化不会改变波士顿的税基，却会影响学校系统运作所依赖的教育补贴。家长们也同样担心，怕他们的孩子可能会被留在一个资金不足的公立学校系统中。特许学校和私立学校可以限制自己的招生人数甚至停止招生，但这两件事波士顿公立学校系统都做不到。

1. 私立学校

了解教育替代方案影响的一个方法是考虑不上城市学校的城市居民人数。波士顿大约 8 万名学龄儿童中，有四分之一不上波士顿公立学校。其中，大约 1.35 万人去了私立学校，4000 人去了特许学校，3000 人去了郊区学校。教区学校拥有 1.1 万名学生，意味着私立学校的绝大多数学生都在此。只有西雅图的私立学校学生比例更大，达到 31%。但其他地方的数字也很客观。纽约、丹佛和芝加哥有近 20%，而旧金山差不多是四分之一。同样重要的是，生活在波士顿的非西班牙裔白人学生中有一半以上进的是私立学校，这一比例几乎高于美国其他任何地方。波士顿的公立学校的非西班牙裔白人占 14%，而私立学校的人口约有 45% 的非西班牙裔白人，更接近全市平均水平（该市本身非西班牙裔白人为 49.5%）①。波士顿私立学校的非西班牙裔白人学生的数量常常被归因于联邦法院下令取消公立学校的种族隔离。无论是因为种族偏见还是父母对送孩子到社区以外的学校感到不满，波士顿公立学校的非西班牙裔白人人数从 1970 年，即废除种族隔离命令发布前的 64%，下降到 2000 年的 14%。许多非裔美国人的父母也开始把孩子送到当地的私立学

① 私立学校中非裔美国学生的比例约为 28%，与全市人口比较接近，比公立学校的 48.5% 要小得多。私立学校中的西班牙裔不足 10%（波士顿公立学校差不多有 28% 的西班牙裔），亚洲人在私立学校占 3%（在公立学校占 9%）。

校，以避免他们坐公共汽车穿越城市。然而，另一些人则认为，导致私立学校入学人数增加的，是该市先前的种族隔离历史，而不是该市整合学校的努力。有一点很清楚：私立学校非常受欢迎。

尽管这些学校对城市非常重要，但城市对为城市居民服务的私立学校几乎没有影响。在马萨诸塞州，有人试图保持公立学校和私立学校的分离。私立学校不受地方学校委员会的监督，尽管它们必须得到学校委员会的批准才能运作。这一批准要求旨在确保私立学校提供的教学至少与公立学校的相当。但是马萨诸塞州法院已经明确表示，任何公款都不能用来支持私立学校。并不是所有的地方都以此为规则。伊利诺伊州为私人教育支出提供了最高为500美元的减税。但是，这种减税政策并不能转化为城市的权力：它不能使城市提供类似的或更大的支持。相比之下，科罗拉多州最高法院否决了一项全州范围的代金券计划，该计划要求丹佛和其他学区为居住在该学区、上私立学校（包括教区学校）的儿童支付一部分学费。法院的结论是，这项措施违反了州宪法对地方控制教育的要求，因为它将地方学校经费用于地方学校以外的其他用途。①

尽管私立学校为波士顿节省了一大笔钱，但波士顿还是做出了很大的努力，促使家长让子女上公立学校而不是私立学校。正如一篇文章指出的："纽约的私立学校每个学生的费用是7428美元，为

---

① School Choice Info. org, "Education Tax Credits and Deductions," www. schoolchoiceinfo. org/; *Owens v. Colorado Congress of Parents, Teachers & Students*, 92 P. 3d 933 (Colo. 2003).

该市节省了22亿美元；芝加哥节省了9.24亿美元（据1990年的数据）……波士顿是近8000万美元。”[1] 尽管如此，私立学校仍然存在争议：它们被认为提供了更好的教育，并且只提供给那些负担得起的人。

2. 特许学校

与私立学校不同，特许学校是一个混合型学校。它们的资金来自州政府和市政府的预算，而不是学生家长私人支付的学费，但它们与选举产生的学校委员会和市政府之间保有很强的独立性。这是它们的主要吸引力所在。特许学校旨在成为一种模仿的典范，为学生和家长提供更多机会来选择不同特色的学校，并通过竞争使当地学区更加负责任。然而，特许学校事实上是公立学校系统的一部分，但这并不意味着城市可以控制它们。在确定特许学校的权力及其与市政府的关系方面，州发挥了巨大的作用。

《马萨诸塞州教育改革法案》将特许学校引入该州的教育体系。因此，具有讽刺意味的是，在该《教育改革法案》通过引入课程框架为马萨诸塞州公立学校建立更多标准化的同时，也为数量有限的替代学校开辟了一个非标准化的空间。最初的特许学校形式是联邦特许学校（commonwealth charter school），一种由独立于当地学校委员会的董事会管理的公立学校。任何由10名或10名以上的家

---

① Joseph M. O'Keefe, "What Research Tells Us About the Contribution of Sectarian Schools," *University of Detroit Mercy Law Review* 78(2001):425.

长、2 名或 2 名以上的教师组成的非营利性企业或法人实体，都可以向州教育委员会申请特许令成为联邦特许学校。（私立学校和教区学校被明确地排除在申请资格外。）申请联邦特许学校不需要当地市长或学校委员会的批准；只需州批准。相比之下，在联邦特许学校成立几年之后，州政府批准的贺拉斯·曼恩特许学校是一种尝试，允许公立学校委员会和教师利用这种形式的实验而不必脱离学区。贺拉斯·曼恩特许学校是由公立学校系统自己发起的；在向州提出申请之前，它们需要获得学校委员会的支持。然而一经建立，它们的运作就被明确地置于当地学校委员会的监督之外。在这两种选择中，只有联邦特许学校真正发展了起来。波士顿有 16 所联邦特许学校，但只有两所贺拉斯·曼恩特许学校。[①]

除了西雅图，我们考察过的其他城市都有特许学校。在亚特兰大，特许学校系统几乎与波士顿相反。这在很大程度上是因为州法律赋予地方官员更多的特许学校批准权。所有的特许学校都要经过当地的学校委员会批准，特许学校的经费也由当地划拨。像波士顿一样，这里也有两种类型的特许学校，一种是转化而来，一种是初

① 波士顿特许学校的人口统计与波士顿公立学校系统的人口统计有很大不同。非裔美国学生在特许学校中占主导地位，超过 70%，只有 13.7%是西班牙裔和亚裔。非西班牙裔白人学生在特许学校的入学率和公立学校的差不多，但入学集中在极少数学校。波士顿的特殊教育学生几乎占公立学校学生总数的 20%，但在特许学校中约占 10%。在波士顿公立学校，73.6%的学生有资格享受免费或低价的午餐计划，但特许学校的学生只有 53.6%有资格享受。最受注目的统计数据是，根据一份报告，尽管波士顿公立学校近 25%的学生正在学习英语，而波士顿的特许学校中竟没有一个学生被进行类似的分类。

创的，但首先采用的是由当地学区改建并由当地学区经营的学校，初创学校则是后来出现的。芝加哥的特许学校也不是由学区直接管理，但其必须由当地教育当局主办；它们对芝加哥教育委员会和州政府负责。加州的法律有一个极为不同且异乎寻常的结构：特许许可的申请必须先提交给学区，但如果遭拒，则可以提交给州教育委员会。当地学区对其批准的特许学校保留监督权，但对其拒绝、被州批准的特许学校则没有监督权。对于这些特许学校而言，州是监管主体。（截至2002年，在旧金山运营的11所特许学校中，有9所系由旧金山市批准。）

一些州根本不愿意批准特许学校。华盛顿州选民在1996年和2000年拒绝了批准特许学校的全州性倡议，1998年、1999年、2000年和2003年的立法提案也没有通过。直到2004年，立法机关才批准采用特许学校，即使是基于实验性的。这项立法要求在全州范围内进行全民投票方可生效，然而全民投票迄今没有通过。

即使在它们已经被接受的地方，特许学校也是有争议的。一些争议涉及学校财务。根据马萨诸塞州法律，离开公立学校去特许学校的学生，要承担该学区花在其每名学生身上的平均费用。州将这项资金直拨给特许学校，并从州对学区的资助中扣除。批评者认为，这种使用每个学生的平均费用的做法没有考虑到学生之间的差异。这个数字包括了学生在昂贵的特殊教育、英语学习以及类似课程上支出的费用。然而，特许学校招收的学生只需接受正规教育，而且每个人的花费都比公立学校学生高，在数量上不成比例。丹佛的运作模式则完全不同。虽然波士顿的特许学校在每个学生身上获得的教育费用高于波士顿在标准公立学校教育方面的支出，但是科罗拉多州法律将特许学校在每个学生身上获得的教育费用限制在公立学校每个学生花费的80%。（科罗拉多州的特许学校可以通过一项倡议直接从选民那里寻求增加预算。）丹佛比波士顿更能接受特许学校。特许学校现在承担着丹佛3%的学龄儿童的教育。

关于特许学校的这一点是没有争议的：它们的需求量很大。在波士顿，2006—2007学年的等待入学名单（6500人）超过了入学人数（5200人）。然而，要想增加特许学校的数量，就需要更多的州立法和批准，而这个过程必然会引起持续的政治上的反对意见。

3. 郊区学校

私立学校和特许学校通过提供不同于公立学校的课程，提供了城市公立学校的替代方案。郊区的学校系统则为同一个想法提供了另一个版本。父母搬出中心城市，让孩子在另一个学区的公立学校登记入学。家庭选择不迁入城市，要么是出于对城市学校的担心，要么是考虑到郊区公立学校的优势。为了改变郊区学校当前对中心城市公立学校的影响，必须从根本上改变中心城市与大都市区之间的总体关系。划分同一地区内城市边界的法律定义，对于确定中心城市与郊区划分的意义至关重要，不仅就学校而言，对于所有城市服务而言也是如此。此外，影响一个家庭决定在大都市区内何处居住的因素，远不止公立学校的质量这一项。我们将在最后一章探讨这些更广泛的区域性问题。现在，重要的是简洁明了地指出，组织大都市区是州法律的职责范围，因此，州法必须进行改革以便重组大都市区。

很难夸大郊区公立学校对中心城市公立学校系统的影响。认识到其重要性的方法之一是研究中心城市学龄儿童数量的下降。在波士顿，自1960年代以来，学校人口下降了35%，这个数字使生活在波士顿上私立学校或特许学校的儿童人数相形见绌。在旧金山，公立学校的入学率是1960年代的60%。2004年，亚特兰大公立学校的学生比10年前少了近1万人，并且不到1969年学生数量的一半。西雅图公立学校的入学人数在1962年达到99326人的高峰，但在20世纪末骤降到4.74万人。2002年，芝加哥的公立学校系统拥有约44万名学生，低于1969年的580292名。这些下降明显大于任何城市的人口流失；在一些城市，总人口是增加的。

有两个城市的公立学校的入学率是上升的，即便只是略有上升。2002年，纽约市公立学校的学生人数比10年前增加了10万人左右。这一增长使入学率几乎达到了1970年代初入学率开始急剧下降前的水平。这一增长的很大一部分是由于移民儿童的涌入，减缓了郊区化的影响。在丹佛，2003年公立学校的入学人数比前10年增加了大约1万人。另一方面，丹佛的公立学校只有40年前75%的学生。即使在纽约和丹佛的大都市区，郊区学校依然是中心城市公立学校系统的主要替代方案。

波士顿一直致力于弥合郊区学校和城市学校之间的鸿沟，其中一个突出的创新是其“大都会教育机会计划委员会”。该计划使波士顿的家长能够进入郊区学校，参与这个计划的郊区也能从学校的多样性中受益。该计划最初并不是作为波士顿公立学校系统的永久性替代方案。非裔美国社会活动人士在1960年代中期建立了这个组织，当时波士顿还没有完全废除种族隔离，作为一个“临时项目”，大约有200名学生参加。经过近40年的发展，该项目仍在运作。现在，每天早上大约有3000名学生搭乘公共汽车穿越城市去郊区学校。这与留在波士顿就读于非教区私立学校的学生人数相当。自从该项目作为民权运动的一部分建立以来，它在很大程度上是为非裔美国学生服务的。（该项目现在也为一小部分西班牙裔和亚裔学生提供服务。）等待入学的学生超过1.5万名。鉴于公立学校入学人数约为6万人，这一需求就显得非同寻常。有些父母在孩子出生几周后就把他们列入了等待入学名单。批评人士认为，该项目抽走了优秀的学生，如果他们继续留在公立学校系统中，将会使公立学校系统受益。甚至还有人曾努力彻底废除这个项目。但是，参与该项目的家长有可能迁出波士顿这一点减缓了废除项目的努力。

全国只有少数其他几个城市有类似于大都会教育机会计划委员会的项目。我们考察过的城市中没有别的城市有此项目。也没有任何一个城市存在其他跨地区解决方案：一个合并了中心城市和郊区学校的综合学区。相反，大多数尝试公立学校选择计划的城市都将自己限制在区内替代方案上。

这并不奇怪。大多数州目前的法律结构只允许城市在郊区同意或者州直接干预的情况下实施跨区替代方案。即使在马萨诸塞州，尽管得到了支持，但是自 1978 年以来大都会教育机会计划委员会并没有扩大到新的郊区，也没有扩大到现有的郊区学校内。因此，等候入学的名单依然很长。

三 公立学校的教育改革

就算城市受制于我们所描述的州设置的限制，但它们仍能而且确实影响到了为学生提供的教育质量。城市尝试改善公共教育的方式有很多种。我们在这里考虑六个可能的策略：充实公立学校；修改教学体系；组织社区支持教育；为不同类型的学生创造不同的教育水平；扩大学区内的学校选择；转变就读于公立学校的学生群体。这些策略相互重叠；其中许多，也许所有的，都可以同时进行。但是，城市实施这六项策略的能力相差很大。详细的州授权和地方自由裁量权的复杂结合，决定了城市改革学校的方式。

1. 充实公立学校

自 1996 年以来，波士顿通过了两项旨在提升公立学校系统的改革计划。其努力包括建造新的校舍、购买电脑、保住全日制幼儿园以及拓展下午 2 点到 6 点的课外活动。这类事务比其他策略更依赖于波士顿的创收能力，但它也有其他的复杂性。我们这里只考虑一个例子：缩小班级规模。

缩小班级规模的代价很大：需要雇用更多的教师，并为他们提供足够的教室和教材。《马萨诸塞州教育改革法案》提供了可用于削减班级规模的资金，但该法案并不要求将这些资金用于这一目的。其他州则投入资金扶持小班教学。然而，减小班级规模比单纯地花更多的钱要复杂得多。考虑一下师生比例和班级规模之间的关系。我们可以用学生人数除以教师人数来计算师生比例。波士顿的师生比例相当低：13 名学生才 1 名教师。旧金山是 17 比 1。班级大小又是一个不同的数字。波士顿的平均班级人数从 22 人（K—2 年级）到 31 人（9—12 年级）不等。尽管旧金山的师生比例较高，但其平均班级人数与波士顿的大致相同。亚特兰大的师生比例接近波士顿，但其平均班级人数明显偏低，只有 20，甚至不足 20。

如何解释波士顿在拥有低师生比例的同时又有着（相对）高班级规模呢？一个主要原因是波士顿有相当数量的教师受雇于特殊教育和双语教育。[①] 波士顿学校 70%的学生被归为需要“常规”教育，但只有约 50%的教师负责这些儿童。其余教师则专注于特殊教育或协助英语水平有限的学生。其他城市也有存在特殊需求的学生。但是波士顿将更多的学生，大约四分之一，认定为需要接受特

① Karen Hawley Miles, *Rethinking School Spending: A Case Study of Boston* (Cambridge: Harvard Graduate School of Education, National Center for Educational Leadership, 1993).

殊教育者。提供特殊教育是州的一项任务，而州资金却没有覆盖所需的支出。因此，班级规模不仅取决于学校系统的整体资源，还取决于这些资源该被如何分配。波士顿将资源从特殊教育转移到常规教育的能力，受到其有限的地方自治权的制约。因此，它决定如何教育英语水平有限的学生的能力。2002 年 11 月，马萨诸塞州选民通过了一项倡议，取消了对英语水平有限的人进行的双语教育，取而代之的是英语浸入式教育。普通教育——不仅仅是英语学习者——的班级规模，将受到这项全州范围实施的政策的影响。

2. 修改教学体系

自 1994 年以来，波士顿已经建立了 19 所 K—12 年级的试点学校，收了大约有 5700 名学生（应当指出的是，这个数字多过了特许学校、非教区私立学校或大都会教育机会计划委员会所招收的学生。）。与特许学校不同，这些试点学校不是州立法的产物，是这座城市自己创造了它们，作为创新的典范。它们在预算、人员配备、管理、日程和课程设置方面拥有相当大的自主权。这种自由来自波士顿学校委员会的规则和工会合同的要求，而非来自州法律。尽管试点学校以公立学校学生人均预算水平运营，但它们规模很小（不到 500 人），班级规模也较小，需要更多的学时，并将更多的时间用于合作计划和改进教学。它们的种族和民族构成比私立学校和特许学校更接近公立学校。就特殊教育学生而言，他们整体上也像公立学校系统一样，尽管其学生的贫困程度低于整个系统。[1] 研究表明，个性化的学习环境、更大的灵活性以及教师在试点学校中的合作对他们学生的教育已经有了很大的影响。

波士顿的试点学校是一种全国性趋势的一部分，这种趋势是在大型的城市学校系统中发展出规模越来越小、越来越自治的学校。纽约和芝加哥在地方一级也有类似的项目。到 1997 年，纽约市共有 150 多所小型学校，计划再增加 52 所，资金来自比尔和梅琳达·盖茨基金会提供的近 6000 万美元资助。芝加哥有 24 所这样的学校，是在 1995 年《芝加哥学校改革法案》增加了市长对学业表现的控制权之后创建的。旧金山和亚特兰大也开始推行小型学校改革。正如纽约和芝加哥的努力以及波士顿的试点学校计划所证明的，赋予城市对其学校系统的权力，可以实现创新和有效的学校改革，即使收入限制始终是一个制约因素。

3. 组织社区

波士顿执行能力的另一个因素是家长和整个社区参与学校的运作和对学校的支持，这一因素对学校财务影响有限。人们已经普遍认识到，一个成功的教育体系不能仅仅依靠学校。学生的家庭和同伴的态度与努力，甚至在孩子还没达到上学的年龄之前，就已经对

---

[1] Rosanne Tung, Monique Ouimette, and Jay Feldman, Center for Collaborative Education, *How Are Boston Pilot School Students Faring? Student Demographics, Engagement, and Performance 1998—2003* (March 2004).

学习和成就的前景产生了重要的影响。一些学者认为，社区参与是改善城市教育的一个同等重要的因素。[①] 波士顿在这方面的努力似乎落后于我们的一些比对城市，尽管它似乎有权采用其他那些城市所采用的至少一部分创新。

芝加哥在创建社区组织机构方面走得最远。1988 年，州通过立法为芝加哥所有 560 所中小学设立了地方学校委员会。这些组织被赋予制定“学校改进计划”的职责，这是一项旨在提高学校教育质量的三年计划。丹佛也制定了以学校为本的决策以及家长—社区共同参与的地区性政策。关键的创新在于为该地区每所学校建立了协同决策小组。这些小组包括校长、4 名教师、1 名分类雇员(classified employee)、4 名家长以及 1 名商界代表。他们为自己的学校制订改进计划，除了其他事务之外，还有权安排教师的时间、确定学校预算以及选取新教师。在西雅图，一个新的地区督学在 1995 年将运营权下放，个别学校获得了约一半的地区开支的控制权。而另一方面，纽约的做法则刚好相反。它把加强市长的控制和督学的权力作为一剂解药，用以解决 1960 年代末纽约采取的分权治理结构所造成的问题。1996 年，纽约市的权力下放运动实际上结束了。

正如这些城市的经验所表明的，公立学校系统内的权力下放是有争议的。在波士顿，公立学校系统的人口结构和整个城市的人口

① Clarence Stone, *Building Civic Capacity: The Politics of Reforming Urban Schools* (Lawrence: University Press of Kansas, 2001).

结构之间的差异使这种努力复杂化了。就我们的目的而言，重要的是提一下，波士顿有能力增加社区对教育决策的参与，使其发挥更大的作用。

4. 创造不同层次的教育

在学校系统内把不同类型的学生分开，这么做的优点和缺点引起了广泛的争论。建立独立的系统与提高学校整体质量的努力之间有着相当紧张的关系。教育工作者倾向于考虑学区的整体改善，以使家长和学生相信公立学校可以与其他可行的替代方案相媲美。这就是迄今为止所考虑的改革努力背后的理念：充实学校、修改教学方法和组织社区。然而，家长们面对公立学校系统是有备选方案的，而且他们通常主要关心的是如何使自己孩子的利益最大化。在一个差异化销售和学生能力存在显著差异的世界里，磁石学校[①]和按能力分班教学（tracking）可能是让一些家庭留在中心城区公立学校的主要方式之一。

像许多其他大都市学校系统一样，波士顿选择维持一系列的教育层级，为不同能力水平的学生提供不同的教育机会。波士顿有 3 所精英公立学校以及一系列正式的和非正式的内部按能力分班教学

① 即 magnet school，这是美国一种学校类型，可以称得上是特色学校，是大城市中提供额外课程招收其他地区学生的一种颇有吸引力的学校，除了教学生读、写、算等基本技能外，还提供其他专业选择，如戏剧、音乐、计算机、科学等。——译注

系统，根据预计的学习能力对学童进行分类。考试学校（examination schools）要教5000多名学生，是波士顿最好的一批学校。这些学校证明波士顿完全有能力管理精英学校。旧金山的洛厄尔高中和纽约的3所精英学校与波士顿的考试学校不相上下。所有这些学校都有极具竞争力的招生政策。超过2.8万名学生参加了纽约3所学校的入学考试，尽管这给了人们一种颇有可能录取的感觉，但施托伊弗桑特高中[1]只有850个名额。

考试学校的种族构成各不相同。此外，它可能会受到美国最高法院2007年6月关于限制公立学校种族意识融合的裁决的影响。甚至在最高法院做出裁决之前，种族问题就很重要了。在波士顿，非西班牙裔白人和亚洲人在3所考试学校中的2所有着超乎比例的人数，而在第三所中，大约有50%的学生是非裔美国人。这些数字在一定程度上是1998年美国上诉法院做出的一项裁决的结果，该裁决宣布波士顿在其考试学校推动平权运动的努力，违反了《平等保护条款》。同样，旧金山的一项解决方案规定，洛厄尔高中的入学不再将种族因素考虑在内。学校委员会改变了招生标准，因此，70%的新生是通过考试选出来的，余下的30%根据艺术天赋、体育运动、推荐和家庭收入等指标来录取。芝加哥的精英磁石学校在挑选学生的时候已将种族问题考虑在内，尽管一个委员会已经探索了替代方案，比如经济状况和邮政编码。另一方面，纽约市施托伊弗

① 纽约顶尖的高中之一，非常难进。——译注

桑特高中没有种族偏好，也没有许多非裔美国人或西班牙裔学生。①

磁石学校并不是为不同群体的学生提供不同类型的教育的唯一方法。传统上，学校官员在公立学校学生的教育生涯早期就将他们分进了不同的教室，设置了不同课程，而这些教室和课程决定了他们的教育轨迹。在《教育改革法案》1993 年通过之前，这种按能力分班教学在波士顿更为突出和普遍。以前很难从一个班级转到另一个班级，按能力分班教学被批评为像种姓制度一样，在学生甫一入学时就决定了他们的命运。《教育改革法案》要求停止按能力将学生分入教学质量较低的、不那么严格的班级。州教育委员会的授权以及对于按能力分班教学的看法的改变，也使得波士顿公立学校系统变更了其按能力分班教学的做法。波士顿很快就取消了对需要"补习"的学生进行的分班，尽管优等生的分班被保留了下来以便在某种程度上稳固其考试学校的地位。

与此同时，学生也被按能力分到了处在另一个极端的特殊教育

① 关于波士顿学校的种族构成，参见 Chungmei Lei, *Racial Segregation and Educational Outcomes in Metropolitan Boston* (Cambridge: The Civil Rights Project, Harvard University, April 2004)。关于纽约的种族偏好，参见 Tamar Lewin, "Public Schools Confronting Issue of Racial Preferences," *New York Times*, November 29, 1998, sec. 1, at 11。关于芝加哥的种族偏好，参见 Ana Beatriz Cholo, "City's Selective Schools Urged to Be More Open; Consider Abilities as Well as Test Scores, Panel Recommends," *Chicago Tribune*, March 1, 2005, C-1。最高法院的裁决见 *Parents Involved in Community Schools v. Seattle School District*, 127 S. Ct. 2738(2007)。波士顿上诉法院的裁决见 *Wessman v. Gittens*, 160 F. 3d 790(1st Cir. 1998)。

领域。这些项目中的许多孩子需要特别的关注，并能因此受益。尽管如此，仍有大量有严重的学习困难的学童在一天中的部分时间里要跟其他同学分开，被安排学习不同的课程。在过度拥挤的教室里出现问题的孩子，有时会被安排到特殊教育课程中，因为常规教育的教师缺乏时间和资源专门给予他们所需要的关注。而且，正如我们所看到的那样，教师被聘来为少数特殊教育学生服务，而余下的少数教师要应付学校的其余所有学生。

正如刚才讨论的方案所表明的那样，关于创建精英学校、按能力分班教学和特殊教育的决定只在有限的程度上受控于当地的学校系统。州关于教育政策的决定，以及与之同样重要的有关有利于种族多样性的政策受制于宪法的司法裁决，限制了城市的自由裁量权。关于公立学校学生不同教育水平的可取之处和本质的激烈争论，也对学校系统产生了影响。然而，在州政策和司法裁决的范围内，学校委员会依然有空间就公立学校内部的差异作出决定。

5. 扩大学校选择

以社会经济进行的空间隔离往往是单个学区内各个学校构成的特征，因为学校的任务是根据学生在城市中的居住地点而定的。克服这种形式的阶级和种族隔离的方法之一，是允许学区内的学生选择不在其附近的学校。像许多城市一样，波士顿也为区域内学校的选择提供了一些机会，尽管数量有限。虽然波士顿每所学校的所有名额都曾经是为“步行到校”范围内的学生预留的，但这一比例已降至50%。这一改变经受住了《宪法》的攻击，因为有人认为，这一计划阻止了一些白人学生去他们步行可至的学校上学，它是出于种族歧视的原因而被通过的。纽约自1993年开始实行区内择校方案，优先考虑附近社区的儿童，只有在有多余名额的情况下才允许跨社区转学，而有名额的情况非常罕见。旧金山在2001年通过了一个五年计划，为学生建立了一个区内择校制度。学区在决定将学生安置在何处时，会考虑诸如父母偏好、孩子的兄弟姐妹在哪里上学、个别学生的特殊需求、孩子家附近的入学情况以及多样性等因素。西雅图当地的择校计划允许种族作为入学的一个因素，而这在2007年最高法院的裁决中被宣布为违宪。①

尽管受到限制，但区内选择方案的实施是地方自由裁量权范围内的事。然而，一个更基本的学校选择方案，即允许在中心城市和郊区学校之间甚至是私立学校之间进行跨区转移，却并不在城市的自由裁量权范围内。州法律决定了郊区是否可以拒绝中心城市学生入学。

6. 改造学生群体

七座城市的学区提出了一些现行政策尚未解决的基本问题。在私立学校、特许学校和郊区学校的吸引下，贫困家庭学生占绝大多数的公立学校系统能否在中产阶级学生中保持竞争力？有没有办法

---

① *Parents Involved in Community Schools v. Seattle School District*.

吸引那些现在就读于郊区学校、私立学校和特许学校的学生进入整个公立学校系统，而不仅是进入其中的精英学校？无论充实学校、课堂创新或者社区组织做到了何种程度，学生群体的性质与整个城市人口的性质之间的差异是不是一个障碍，会威胁城市公立教育系统的质量以及公众对这个系统的支持？

这类问题并不会常常列在学校委员会的议程上。学校委员会有义务教育它的学生群体，无论其构成是怎么样的。但城市本身所处的是另一个立场。它需要决定它的未来将在多大程度上确保中产阶级居民，包括有学龄儿童的中产阶级家庭，生活在这个城市。如果它以此为目标，就必须制定一项住房和发展政策，使它的选民们能够住在城里。它必须获得收入和支出才能达到同样的目的。当然，它还必须以上述方式来提高教育质量，以吸引居民不仅住在城市，而且把他们的孩子送到公立学校，而不是其他作为备选方案的学校。我们认为，这些政策措施中的每一种都受到州法律的约束，同时也在某种程度上需要州的许可。

第三部分　城市未来

第二部分探讨的详细制约因素是本书最后四章的背景：我们对于 21 世纪城市可选择的未来的探索。第二部分探讨的具体法律结构，比如地方自治、收入和支出、土地使用和开发以及教育，是城市可能希望寻求的所有可选方案的关键因素。我们接下来的探讨只限于我们已经介绍过的四种未来：全球城市、旅游城市、中产阶级城市和区域性城市。在以下各章中，我们不仅强调法规所施加的种种限制，而且强调对城市执行为实现这些目标而设计的政策的能力的一些额外限制。我们也强调城市现在可以做出的选择。但是这些选择往往会引起州的反应，有时候还会受到更多的限制。在这种结构/机构的动态中，美国城市的未来和它们将代表的新的城市时代正在形成。①

这四种未来对美国城市来说并不是可以平等获得的。对金融和城市权力的限制，使得美国主要中心城市很难支持中产阶级居民往往想要的服务。这种法律结构导致中心城市不再将提供服务作为其主要功能，而是集中精力成为城市经济发展的推动者。经济发展本身已经在很大程度上取决于对外来者的关注，所谓外来者，就是那

① See generally, Urban Age website: http://www.urban-age.net/.

些推动全球经济发展的投资者以及有兴趣来参观这座城市的非本市居民。这些目标分别是全球城市和旅游城市的基本特征。由于地方财政和城市权力的法律结构使得大城市追求这些选择要比追求其他替代方案更容易些，这会对城市的未来产生影响，无论城市居民和城市官员是否认为它会推动城市朝着正确的方向发展。因此，研究管辖城市决策的法律结构的核心在于它是如何影响地方民主在美国生活中的地位的。

现有的法律结构也对中心城市所处的大都市区类型产生了重大影响。长期以来，提供服务的功能一直是美国郊区化的卖点，其中最重要的是教育。如果这个地区被分割成多个互不关联的城市，那么从中心城市迁移到郊区或者从一个郊区迁移到另一个郊区就能改变一个人的生活，这是效果最好的一种推销策略。在 20 世纪中期，这种为居民提供服务的愿景催生了去郊区居住的渴望，把商业开发的任务留给了中心城市。然而，自 1970 年代以来，中心城市与其郊区之间的这种居住/商业的区别实际上已经消失了。商业开发已经对郊区和中心城市的未来至关重要，而中心城市则试图寻找新的途径来吸引更多的人居住在其范围内。州法律并没有跟上地方政府权力的这些区域影响。在第 10 章中，我们将探讨法律结构如何产生当前的大都市区组织，并提出如何改变这种组织的想法。

如果城市具有地方自治权，那么我们在下面几章中描述的州设法律结构将无关紧要。如果城市没有自己做出决定的空间，我们对当地选择的关注也将变得无关紧要。正因为城市既受到州法的制约，也受到其居民和潜在居民追求的焦点的约束，所以探索全球城市、旅游城市、中产阶级城市和区域城市之间的差异就显得尤为重要。很难看到目前的法律结构被设计得很完善，能促进或阻止城市生活的任何可能的未来。尽管法律制度对城市的选择有着显著的影响，使得某些未来比其他的更容易追求，但许多现行规则似乎不是基于城市在美国生活中的适当角色的构想。相反，无论是什么话题，它们中的许多似乎反映了州决策者对于地方决策的怀疑。相信自己的判断，不信任地方的判断，是太多州官员所作决策的共同特征。这种对于地方民主的怀疑并不是建设美国城市未来的良好基础。地方自治的早期支持者明白，地方政府的组织方式应该能促进那些让城市追求正确方向的实质性想法，同时，为它们提供通过自己的努力和创造力实现这些想法所需的灵活性。今天的城市表明缺乏这种理解。即使是现在看来已经实现的目标，如全球城市和旅游城市，也令人沮丧。这就是为什么我们得出这样的结论：这个国家的每个州都需要修改其地方政府结构，使之适应 21 世纪。

第七章
全球城市

在过去几十年里，越来越多的城市学者研究了约翰·弗里德曼在其开创性文章中所称的“世界城市假说”①。弗里德曼在提出他的假说时，驳斥了一种人们普遍认为的观点，即世界经济全球化的主要特征已经剥夺了城市的历史性经济优势，这些特征包括资本流动性大大提高、旅行时间大幅缩短、通信技术空前发展、国内和国际的大规模移民。相反，他认为，城市之所以变得更加重要了，是因为世界经济不断变化的性质要求将关键职能集中在特定城市，即使生产过程的其他方面是分散的。商业领袖将公司迁往世界城市，以确保毗邻其他公司总部或各种专业服务（如公关公司、法律事务所和金融机构），而这些服务已经成为有效参与全球市场所不可或缺

① John Friedmann, "The World Cities Hypothesis," in *World Cities in a World-System*, by Paul L. Knox and Peter J. Taylor (Cambridge: Cambridge University Press, 1995), 317.

的。无论是国内移民还是国际移民，无论是富人还是穷人，都搬到了同一个城市，以提供越来越集中的商业部门所需要的支持服务。简而言之，全球都有对特定地点的需求，这种需求将世界上的城市按照其与全球经济的关系划为不同等级。

何为世界城市是一个颇有争议的问题。在本章中，我们将集中讨论一个大家似乎都认可的因素：城市在国际金融中的角色。萨斯奇亚・萨森在其重要著作《全球城市》（*The Global City*）中，重点关注了这一因素。她说，

> 全球城市现在以四种新的方式运作：第一，作为世界经济组织的高度集中的指挥中心；第二，作为金融和专业服务公司的重要据点，它已经取代制造业成为主要的经济部门；第三，作为这些领先产业的生产地点，包括创新产品的生产；第四，作为产品和创新产品的市场。①

根据这一描述，世界上并非每个城市都能成为全球城市。在任何时候，只有少数几个主要城市符合上述描述，而这本著作中的一个主要话题就是哪些城市符合。② 真正的全球城市，尤其是伦敦、纽约

---

① Saskia Sassen, *The Global City*, 2nd ed. (Princeton: Princeton University Press, 2001), 3-4.

② 这种分层级的形象导致了对世界城市著作的批评，理由是它集中在一小撮富有的城市中心，而不是关注那些全球经济一体化伤及的或者那些坐落于变革过程边缘乡村的城市。Arthur S. Alderson & Jason Beckfield, "Power and Position in the World City System," *American Journal of Sociology* 109 (January 2004): 811; J. V. Beaverstock, R. G. Smith, and P. J. Taylor, "A Roster of World Cities," *Cities* 16(1999): 445.

和东京，在世界范围内扮演着国际经济参与者的角色。但其他城市至少也可以作为次要角色在这个等级名单上谋得一席之地。每个城市都可以寻求提升自己在竞争名单上的位置，以发挥更重要的作用。

全球城市的著作的关注点一直是全球私营企业的经济活动，而不是城市政府的作用。事实上，此类著作中提到的伦敦、纽约和东京，一般不是指城市本身，而是一个与任何地方政府的边界都不相邻的有形领土。在约翰·弗里德曼的定义中，“城市”这个词

> 具有经济上的定义。在这些术语中，城市是一个在给定位置或大都市区域的空间上整合起来的经济和社会系统。出于行政或政治目的，该区域或可分成若干小单元……构成该区域经济空间。[①]

鉴于这一定义，使用城市名称来指代比城市更大的领土，模糊了从经济角度定义的区域与单个城市之间的区别。此外，世界城市学者不仅不怎么关注城市政府的权力，而且还认为，正如他们所定义的那样，城市已经开始松动国家或亚国家层面的控制。据一位学者所言，全球化使得“更富有的‘世界城市’……在网络化的全球经济中能够像城邦一样运作，越来越独立于区域和国家调解的影响”。另一位学者认为，“随着城市在国际投资和贸易网络中的地位日益

① Friedmann, “World Cities Hypothesis,” 317.

突出，它们已经与当地（即区域或国家）政治地理环境越来越脱钩”[①]。虽然这些学者并不认为全球城市已经完全脱离了它们所在的国家，但他们确实声称，全球城市已经进入了一个新的历史阶段。它们的取向已经变得向外而不是向内。它们的联系已经是全球性的，而不限于其国内。而且，就全球城市而言，它们变得如此重要，以至于它们能够逆转权力流动的方向：一些城市可能开始左右国家的行为，而不是被国家左右。

我们采取了不同的立场。我们关注的重点是城市政府的政策：城市在促使自已成为一个全球城市时，哪些事能做，哪些事不能做。必须认识到，无论是弗里德曼还是萨森，都没有接受作为一个规范性目标的全球城市的构想。恰恰相反。弗里德曼认为，这种现象是晚期资本主义的矛盾之一，这种发展产生了各国无法承受的社会成本。萨森投入了大量的时间来关注追求成为一个全球城市的过程中所产生的空间上的不平等。尽管如此，世界各地的城市政府都把全球城市的概念作为追求的目标。本书第二部分所讨论的城市之一——纽约，已经被列为全球城市层级的榜首，其他大部分城市至少在同一个名单上。即使是没有被列入名单的城市，也常常追求这个想法的某种形式，比如成为区域金融中心。我们对追求全球城市的理想的两个方面特别感兴趣。一个是当前的城市权力组织帮助推

① Arjun Apadurai, “Deep Democracy: Urban Governmentality and the Horizon of Politics,” *Public Culture* 14(2002), 21, 24; Saskia Sassen, *Introduction to Global Networks: Linked Cities*, ed. Saskia Sassen (New York: Routledge, 2002).

动城市拥抱这种未来的方式，另一个是目前的结构通过限制实现该目标的各种方式来挫败它们对同一目标的追求。

一　实现全球城市目标

一个城市如果想提升自己在全球城市等级名单上的位置，可以采用多种选择。正如罗伯特·博雷加德（Robert Beauregard）令人信服地表明的那样，城市政策有助于确定什么是全球化。“所有的活动都在本地进行，”博雷加德写道，“只有通过整合众多的本地参与者和活动全球性才能形成。”① 这些本地参与者和活动的基本目标在于使该市成为国际金融机构、创新企业家和相关服务（律师事务所、会计师事务所、咨询事务所）选址的理想场所。除了与可能搬到城里的商界领袖会面之外，市政官员还可能采取各种政策，努力使城市更具吸引力。确保国际交通的便捷是任务之一，包括一个与全世界和中心城市往来便利的主要机场，以及尽可能提供良好服务的港口设施。另一个任务是为从事金融及相关活动的人提供适当的办公和生活环境：高层办公楼、后台办公地点和住宅区。先进的通讯基础设施、快速的许可和建设审批、低税收的环境，这些也都经常在列表上。那些被理查德·弗罗里达的想法所吸引的人，可能会

---

① Robert Beauregard, “Theorizing the Global-Local Connection,” in Knox and Taylor, World Cities in a World-System.

提议增加一些文化设施和社区；那些更关心后勤服务人士的人可能会强调公立学校的质量和保障性住房的可用性。这个列表还可以继续加长，特别是如果“世界级”这个形容词可以应用于尽可能多的因素。正如我们将会看到的，城市在实施这些想法的能力方面往往是受限的。但是，法律框架也有助于推动城市从两个方面接受此类议程：一是使替代方案变得困难，二是赋予城市相对容易地追求这份列表上的某些要素的权力。

1. 替代方案的问题

考虑一下一位市长面临的选择，他要在全球城市议程和两个备选方案（中产阶级城市或者区域城市）之间作出决定。由于我们对中产阶级城市的详细考察延后到了第九章，所以在此仅讨论德罗姆-梅杰研究所（Drum Major Institute）① 的一份报告，该报告提供了一个可能实现这个目标的议程示例。② 德罗姆-梅杰研究所是一个致力于使纽约市更适合中产阶级居住的智库，其要求 100 名地方领导人确定该市应采取何种政策来应对日益严重的经济两极分化。已确定的政策包括：采取更为累进的地方所得税；强制实行包容性分区；由城市提供市立全日制公立学前班；提供扩大的地方公共卫生

---

① 美国一个非营利性的公共政策研究所、社区行动组织。成立于 1961 年，总部设在纽约。其使命在于“通过宣传、赋权和教育来消除贫穷、种族主义、军国主义/暴力”。——译注

② Drum Major Institute for Public Policy, “Saving Our Middle Class” (April 2007), www.drummajorinstitute.org/.

保健；强制要求城市里的大型企业为员工提供医疗保健服务；采取最低生活工资措施；以及免除纽约城市大学对城市居民的学费。

这些想法依赖于三种城市行为：税收、监管和服务提供。州法限制了市政府采用所有这三种方法的能力。即使是那些不需要州对于税收进行明确授权的州，比如马萨诸塞州，也对地方征税权施加了限制。即使是那些在城市能够对私营部门进行监管（通过将“私法”或“民法”从地方自治权中排除的方式）之前不需要州立法授权的州，像马萨诸塞州，也限制了城市对于私营企业的监管。而且服务交付成本在任何地方都很昂贵很困难，所要求的资源和组织灵活性，城市往往缺乏。即使是一个有能力采用其中一种或多种技术的城市，也必须认识到，它不仅与全国各地的城市竞争，而且与它所在大都市区的其他城市竞争。提高税收以支持服务业和规范私营企业，可以鼓励对该地区有兴趣的企业落户郊区，而不是在中心城市。当然，从全球城市文献的角度来看，无论其最终的位置是在城市的地理边界之内还是之外，都不会影响“城市”的全球地位。但这对城市政府来说肯定是有影响的。搬到新泽西州并不能帮助纽约市增加税收来支持城市服务。因此，考虑到目前的城市间竞争以及大都市组织结构，城市官员很容易认为，采用中产阶级城市进程并不符合他们的利益。

全球城市议程提供了一个更有吸引力的选择。它的目标是吸引商业，而不是向其强加成本。实施这一议程需要提供激励措施，包括减税和基础设施建设，而不是征收更高的税或要求商业让步。而且不需要城市提供医疗保健或学前班教育服务。事实上，一个追求全球议程的城市可能会阻止使用这些公共服务的居民居住在城市里。除了激励机制更有帮助之外，与征税、监管和提供服务的能力相比，城市政府对经济发展拥有相对重要的权力。即使城市无权提高税收以支持公共服务或使其更加进步，也往往有权通过税收优惠来吸引企业。它们有更多的权力提供基础设施建设，而不是在接受公共政策条件的情况下要求城市批准分区或颁发许可证。考虑到州对城市借贷和可支配支出的限制，刺激私人投资比增加城市自身在城市服务方面的支出更为容易。正如我们所看到的，大多数城市都是在州规定的债务限额内运作，且不能借钱来支付运营费用。另一方面，基础设施的发展可以通过建立一个拥有自己债务限额的独立公共机构来筹集资金——这是州规定的城市债务限额的一项例外，这一限额刺激了在全国范围内此类建设机构的创建。此外，向私营企业提供减税或者补贴不会直接从城市预算中扣除任何费用，但为城市服务提供资金则会。可以肯定的是，这座城市的最终成本会变得一样。此外，这将促进城市的私有化。然而，考虑到预算限制和对城市权力的限制，城市政府越来越重视促进私营经济发展而非改善公共服务，这就不足为奇了。

城市拥有更多的合法权力来吸引企业而不是监管企业，原因之一在于相比向企业强加成本，司法界对向企业提供税收减免的态度截然不同。例如，在马雷迪诉温斯顿-塞勒姆市一案（Maready v. City of Winston-Salem）中，北卡罗来纳州最高法院支持州立法，授权地方政府向私营企业发放经济发展奖励金，以应对该立法违反州宪法规定的资金支出必须“仅用于公共目的”的质疑，该法院之前曾将此短语解释为禁止向个人或公司提供赠款。尽管担心这些奖励金会造成不公平，使政府偏袒一些私营企业而忽视了其他企业，尽管有人持反对意见，认为这一政策实际上并没有带来显著的就业增长或税基增加，但法院坚持维护这项立法，认为它是出于公共目的。法院注意到几乎全国所有其他的州都允许这类奖励金，因此表示担心，如果这项计划中断，北卡罗来纳州将遭受经济损失。“这种可能会流向其他州的推动经济发展的潜在动力，”法院总结，“……是符合公共利益的。”①

司法界对于将成本强加给私人商业活动的态度则相对不那么慷慨。我们已经注意到，当一些城市在考虑包容性分区条例或旨在确保保障性住房的租金管制时面临的障碍。我们还注意到，将成本强加给企业的努力有时是如何被视为未经授权的征税形式，而不是一种特殊评估方式。在第 9 章中，我们将讨论当城市考虑诸如生活工资条例之类的措施时遇到的类似问题。还有一个限制值得在此一提：对征用权的使用的限制。虽然美国最高法院最近维持了新伦敦金融城的宪法权力，把征收私有财产作为其经济发展计划之一部分，但全国各地的反应都相当消极。许多州颁布了法律，限制城市基于经济发展的目的征用物业的能力，除非该物业不合标准或者遭

① Maready v. City of Winston-Salem, 467 S. E. 2d 615(1996).

到破坏。结果既赋予了城市追求经济发展的权力，又限制了城市的权力：这取决于被征收的物业。这种结构本身有助于城市追求全球城市的目标：它可以为城市因为出新而对市中心附近贫困的，即“不合要求”的社区进行的征收（从而允许中产阶级建筑和高层建筑的开发）唱赞歌，同时保护位于城市其他区域的富裕社区。当然，如果直接拨款、税收优惠或基础设施建设是正在使用的开发工具，那么即使是这些限制也无关紧要。[①]

中产阶级城市议程难以推行的一个方面在于中心城市担心自己会失去对郊区的投资机会。理解这种恐惧的另一种方法是将全球城市与区域城市而不是与中产阶级城市进行比较。地方政府法律使得制定区域经济发展政策变得困难。州法律通常会限制所许可的地区间协议的种类，同样重要的是，州法律没有对城市和郊区予以激励，无论是财政上的还是额外的地方权力的授予，以寻求解决大都市问题的区域性方案。实际上，是地方政府法律的结构本身使得区域合作缺乏吸引力。该地区的每个城市都需要自行筹集资金来提供自己的服务，这种结构甚至导致城市官员试图不惜牺牲邻近地区的利益来为自己吸引投资。与此同时，对地方权力的限制（这种限制适用于郊区和中心城市）使地方官员担心，任何区域性努力都会进一步限制他们为选民提供公共服务的能力。一种不同的法律结构，即一种与他者合作行使权力时会增加地方权力的法律结构，将改变大都市

① Kelo v. City of New London, 546 U.S. 807(2005); for an analysis of post-Kelo legislation, see www.american.com/archive/2007/june-0607/life-after-kelo.

地区经济发展的竞争方式。当前的城市间竞争形式没有必然性，这使得全球城市议程的本地化追求具有吸引力，而中产阶级城市似乎削弱了城市的竞争地位。州建立的区域结构本身就是州法律的产物。

2. 赋予全球城市议程权力

目前的法律结构不仅仅阻止了全球城市议程的替代方案。它还使城市有能力去接受它。通过将重点放在城市对金融和土地使用的权力上，可以很容易看出这一点。州对波士顿征收物业税的限制，使得这座城市依赖于增加物业价值来创收。全球城市议程是实施这一战略的主要工具。当然，州规定所导致的对物业税的依赖并不是实现全球城市议程的唯一途径。所得税或开业税在我们调查的除波士顿以外的所有城市都有州法律的授权，这两种税可以产生同样的效果。波士顿的航空燃油税、旧金山的营业执照税和丹佛的电信税等特定针对性的税收也可以。旧金山从开发中收取费用的方式与此相同。一旦州法律使得城市依赖于增加自己的收入，而且如果来自商业和其他企业的收入是其主要收入来源（在大城市确实如此），那么城市就不得不从这些来源中寻求收入。

因此，2006 年春天波士顿市长托马斯·梅尼诺宣布了一项计划，打算重新开发位于城市金融区核心地段的一个市属地块，便不足为奇了。他要求私人开发商为 1000 英尺高的办公大楼提交“世界一流”的设计，此大楼是“该市迄今最高的建筑物”。市长显然希望该项目能促进当地的经济发展，但他还想“向世界发表声明显示波士顿的突出地位”，以便该市可以继续“引领全球资本之路”。[①]没有人会说导致波士顿或其他城市采取这一战略的唯一因素是地方政府结构。保罗·彼得森和克拉伦斯·斯通的研究对于成为全球城市的愿望的产生提出了更多的理解方式。其他人则强调政府在国家层面上的角色转变，其中最重要的是福利国家的衰落。[②] 此外，经济发展还有其他定义，也可以依靠这些定义从可用资源中获取收入。这里的观点是更有局限性的：州创建的地方政府财政结构使得资源增长与全球城市议程相互一致。全球城市的发展路线在世界各地都很流行，并且美国的城市也很容易将其视为一种明显的发展经济的方式。

州批准的成为全球城市的财政激励措施并不总是那么简单。思考一下州法律向大学和医院提供的物业税豁免。我们已经看到了这种豁免是如何限制城市的资源的。但这也有助于促进全球城市的未来。尽管知识型产业未必一定与金融服务业或市中心商业区相关，但它们在促进城市与全球经济的关系方面扮演着两个关键角色。它们提供了一批训练有素的潜在员工，这些人随时可供招募。公司通常会认为，受过高等教育的劳动力在制定区位政策方面比州和地方

① Boston Redevelopment Authority, press release, “Seeking World Class Architecture for New Downtown Building, City Releases 115 Winthrop Square RFP,” (May 30, 2006), www.cityofboston.gov/bra/press/Press Display.asp?press ID=312.

② Peter Marcuse and Ronald van Kemper, *Globalizing Cities: A New Spatial Order?* (Oxford: Blackwell, 2000).

税收结构更为重要。大学和医院也从事研究和开发创新，可以用于当地的产业。许多学者都在讨论集中学术知识，尤其是科学知识，对于创新型商业活动的产生所具有的重要性。① 因此，州免税决定的作用远不止促进教育和医疗，其本身就是可取的目标；此外它们还会激励一种特殊的商业活动。

城市在土地使用方面的权力是朝着同一个方向发展的。事实上，土地使用决策和地方政府财政结构之间有着千丝万缕的联系。当城市行使土地使用权时，一个重点是促进私人投资，其原因之一在于对于城市收入的需要。城市追求这一议程一种方式是颁发高层建筑许可；另一种是提供基础设施改进和税收优惠。城市通常都有权自行进行这两项工作，尽管第二种选择因其财政影响而受到了更大的限制。波士顿的法律结构通过州设计的分区管理机构的成员资格以及波士顿重建局的规划与开发机构的组合，促进了该市吸引国际投资的能力。此外，波士顿的分区管理机构使得该市能够为私人投资提供激励措施，而州对附加税的限制则为投资者提供了保护，使其在未来几年免遭增税之害。

其他城市则以另外的方式热衷于全球城市项目。有些是通过制

---

① Susan Clarke and Gary Gaile, "Local Politics in a Global Era: Thinking Locally, Acting Globally," in Globalization and the Changing U.S. City, Annals of the American Academy of Political and Social Science 551(1997):28; David Audretsch, "The Innovative Advantage of U.S. Cities," in Innovation and Competitive Cities in the Global Economy, by James Simmie (Oxford: Brookes University, School of Planning, 2001), 72-78.

订全面的分区改革来实现的。亚特兰大最近修订了其土地使用条例，以取消对指定的中城商业区建筑物的高度限制。这项变更，连同对分区条例的其他修订，其明确目的是为了使中心城市对高价值的商业和住宅开发更具吸引力。2006 年 4 月，西雅图同样提高了市区某些地段摩天大厦的高度限制。如果西雅图采取相反的做法，即试图对建筑物的高度施加更大的限制，那它将不得不面对该州非同寻常的既得利益保护原则，就像马萨诸塞州所做的那样，而这可能会使降低区划密度变得困难。然而，由于西雅图正在修改其分区法规，以促进更密集的土地使用开发，因此它没有遇到类似的州法律障碍。[①]

其他州则通过比波士顿更广泛地使用增税融资来促进经济投资。旧金山依靠增税融资来改造了一个被称为“中国盆地”的老工业区，而这些努力反过来又使得这座城市吸引了旧金山大学的到来。虽然批评者嘲笑重新开发项目是对私人开发商的赠予，但该市的投资使得州政府选择这一地点作为加州新干细胞研究所的所在地。[②] 正如这个例子所示，吸引经济发展的努力可以同时专注于国

① Code of Ordinances, City of Atlanta, Georgia, Sec. 16－18P. 028; David Pendered, "City Pushing New Zoning: Everything in Walking Distance," Atlanta Journal-Constitution, February 25, 2002, 1-B; City of Seattle Legislation, Ordinance Number 122054.

② Savannah Blackwell, "The Real Welfare Problem in San Francisco: Giving Away the Store," San Francisco Bay Guardian, June 23, 2004, at www. sfbg. com (last visited, May 17, 2005). The Boston Redevelopment Authority has itself recently made a point of courting the life sciences industry; www. lifetechboston. com.

内和国外投资者身上；地方政府法律在赋予城市参与经济发展工作的权力时，并不对这二者进行区分。此外，在旧金山和其他地方，城市自身的土地使用权并不是推动其成为全球城市的唯一因素。州在城市内部的发展政策指向同一个方向。帝国开发公司在纽约的作用，就像收费公路管理局在波士顿以及类似机构在其他某个地方的作用一样，一直是这种投资的主要动力。州立项目不仅会直接影响城市的发展，还会通过改变城市本身的性质来影响城市的发展。当它们的建立起来时，其他类似性质的项目也可以更容易地建立起来。

追求全球城市议程会增加州和城市的收入，这一事实使得州不太可能会抑制城市促进全球投资的行为。马萨诸塞州的地方自治权受到了非同寻常的限制，但是这些限制涉及地方政府的组织（选举）、市财政（税收、债券）和法规（私法和民法），而不是对国际投资的刺激。城市从事国际业务，期望自己有权这样做，并且希望州鼓励进行此类冒险。在我们所调查的七座城市中，纽约、芝加哥、西雅图和亚特兰大这四个分别成立了专门致力于国际关系的市办事处。这些办事处的职能之一便是将当地业务与世界其他地方的相应业务联系起来，以促进国际贸易并交流关于最佳做法的信息。圣安东尼奥市有 14 个人全职从事贸易关系事务，尤其关注墨西哥境内的企业。堪萨斯城则已经走得更远：它已经和墨西哥的曼萨尼约港签订了一项协议，试图把曼萨尼约的港口与堪萨斯城的大型铁路设施（全国最大的吨位）联系起来。通过这种方式，该市希望即使像堪萨斯城这样的内陆城市也可以享受到拥有国际港口的优势（对于曼萨尼约来说，即使是一个港口也可以拥有更大的运输网络[1]）。

这些努力仍然受到州的监督甚至禁止。国际贸易活动也定期在全州范围内进行。马萨诸塞州国际贸易和投资办公室根据法律授权可以在外国设立办事处，并向寻求在该州设立办事处的外国公司提供技术援助；其着眼点是整个州，而不是波士顿。同样，国王县商业关系和经济发展办公室为西雅图市所在的县开展了一项出口促进计划；该计划也将重点放在一个更大的区域。为了刺激其他地方的发展，州可能想要限制中心城市的努力。但是也有可能将地方、地区和州的努力看成是彼此一致的，以各自的方式共同追求全球城市的目标。另一方面，一个城市限制而不是增加国际贸易和投资的权力也受到了相当大的制约。在克罗斯比诉全美对外贸易委员会(Crosby v. National Foreign Trade)[2] 一案中，美国最高法院认为，马萨诸塞州禁止州实体从缅甸购买商品的行为因违背一项联邦法规而无效。禁止该市与特定国家（更不用说那些受其管辖的企业）进行贸易的地方举措，不会有更好的结果。它们甚至可能被州法律禁止。因此，根据全球城市议程，城市在国际层面上促进贸易比终止

① For an analysis of city international relations efforts, see Sydney Leavens, "When Cities Take Up Diplomacy: The Function of Municipal International Relations Departments in Five U. S. Cities" (unpublished manuscript 2007).

② 530 U. S. 363(2000).

贸易更容易。

二　抑制全球城市计划

然而，如果得出如下结论，即各州决定放手让其所辖城市用自己的能量和创造力以新颖而有效的方式去追求全球城市的理想，那将是错误的。除了鼓励，州还对城市实施全球城市议程的能力设置了各种各样的限制。

目前的大都市组织形式本身往往会破坏一个城市对这种议程的追求。当市政府官员到世界各地寻求经济发展的机会时，即便业务到了，他们也无法决定把它放在该地区的什么位置。这座城市可能会提醒投资者注意该地区的优势，却会失去这些投资，看着它们流入郊区。即使公司的新办公室位于城市中心，郊区也可能会获得益处，因为搬到该地区的员工可以在郊区居住和通勤。因此，从全球城市文献的经济优越性角度来看，将全球城市议程视为区域性议程是正确的。但是地方政府法规如今无视这种区域性影响，组织地方权力和财政使该地区的其他区域能够从中心城市的发展努力中获益，却不分享它们所获得的益处。虽然这个结果可能会鼓励中心城市追求成为区域性城市，但其这样做的能力受到了州法律的限制。因此，该市很可能把吸引全球业务的溢出效应简单地视为不可避免的成本。

其他的限制包括与州授予的财政和土地使用权有关的一些权力。州对这些权力施加的限制可以直接内置于所授予的权力中，以此来抑制全球城市的努力。例如，州政府决定免除医院和大学的地方物业税，甚至会让一个被全球城市愿景所吸引的城市也担心扩大这些机构的提议。它们扩张得越大，脱离税簿的土地就会越多。州的限制还可以采取潜在的州干预和优先性立法的形式。与其说我们是在强调这些现在已经熟悉的制约因素，还不如说是在集中讨论州对一个城市追求全球城市的目标所施加的另外三种限制：它涉及交通运输，宽带服务的提供，以及严重的不平等现象对城市生活的影响，这是全球城市现象不可或缺的一部分。

1. 交通运输

人们普遍认为，便利与外部世界的联系的交通网是成为全球城市的重要组成部分。确实，衡量一个城市在全球城市等级体系中地位的方法之一是通过它与全球航空网的联系程度。① 但是，机场的质量只是成功的一半：国际间的交通只不过相当于在机场和商业中心之间往返的便捷程度。对于那些渴望增强自己作为全球城市的地位或者变成全球城市的城市而言，这一优先考虑并未丢弃。世界各地（北京、伦敦、大阪）都在进行大型机场建设，全球城市或者潜在的全球城市已经拥有（如伦敦、巴黎）或者正在建设（如约翰内

① David Keeling, "Transport and the World City Paradigm," in Knox and Taylor, World Cities in a World-System.

斯堡）将机场与城市连接起来的快速列车。上海的磁悬浮列车是世界上最快的列车，它已经成为机场接驳领域中先进技术的象征。然而机场并不是唯一的重点。在许多地方，火车接驳也是一个优先事项。伦敦正在进行大规模建设以改善“欧洲之星”与欧洲大陆的连接，不仅提供更快的服务，而且为伦敦站新建了一个站点。另一个重点是港口：上海正在迁移其整个港口，以兴建世界上最大的深水集装箱港口，而欧洲最大的港口鹿特丹也在进行大规模建设。

美国的城市没有权力实施这种交通运输议程。其根本原因可以概括为一个词：碎片化。机场、地铁线路和港口的管理权在很多方面都是支离破碎的：所有三级政府（联邦、州、地方）都参与其中，许多公共机构、社区团体、交通规划机构和私营公司也在此列。当责任的某些方面被整合时，例如对港口和机场的责任，它们往往不是交到市政府手上，而是交给公共机构，比如马萨诸塞州港务局或者纽约和新泽西港务局。因此，这些机构的权力成为城市政府权力的竞争对手，而不是实现其成为全球城市愿景的机制。即使是这些公共机构——尽管它们很强大——也只控制了议程的一部分。私营部门，特别是航空公司，在机场航站楼的建设和改善方面有很大的发言权，并为之提供了大量的资金。此外，纽约约翰-肯尼迪机场和纽约市金融区之间的铁路接驳线由两家分担：一个是港务局的机场地铁快线（Airtrain），另一个是州管机构大都会运输署的两个部门——纽约交通局和长岛铁路——经营的列车服务。堪比这种分工的是波士顿的机场和地面交通，它们也由不同的公共当局负责。市政府既不负责机场，也不负责机场接驳，更不用说两者一把抓了。

《纽约时报》精彩地描述了一个来自布鲁克林的故事，它是交通政策碎片化的缩影，同时也展示了全球城市、旅游城市、中产阶级城市和区域性城市的截然不同愿景。[①] 布鲁克林的红钩社区一直是重要的货运站所在地。该码头归纽约与新泽西港务局所有，但租给了一家私人公司——美国装卸公司。（2007 年 8 月，租约到期，港务局可能正在寻找其他运营商。）在纽约市议会内，有相当多的人支持继续在那里进行货物装运；它提供了城市急需的高薪蓝领工作（中产阶级城市）。然而，港务局希望把货物装运送转移到其他地方，不仅是斯塔滕岛，还有新泽西（区域性城市）。布隆伯格市长已经把目光投向了另一个目标：使红钩港变成游轮停靠点，附近有商店和旅馆（旅游城市）。不过，游轮公司只提供少量高薪工作，大部分工作都是一天就结束了，而这一变化将对附近社区产生重大影响。

我们还没有提到关于红钩港未来的决策过程中的另一个关键因素：纽约市经济发展公司。它的工作是刺激经济增长，监督交通和基础设施项目，提升城市的中央商务区，并通过其纽约市工业发展

① Andy Newman, “Cargo Ships Leaving Red Hook? Maybe Not So Fast,” *New York Times*, August 5, 2007.

局来为发展项目提供财政支持以及“双重和三重免税收入债券”。[①]尽管经济发展公司是纽约市的主要经济发展机构，但它不是一个政府机构，而是由董事会运营的一家非营利性公司，即所谓的501（c）（3）非营利性公司。经济发展公司在红钩社区的目标似乎是让各方坐到一起（2007年，它主办了市政府、港务局和美国装卸公司之间三年来的第一次会议）。但有人指出，它也有一定的优点，即有利于保留货运站。

这里谁负责？纽约市能否通过加强其在红钩社区的货运站来实现全球城市目标的一个版本呢？据《纽约时报》报道，2005年，德国一家货运公司放弃了将6万个货运集装箱运到红钩港的努力，因为该市无法保证货运港口在2009年之前保持开放。不可否认，全球联系的这一方面只是众多方面之一；它与萨斯奇亚·萨森关注的以金融为导向的全球城市不符。也许另一个全球城市目标会更好，比如集中精力重建世贸中心。（当然，它也是归纽约和新泽西港务局所有的。）我们举这个例子的目的不是要解决城市发展目标之间（或者之内）的冲突。我们只是想强调州建立的城市结构所具有的局限性对于一个城市成为全球城市的渴望（如果有的话）的重要性。在红钩社区的问题上，作为所有者的港务局是一个独立且重要的决策者。此外，将权力分配给社区团体、市议会以及诸如经济发

---

① New York City Economic Development Corporation: www.nycedc.com/Web/AboutUs/What We Do/What We Do.htm.

展公司（特别是其债券发行机构）之类的公共—私人机构，将影响城市是否以及如何加强其作为全球城市之作用的决策。这些都是由州法律控制的。

重新设计这个决策结构将是一项非常复杂的工作。但是，美国的城市政府在制定对全球城市目标至关重要的交通决策方面所起的作用非常有限，这并非不可避免。许多城市都拥有自己的机场，并利用这一有力因素来推动自己成为全球城市的雄心。当然，机场服务于大都市区，而不仅仅是城市。那么，也许城市就不应该控制这样一种区域性资产。然而，州现在向城市所有权提供的唯一替代方案是一个由州控制的公共当局。因此，缺乏一种授权该地区的城市而非公共权力机构来决定机场发展的州机制，可能会严重限制任何可能的城市角色。至于港口及许多城市（如旧金山和波士顿）的公共交通系统，也可以说是大同小异，因为该地区许多城市的经济前景也受到这些决定的威胁。从经济学角度来看，正如全球城市著作所言，城市是区域性的。但是，州之所以让地区当局而非城市政府成为主要角色，不仅是因为它们的区域范围，还因为它赋予了它们（而非一个区域性的城际机制）通过债务增加收入的独立权力。当然，要使城市更好地组织其交通网以推进全球城市目标，可能并不需要更改州法律。在其他国家，改善交通的决策责任更加明确，因为国家越来越重视该国全球城市的经济发展。尽管美国联邦政府总体上对于城市的发展，尤其是城市交通网产生了重大影响，其中最引人注目的是通过其支付90%的费用的联邦公路项目；但是，它对机场、火车站或者港口的分配目前还没有、也不太可能达到世界其他地区的水平。

2. 宽带

一个有兴趣追求全球城市议程的城市很可能会认为该市提供高速互联网或“宽带”服务将有助于实现其目标。金融公司需要的不仅仅是办公楼和住房开发项目：它们还需要可靠的、最先进的互联网连接。① 在宽带使用率方面，美国在全球排名第20位，其在榜单上的位置正在下滑。（在日本，宽带服务的成本是美国的一半，速度是美国的20倍。）② 如果一个城市能够提供宽带服务，市政官员可能会认为，它可能在美国的背景下脱颖而出，成为全球领先者。宽带服务也可能服务于其他目标。那些担心其某些居民无法上网，即陷入所谓数字鸿沟③的城市，可能会因此提供此项服务。这与成为中产阶级城市的目标是一致的。专注于旅游业的城市可能会将广告无线连接的优势看作造访城市的游客可能会喜欢的景象之一。

城市宽带服务的这些目标可以彼此一致，但不一定如此。全球城市的定位可能会将服务范围限定在城市的某些部分，因此不会为

---

① This section relies heavily on an excellent paper by Sameer Dhond, “Municipal Broadband Law and Policy in the United States” (unpublished paper, 2007).

② Richard Hoffman, “When It Comes to Broadband, U.S. Plays Follow the Leader,” *Information Week*, February 15, 2007.

③ digital divide，也称信息鸿沟，是指全球数字化进程中不同国家、地区、行业、社区中由于对信息和网络技术的拥有程度和应用程度而造成的差距。——译注

那些担心数字鸿沟的人所关注的地区提供服务。伦敦新的基础设施，如果以图形方式来描绘的话，蜿蜒于城市中的部分地区，这些地区尚未受到全球经济转型的影响，但延伸至该市的其他区域，比如道克兰（Docklands），这些地区一直是伦敦全球城市战略的重点。[①] 另一方面，从旅游城市的角度看，可能更喜欢位于金融中心以外其他地方的“热点”。全市范围的宽带服务可以解决其中一些冲突，但是，正如我们将要看到的，即便如此也需要对其进行设计。

截至 2006 年底，美国有 79 个城市落实了遍及全市的宽带网络，85 个建立了较之略有限的无线网络，149 个已经开始建立自己的无线网络。[②] 一个正在考虑提供宽带服务的城市面临许多选择。可以通过电缆、数字用户线路（DSL）、无线、卫星或电力线提供宽带服务。其他技术也在开发中。就我们的目的而言，关键的选择可能是城市应该采用的商业模式。一种可能是通过与一家私营公司签订合同来提供有关城市网络通行权的服务，从而限制城市的参与程度和财务风险。这种合同可以与营利性或者非营利性企业签订。第一种选择可能引起人们的担忧，怀疑私营公司是否会充分实施城市的公共政策目标；而第二种选择可能会引起人们对融资的担忧。这些担忧可能会导致城市走向相反的模式：城市可以自行运营宽带

① Stephen Graham, “Communication Grids: Cities and Infrastructure,” in Sassen, *Global Networks and Linked Cities*.

② Muni Wireless, “The Voice of Public Broadband,” www.muniwireless.com/.

网络。这样它就可以保持对金融风险的控制和管理。一个折中的选择是城市提供网络基础设施（即所谓的批发），并将网络出租给私人公司，由其向客户提供服务（即零售）。费城即采用了这一折中模式，这也是其他城市选择的主要模式之一。这种模式降低了城市的财务风险，但它允许对所提供的服务进行一定程度的控制，尽管不及市政所有权大。这种公—私模式具有许多可能的设计。但这是城市越来越青睐的一种。不过，所有的替代方案都已在某个地方被采用。

那么，我们来看一下本书提出的问题：城市能提供市政宽带？如果能，它们可以选择哪种最符合它们目的的模式？答案不难猜：这完全取决于州法律。在这些问题上，各州采取了一些不同且相互冲突的立场。有一些司法判例认为提供市政宽带是在一个城市的地方自治权范围内的，但这种情况很少见，而且不是决定性的。鉴于目前的法律状况，许多城市可能会担心，如果没有州立法机关的明确授权，承担这方面的项目将是不明智的，即使关于其地方自治权的争论最终可能具有说服力。无论如何，无论是否有地方自治权，有 30 个州已经或正在考虑就这个问题进行具体的立法。有几个州禁止其城市提供宽带，还有一些州则禁止市政的“零售”服务，但允许“批发”服务。越来越多的州在城市提供宽带服务之前，就对其提出了程序和财务要求。这些州当中，有的禁止从其他市政收入来源对宽带服务进行交叉补贴，有的要求不受歧视地获得网络通行权。一些州禁止市政宽带，除非该市先找过私人提供商并且无法找到。还有一些州要求在该市开始这一项目之前进行全民投票。①

因此，说城市将宽带服务纳入其全球城市愿景的能力受到州法律的限制，并不算夸大其词。但是，州法并不是城市唯一担心的问题。美国国会已经审议了各种法案，后者提出了与各州采用的不同方法并行的市政宽带要求。拟议中的立法是对美国最高法院于2004年对尼克松诉密苏里市政联盟一案的裁决做出的反应。② 在尼克松一案中，法院解释了一项联邦法规，它禁止各州通过禁止任何实体提供电信服务的立法。尽管该法规明确禁止州对“任何实体”进行管制，但法院裁定该法规并没有支持城市对州权力不予理会。换句话说，尽管有联邦法规在，在提供市政宽带的问题上州比市有优先权仍然是允许的。国会对这一裁决的反应不一，从试图保护市政宽带免受州的干预（推翻法院的结论），到禁止优先选择公共提供商（public provider），再到要求通过拍卖程序来授予这样的项目，不一而足。此次国会举动将产生的立法尚不清楚，但即使是各州，更不用说城市，也不太可能在这个问题上拥有最后决定权。

---

① 林肯电气系统诉内布拉斯加州公共服务委员会案［655 N.W.2d 363 (Neb. 2003)］中裁决存在市政地方自治权，但后来州立法机关禁止了铺设市政宽带。禁止市政宽带的州包括内布拉斯加州、阿肯色州和内华达州；禁止零售服务的州包括华盛顿、犹他州和威斯康星州；实施财务和程序要求的州包括弗罗里达州、田纳西州和南卡罗来纳州；禁止交叉补贴的州包括艾奥瓦州、南卡罗来纳州和弗吉尼亚州；要求由私人提供的州包括宾夕法尼亚州和密歇根州；需要公民投票的州包括科罗拉多州、俄勒冈州和弗罗里达州。

② 541 U.S. 125(2004).

3. 两极分化

尽管大城市越来越被全球城市的愿景所吸引，但其主要特征之一是产生了严重的收入和财富两极分化。正如萨斯奇亚·萨森所说，

> 今天的增长是建立在一个工业综合体的基础上的，这个综合体不会导致中产阶级的扩大，而是会导致收入结构以及企业和家庭的竞价能力越来越分散。社会和经济的两极分化，在大城市尤为突出，这些城市集中了很大一部分新兴产业，并对低利润服务业和低薪工作产生了巨大的直接和间接需求。①

这种两极分化影响着全美乃至全世界的经济。但是它的日常影响在城市中最为明显。两极分化会破坏全球城市目标旨在实现的巨大收益，使这座城市成为金融投资者不太喜欢而不是更向往去居住的地方。在约翰内斯堡，该市的全球城市愿景宣言《约翰内斯堡 2030 规划》（*Joburg 2030*）将预防犯罪列为吸引实现该市经济发展目标所需投资的关键因素。②

解决收入两极分化问题的一种可能策略是，让全球性企业对城市贫困人口提供援助，以此作为该企业进入城市的条件。当然，一个城市不能对私营部门要求太多，否则会破坏其金融业务的发展，

---

① Sassen, *Global City*, 338 - 39.

② City of Johannesburg, South Africa: www. joburg. org. za/joburg _ 2030/.

进而有损其全球城市的发展目标。尽管如此，成功吸引全球投资的城市可以通过行使其监管权来利用对反映出全球城市现象特征的特定城市的需求。全球城市的经济使得资本退出相对困难，因为银行、律师事务所、公共关系和通讯公司等机构组成部分之间是如此依赖。正是这种相互关联使得特定的城市成了一个那么不可抗拒的地方。此外，如果法规能够提高城市作为一个居住场所的吸引力，它们就能增强城市吸引知识型全球经济所激赏的各类工作人员的综合能力。因此，甚至在投资者群体中也可能会对监管行动表示支持。

实施这一战略的一个困难之处在于州法律。许多旨在帮助穷人的监管举措，比如联动和包容性分区，都受到州的控制。可以肯定的是，城市有一定的权力来参与这些举措。然而，很明显，国家政府和州政府是应对全球经济组织造成的收入不平等的主要手段。城市可以为此做出贡献。但是，从税收制度到社会福利计划，再到医疗保健，采取行动的主要因素是其他各级政府的责任。城市可以被授权对收入不平等的这些基本要素做更多的工作，但是，在这些要素出现之前，它们只能在边缘地带工作。

城市的另一个选择是集中精力消除追求全球性经济所产生的阶层和收入方面的空间隔离。规划城市土地的使用，跨越收入、民族和种族的界限把城市居民整合起来，这将有助于解决两极分化的影响，即使收入水平的巨大差异依然存在。如今，城市政策往往指向相反的方向。试图提高物业价值的城市通常认为隔离是这么做的一种有效方式。这种观念是由空间上的两极分化本身滋生出来的：居住在一个割裂的城市里的人们愿意为空间距离所提供的保护付出代价，因为该城市未能在自己的社区中证明阶层多元化的社区才能繁荣兴旺。发展政策变成了一个自我实现的预言：不提供更开放的城市提供的那种综合学习经验的城市，人与人之间相互疏离的情况会越来越严重。[1] 其结果是有目共睹的。虽然波士顿是一个少数族裔人口占多数的城市，但是人们可以步行穿过该市的一些主要购物区（比如纽伯里街），也可以去看红袜队的比赛，却永远不会意识到这一点。亚特兰大和芝加哥差不多就是这样的。

足以改变这种动态的城市政策变化需要资源和灵活性，而这两者是大多数城市所不具备的。城市将不得不以一种促进阶层多样化的社区的方式来引导发展，这对房地产市场的干预要比目前的交易更重要，所谓目前的交易，即同意开发商建更高的高层建筑作为交换他们要在城市的某个地方提供保障性住房。州立法机关不太可能将这种权力下放给城市，并且即便这样做了，也只有在州政府与郊区辖区建立了不同关系以确保收入差距不会简单地跨越城市边界时，这种权力才会取得成功。这还需要修改当前的城市财政结构，以确保一体化城市比内部相互疏离的城市有更多的资金来支持城市服务。换句话说，事实上，现在助长空间两极分化的城市权力的各个方面，比如土地使用、金融、地方间关系，都将被修正，以缩小

① See Gerald Frug, *City Making: Building Communities without Building Walls* (Princeton: Princeton University Press, 1999).

两极分化。

另一个策略可能会特别关注美国大城市不断增加的移民对城市生活的影响。移民不仅是我们在第二部分考察过的城市中的一支主要力量，而且是全国主要大都市区人口的重要组成部分。尽管移民在美国和其他地方都是一个非常有争议的话题，但其对城市的影响被广泛认为是积极的。移民帮助我们所考察的七座城市中的大多数地区，尤其是纽约市的街区恢复了活力。然而，城市与移民之间的联系往往是一种冲突：移民被视为对城市的威胁，而城市也被视为对移民的威胁。因此，当人们把城市和移民联系起来的时候，一个普遍的反应就是呼吁限制城市在移民人口方面的权力。联邦法院裁定宾夕法尼亚州哈兹尔顿打击非法移民的努力无效，尽管这种努力本身也失败了，而该裁决便是这种管理城市与移民关系的方式最广为人知的例证。[①]

何不考虑一下相反的城市策略呢，即授权城市将移民纳入更广阔的城市中。这个议程将以一种完全不同的术语来促进全球城市的发展：这座城市之所以将是全球性的，不仅因为它与外界的业务联

---

① Our discussion of immigration is based on a superb analysis of subject by Rick Su, The Immigrant City (forthcoming). On metropolitan immigration, see Sam Roberts, "Minorities Now Form Majority in One-Third of Most-Populous Metropolitan Counties," New York Times, August 9, 2007; on the value of immigration to cities, see Paul S. Grogan and Tony Proscio, Comeback Cities: A Blueprint for Urban Neighborhood Revival (Boulder: Westview, 2000); the Hazleton case is Lozano v. City of Hazleton, 2007 U.S. District Lexis 54320 (Dist. Ct. Pa. July 26, 2007).

系，还因为来自世界众多不同地区的许多人都生活在这座城市里。如今，移民往往不仅与管理金融部门的人毫无关联，而且彼此之间也是脱节的。要克服这种空间隔离，可能就会导致一些城市政策的出台，例如为新移民提供保障性住房，提供经济激励以鼓励移民企业家，为新移民建欢迎中心，成立就业中心让移民在比街角和停车场更好的环境中找到工作。这些努力可以设计成向来自世界各地的移民开放，作为消除来自不同国家的移民之间障碍的努力的一部分。此外，还可以把它们与将新移民和城市的长期居民联系起来的项目挂钩。这些基于本地的努力甚至可能有助于推动更耳熟能详的全球城市议程：在城市、新移民及其原籍国之间建立联系，可以促进面向国际的经济发展战略。这就是作为“拉丁美洲门户”的迈阿密的愿景。[1]

与其再次着眼于此类议程引发的熟悉的法律和金融问题，我们更愿意强调一个政治问题：一个城市的居民为什么要把钱花在移民身上，而不是在自己身上？影响这个问题的潜在答案的方法之一是改变目前对于一个城市的居民的定义。在大多数美国城市，只有美国公民可以投票选举地方官员。这一政策剥夺了大量城市居民的投票权，他们是合法移民，却是外来居民而非公民。在2000年，纽约市有近300万居民是在外国出生的，其他地方的这类数字也很可观：洛杉矶有150万，芝加哥有60多万，旧金山有近30万。当然，

---

① These suggestions are made by Su, *Immigrant City*.

这些人中很多都是归化公民：2000 年，全美 40%的外国出生人口成为公民。尽管如此，鉴于合法的永久居留外国人人数众多，允许他们投票将大大改变当地政治。这个想法并不像看上去那么激进。在 19 世纪的美国，许多城市并未将投票权限于美国公民。在欧盟，来自欧盟国家的每个居民都可以对地方官员投票，无论他们是否该国公民。（但全国大选仍然仅限于本国公民。）美国的一些市镇现在允许居留的外国人投票了。这一法律结构将身为其他国家公民的居民纳入了他们所居住城市的政治生活之中。然而，在没有州立法的情况下，美国大部分城市都不太可能在选举法上进行这样的修改。例如，在波士顿，选举被明确排除在州授予的地方自治权之外。[①]

这种针对移民的策略可以概括为：一个城市可以采取基础广泛的社区建设策略来解决各种两极分化问题。城市很可能有权从事社区建设。确实，城市政府比州政府或国家政府更有能力完成这项任务，因为城市政府实实在在地参与了城市居民的日常生活。因此，克服造成城市分裂的紧张局势可能成为城市政策的重点。可以肯定的是，一个并不仅仅具有象征意义的计划将需要大量资源：社区民

---

① For statistics on the foreign-born population in the United States, see Census 2000 Brief: "The Foreign-Born Population: 2000" (December 2003); for an analysis of resident alien voting, see Jamin Raskin, "Legal Aliens, Local Citizens: The Historical, Constitutional and Theoretical Meanings of Alien Suffrage," *University of Pennsylvania Law Review* 141 (1993): 1391. On the European Union, see http://ec.europa.eu/justice_home/unit/elections/reports/index_en.htm.

主和跨社区民主的组织，跨种族、民族和阶层的社区活动的开展，城市服务（而不仅仅是学校）的安排，以促进城市居民之间的相互交往。这些城市缺乏可自由支配的收入却要专注于州交付给它们的活动，这使得这些任务变得困难。也许更重要的是，城市对其制订未来议程的能力缺乏自信，这一点城市已从遵守州政府规定的长期经验中领悟到了，缺乏自信很可能使人们甚至不去想这个城市功能的构想。

4. 选择尚有余地

尽管城市的组织方式激发了它们追求成为一个全球城市，而州法律却在破坏它们实现这一目标的能力。目前对城市权力的授予与限制都不能用州政策来解释，无论该政策是促进还是阻挠全球城市的理想。它也没有把城市引向任何特定的概念界定。因此，接受全球城市议程的城市很可能会因为这样做所面临的困难而感到沮丧，甚至很难知道该采取什么措施。从“经济发展”到“全球城市”的每一个词都需要界定。一个东西是如何让城市对国际投资者产生吸引力的？将其他地方的现有模式复制到这里，比如通过建造一座熟悉的现代办公楼，是一个糟糕的策略吗？（为什么要在这里而不是其他地方？）或者非这样不可？（人们无论到哪里都不寻找熟悉的地方吗？）影响位置决策的要素对于不同的行业甚至企业之间是否有所不同？移民人口是全球城市目标的卖点，还是与其不相干，抑或这是个问题？更笼统地说，全球城市议程的替代经济发展模式是什么？有没有办法在不增加私有化的情况下促进当地经济，从而补充甚至取代对全球城市这个目标的追求？老实说，城市政府在招商引资方面有别于私营部门的作用是什么？

在试图形成这些问题的答案时，显然给城市决策留下了空间。在本章中，我们只能指出伴随着这种审慎而来的州加诸的无数限制。在任何特定城市，州法律都很重要。但是各州法律各不相同，即使在某个州，答案也往往是不明朗的。要想确定答案，就需要逐城研究，以确定促进和限制全球城市议程的法律结构。与此同时，随着这一研究的未能完成，城市需要在大量的法律不确定性中决定一项战略。在任何一个特定议题上，第一个问题都可能是：该市是否应该争取州对这一举措的授权？或者，它是否应该按照自己的定义成为一个全球城市，并在出现法律障碍时设法处理？在考虑选择成为旅游城市、中产阶级城市或者区域城市时，这些问题将再次出现。

第八章
旅游城市

丹尼斯·贾德（Dannis Judd）和苏珊·费因斯坦（Susan Fainstein）在他们颇具影响力的著作《旅游城市》（*The Tourist City*）中描述了大城市向吸引游客的工具的转变。[①] 旅游城市将其重点从城市居民的需求转移到了居住在其他地方的人们的渴望上。因此，它们这样推销自己，即把自己打扮成一个在这里可以看到附近郊区、全国各地以及世界各地的人的地方。在某种程度上，它们以一种类似于企业推销消费品的方式进行广告宣传，突出其传承、活力和独特吸引力的价值。但它们也建设它们的基础设施并提供便利，以确保当游客们来到这座城市时有事可做，并且能够四处转转。

不难理解为什么旅游城市被证明是如此有吸引力。其在后工业时代尤其具有吸引力，因为它不需要城市来说服人们搬到城市去生

---

① Dennis Judd and Susan Fainstein, eds., *The Tourist City* (New Haven: Yale University Press, 1999).

活。一个城市只需吸引短暂停留的游客，使他们可以被引向城市的某些基本上可以避免看到战后城市危机的迹象的地方。从这个角度来说，旅游城市的出现是城市衰落的征兆，也是城市内部不同政治影响的反映。但旅游城市在繁荣的城市中也是有影响力的。随着对全球城市的接受，它为促进和维持当地的经济提供了一种熟悉的方式。游客来的时间很短，他们在逗留期间会花大量的钱。他们不要求居民需要的社会服务，还可以把这座城市的诱人之处告诉其他人。通过这种方式，游客可以帮助这个城市把自己作为一个有吸引力的生活和工作场所来推销。因此，旅游城市与以娱乐为中心的方式相重叠，成为理查德·弗罗里达倡导的全球城市。

对于旅游城市的探讨，我们将通过更详细地讨论旅游城市的目标与作为全球城市的目标之间的异同来开始。然后，当城市寻求成为或者加强其作为旅游城市的地位时，我们转向影响城市的法律结构。一个城市可能接受的关于旅游城市的定义是多种多样的。第一种选择是把城市作为一个整体，或者更确切地说是将城市内部那些被外地人视为整个城市的缩影的社区，打造成游客想去的地方。我们称之为“旅游友好型城市”。第二种是在城市范围内创建特定的区域，即约翰·汉尼根所称的“幻想城市”、丹尼斯·贾德所谓的“旅游者罩”[①]，以吸引寻求快乐的人：地点从购物环境到体育场馆、

① 即 tourist bubble。在新近的西方旅游研究文献中，旅游者罩一词指的是旅游业发展中存在的一种客观现象，是指旅游者在旅游活动中受到各种因素的影响，其中之一是总是限定在一定的空间范围内，比如区域、景点、路线等。——译注

赌场、会议中心，再到主题公园，不一而足。[①] 最后一种选择是专注于一个能让“城市在地图上凸显出来”的大事件：奥运会、世界杯或世博会。这些想法可以并且确实是重叠的，但是正如我们将会看到的，它们是不一样的，并且每一个都在现有法律结构下提出了自己的问题。

一　全球城市/旅游城市

成为全球城市和旅游城市的议程之间有很多共同的特点。最重要的是，与成为中产阶级城市和区域城市的选择不同，它们主要侧重于促进城市的经济发展。出于这个原因，我们在第七章中所说的很多东西也适用于本章，尽管会有一些修改。对于全球城市和旅游城市来说，房地产开发是当务之急，因此，城市政府使用的一种重要工具就是与开发商打交道。促进他们之间交易的法律结构在这两种情况下都是相似的，尤其是当这两种目标与中产阶级城市或区域城市进行比较的时候。当然，税收结构以不同的方式影响着这两种目标。波士顿无力征收销售税，因此需要依靠物业税，而这更能推动全球城市而非旅游城市的议程。尽管如此，在第七章中分析的有

① Johan Hannigan, Fantasy City: *Pleasure and Profit in the Postmodern Metropolis* (London: Routledge, 1998); Dennis Judd, “Constructing the Tourist Bubble,” in Judd and Fainstein, *Tourist City*.

利于吸引大型企业在城镇落户的立法和司法态度也适用于旅游业，并且这些态度也受到地方财政和土地使用法的总体结构的欢迎。城市可以利用其分区权、参与增税融资的能力以及发展基础设施的能力（无论多么有限）来促成这两个目标中的任意一个的实现。从这个角度来看，关键的问题是要确定在这两个愿景中哪一个对城市经济的发展最有意义。

也没有理由假设全球城市和旅游城市彼此是不一致的。这两个目标可以同时推进，以吸引其不同但兼容的目标受众。这两种城市都渴望以一种可以增加城市税基的方式来组织经济，并且都谋求通过与居住在城市边界之外的人建立联系来实现。因此，对中产阶级和低收入居民所居住的社区的改善，很少会在这两种城市的重建计划中占据显著地位，除非该社区是行使征用权的对象。另一方面，改善机场及其与城市的交通对游客以及那些为维持自己的全球业务而造访此地的人来说同样有用。旅游城市用来吸引找乐的游客的休闲和娱乐景点，也能吸引那些在与全球经济相关的生产性服务业中工作的银行家和顾问。被城市作为旅游地标来宣扬的恢弘建筑，往往也标志着城市作为一个全球城市所取得的成就。当然，游客通常不想参观金融中心，不过，正如参观华尔街的游客所展示的那样，有时候人们也会去。但事实并非如此：即使是在金融业工作的人也有几个小时的休息时间，而他们可能很想去一些旅游者经常光顾的餐馆和俱乐部。

旅游城市与全球城市目标之间也存在重大差异。在城镇的任何一个地方建体育场馆或会议中心都可能会降低而不是提升社区作为金融中心的价值。反之亦然：把高层办公楼林立的地方打造成一个社区会使这里成为一个死气沉沉的“市中心”，没有任何游客想去。让我们来看一个如今已经废弃的计划，在曼哈顿最西边建一座体育场：

> 在［副市长］丹·多克托罗夫的设想中，以体育场为支柱的遥远的曼哈顿西区将成为一个繁荣的文化、体育、旅游和娱乐中心。那里将有咖啡馆、餐馆、商店、包含1500间客房的酒店、办公室和住宅空间以及滨水区的公园带。多克托罗夫的梦想还包括一条宽阔的林荫大道，其中央大道的宽度几乎是公园大道（Park Avenue）的2倍。这条林荫大道将在第10大道和第11大道之间开挖，从第33街一直延伸到第42街。在第11大道的东侧，第30街和第33街之间，铁路货场的其他开放部分将被一个6英亩的公园所覆盖。在它的南端边缘留有一个文化机构的区域，也许是古根海姆博物馆的一个分馆，其馆长托马斯·克伦斯对此表示了兴趣。[1]

这一愿景涵盖了旅游城市，尽管它在其中包括了办公室和住宅空间这一点可能是存在问题的。由于可用于发展的城市资金和能源，即便在纽约也是有限的，批评家指责对于旅游城市议程的追求可能会

[1] Craig Horowitz, “Stadium of Dreams,” *New York Magazine*, June 14, 2004.

破坏其他地方对其他发展目标的追求，包括全球城市。

一个以成为金融中心为导向的城市也会吸引不同类型的人，创造出一个与专注于发展赌场、主题公园或会议举办地的城市不同的氛围。做出这种区分的方法之一是说，全球城市强调生产者服务（萨斯奇亚·萨森语），而旅游城市则侧重于消费。虽然这个区别很明显，最近一本名为《作为一种娱乐机器的城市》的书也在强烈地强调消费的概念，但是我们认为它已经被说滥了。[①] 萨森本人认识到消费是全球城市的组成部分之一，旅游城市必须提供娱乐和景点，让人们来享受。看出其中差别的一个更好的方法是关注那些在城市生活和工作的人，他们的工作要求他们与外界联系。一个全球城市需要财务人员与其他地方的类似人员建立联系，一个旅游城市需要在赌场、会议中心、餐馆或者运动场所工作的人。因此，这两类城市的感受可能会大不相同。没有人会把拉斯维加斯与金融中心扯到一起。

提到拉斯维加斯，也带出了另一个问题：中心城市与其所在区域的关系。寻求成为全球城市的城市必须认识到，全球业务可能偏爱中心城市之外的大都市区。有时，这种中心城市与地区之间的竞争会降低旅游城市的重要性。想去纽约玩的游客不会满足于只在郊区逛逛。在其他情况下，旅游城市的市与地区之间的冲

---

① Terry Nichols Clark, ed., *The City as an Entertainment Machine* (Amsterdam: Elsevier/JAI, 2004). For a related critique of this distinction, see Judd and Fainstein, *Tourist City*, 270.

突会相当严重。人们通常称为“拉斯维加斯”的地方，即拉斯维加斯大道，实际上并不在拉斯维加斯市。它位于克拉克县的一个未被赋予市政主体资格的地方，毗邻但不在该市。正如该县网站自豪地宣称的：

> 克拉克县是世界著名的拉斯维加斯大道的所在地，世界娱乐之都的中心，全美 15 家最大的酒店有 14 家在这里。每年来到拉斯维加斯社区的 3890 万名游客中，许多人都被这颗沙漠中的宝石所吸引，来此享受世界级的娱乐和款待、豪华的赌场、高档餐厅和琳琅满目的购物场所。①

这个郊区的位置不是偶然选定的，而是经过了一番考量的，因为它位于城市之外，由此受到不同监管机构的管辖，而城市本身不愿意过分依赖与有组织犯罪有关的生意。② 这种精心选择一个郊区地点的做法并非拉斯维加斯所独有。迪士尼乐园由州专门设立的当地政府机构管理，以确保决策者不必受制于当地居民的反应。在美国，没有一个大城市像这些郊区旅游目的地那样如此以吸引游客为重。但是，并非所有郊区旅游景点都是精心设计的：体育场馆也位于郊区。因此，城市与地区关系的性质取决于所涉及的旅游类型。有些

---

① Clark County, Nevada, website: www. co. clark. nv. us/Public _ communications/About _ clark _ county. htm.

② Barbara Land and Myrick Land, *A Short History of Las Vegas*, 2nd ed. (Reno: University of Nevada Press, 2004).

可能性比另一些可能性更适合郊区。

最后，旅游城市寻求的与外来者的关系与全球城市寻求的有所不同。它们正在寻求与更广阔的世界的短暂联系，而全球城市则希望这种发展能够促进城市居民与其他国家城市居民的长期经济融合。因此，这两类城市的发展重点也不尽相同。旅游城市更感兴趣的可能是促进新酒店的建设，而不是协助开发豪华公寓。它们更赞成为新的节日市场和体育场馆提供补贴，而不是生物技术园区、高层办公楼或者电信基础设施的升级。而且，比起提升金融区，它们更关心让它们的滨水地带变得更热闹、购物区变得更时尚。大多数旅游城市甚至没有一个可以让全球关注的焦点。虽然有旅游城市是面向全世界的（威尼斯），但是许多旅游城市青睐的景点（购物中心、体育赛事）都是针对住在附近郊区的人的。考虑到这些差异，一个强调旅游业的城市很可能最终看起来与一个寻求成为全球城市的城市截然不同。

二 旅游城市的选择

正如讨论已经表明的那样，旅游城市彼此各不相同，旅游城市与全球城市也大不相同。在决定采用何种选择时，城市面临的法律问题也存在着同样巨大的差异。一旦人们特别关注可能的替代方案时，这一点就会变得清晰起来。

1. 旅游友好型城市

一种选择是让整个城市的街区都成为游客可能会想去的地方。从一个因其活力（纽约）、美丽（旧金山）或自然环境（迈阿密）而显得有吸引力的城市开始可能会很有帮助。无论有没有这种优势，城市都需要让游客在城市中轻松出行：乘坐公共交通工具、叫出租车或者（通过提供足够的停车位）开他们自己的汽车。下一步是为游客提供旅游景点。旅游区附近有维护得很好、交通便利的公园（和海滩）那就太好了。有良好的展品支持的博物馆以及创新的建筑，也是可以优先考虑的。具有悠久历史遗迹的地点，比如波士顿的“自由之路”，应始终有易于找到的标志和地图。而且，这是美国，各种各样的购物机会应该随处可见。

如果以适当的方式实施，这个议程可以使城市对居民和游客都具有吸引力。因此，追求这一愿景可以与成为一个以居民为重的中产阶级城市的目标相重叠，而不必制造一个旅游者罩或举办重大活动。当然，并不是每个城市的居民区都会被优先考虑，即使对一个旅游友好型城市而言也是如此。交通和公园之外的城市服务也不会是优先事项。因此，这个版本的旅游城市并不等同于谋求发展成一个中产阶级的城市。尽管如此，居民还是可以像游客一样使用交通网络，也可以徜徉于公园、博物馆或者购物（而当有朋自远方来时，甚至可以去旅游景点逛逛）。具有讽刺意味的是，作为一个旅游友好型城市的这种优势产生了其特有的法律问题：法律结构为成为一个以居民为重的城市制造的困难也适用于此。为了实现这两个目标，城市政府需要能够控制那些使城市社区具有吸引力的要素。有些城市比其他城市拥有更多这种权力。

首先考虑一下公共交通问题。一个以游客为重的城市可能希望组织其公共交通系统，使其路线和票价套餐满足游客的需求。当然，必须有一个让游客可以像居民那样赖以出行的公共交通系统。许多城市都没有这样一个系统，并且没有合法权力和财力来建立它。即使那些拥有足够的公共交通系统的城市往往也无法控制其运作方式。马萨诸塞湾交通管理局是管理波士顿公共交通系统的机构，但是波士顿在其中没有任何代表。因此，在交通管理局关于路线、票价或维修的决定中，波士顿没有直接发言权。相比之下，芝加哥在管理其交通系统的（众多）公共当局中发挥着重要作用。此外，芝加哥还控制着该市“大都会码头和博览会管理局”董事会中的大多数人，该局是这座城市主要会议中心的运营实体。这种双重参与促成了“大都会码头和博览会管理局”对该市备受推崇的 2.5 英里双车道的公交车道提供了 4300 万美元的资助，这种车道使公共汽车可以绕过市中心酒店和市会议中心之间的市中心交通地带。由于既无法控制会议中心，又无法控制交通系统，因此波士顿无法效仿芝加哥的做法。它也不能为游客降低地铁票价，甚至不能用提高票价来资助其他与旅游相关的活动。不过，尽管对交通基础设施的控制很重要，但并不一定是决定性的。俄勒冈州波特兰市中心的免费公共交通不是由该市提供的，而是由覆盖 3 个县的一个公共部门 Tri-Met[①] 提供的。[②]

城市对停车场所的控制也各不相同。来看看最近关于费城的一个案例。这座城市曾经没有经营城市停车场的合法权力，因为州阻止了它与私人停车场经营者竞争，也使它受到州规定的债务限制，以至于它无法筹集到必要的资本。1947 年，州立法机关授权该州各地方当局设立市政府控制的、有自己债务上限的市政停车管理机构。一旦建立，这些管理机构不仅开始开放停车库，还承担一系列与停车有关的其他责任，包括发放停车票以及管理路边停车计时器。费城停车管理局最终每年向该市的运营预算贡献 1300 万美元。2001 年，该州通过了立法，将对费城停车管理局的控制权从市长任命之人改为州长任命之人。此外，为了在不加重州财政负担的情况下满足州政府对该市学校的资助承诺，该立法命令将停车管理局留存收入中的 4500 万美元转给学区。该市辩称，以这种方式剥夺其停车权和资金，违反了其受《宪法》保护的地方自治权。宾夕法尼亚州最高法院的裁决却并非如此。法院裁定，停车管理机构是由州法律设立的，因此可以由州法律进行修改，无论是否得到市政府的同意。这种变过去变回来的历史为一个城市捕捉到了在全国范围内

① Tri-Met，全名为俄勒冈州三县大都市交通管理局（Tri-County Metropolitan Transportation District of Oregon）。——译注

② For Chicago, see Chicago Convention and Tourism Bureau, "Dedicated Busway Now Open at Mc Cormack Place," www.choosechicago.com/media, www.transitchicago.com/; for Boston, see www.mbta.com; for Portland, see www.trimet.org/about/index.htm.

普遍存在的对于由城市来管理停车的一些矛盾态度。[1] 而且，不能孤立地看待一个城市关于停车的决定。如果一个城市几乎没有增加收入的选择，也没有建设为城市所有的车库的资金，那么在向游客展示一副好客的面孔时，它可能会有不正当的动机：波士顿非税收入中惊人的一大部分来自它征收的停车罚款。

公园又是什么情况呢？以下是纽约市公园和娱乐部在其网站上的描述：

> 公园和娱乐部是近 2.9 万英亩土地的管理者，这个面积占纽约市的 14%，其中包括从洋基体育场、中央公园到社区花园和绿地在内的 4000 多处独立物业。我们经营着 800 多个运动场和近 1000 个游乐场；我们管理着四个主要体育场馆、550 个网球场、52 个公共泳池、48 个娱乐设施、17 个自然中心、13 个高尔夫球场和 14 英里的海滩；我们维护着 1200 座纪念碑和 22 个历史古迹博物馆；我们照看着 50 万棵行道树，还有公园里的 200 万棵树木。我们是纽约市运动设施的主要提供者。我们是免费音乐会、世界级体育赛事和文化节的发源地。

对城市公园的这种控制可以促进旅游业，同时也丰富城市居民的生活。除了一个例外，芝加哥将所有公园和休闲区域都保留在其边界

---

① City of Philadelphia v. Schweiker, 858 A. 2d 75(2004). For a case upholding a city's taxing authority on private garages that competed with public garages, see City of Pittsburgh v. Alco Parking Corporation, 417 U. S. 329(1974).

之内。因此，从 1997 年开始，这座城市得以将一个位于湖滨地带、以铁路和停车场为主的地区改造成千禧公园，就这样，一个占地 24 英亩的公共场所已成为一个主要的旅游景点；普利兹克露天音乐厅只是其中一处设施，免费举办音乐会。波士顿仍然没有效仿芝加哥的做法的权力。尽管这座城市也经营着包括波士顿广场在内的大型公园，但马萨诸塞州收费公路管理局控制着由波士顿“大开挖”项目产生的 300 多英亩土地，这些土地将用于开放空间，包括罗丝-肯尼迪绿道。州自然保护和娱乐部控制着城市内部及邻近郊区的其他重要公共休闲场所，而国家公园管理局负责管理波士顿港诸岛。[①] 波士顿主要的免费音乐会场地——贝壳露天音乐厅，归自然保护和娱乐部所辖，尽管该市非常重视每年 7 月 4 日在那里举行的音乐会和庆祝活动。[②]

波士顿也无力支持其博物馆和文化活动，只能通过将一部分财产税收入专门用于艺术事业来为其提供支持。[③] 有专门的文化和艺术资助机制的城市通常依靠销售税或酒店税，其中一个原因是，从公平的角度出发，对旅游业的投资应该由一个来源，即主要是游客

① The quotation is from www. nycgovparks. org/sub _ about/about _ parks. html. See dnr. state. il. us/lands/Landmgt/PARKS/R2/region2. htm; www. parks. wa. gov/parks/regnps. asp; www. mass. gov/dcr/forparks. htm.

② www. mass. gov/der/hatch _ events. htm.

③ 波士顿的酒店税是该市为数不多的非财产税收入来源之一，前述事实使得该城难以将其中的一部分用于特定的项目，而不是用于支持总预算。关于这些问题的一般分析，请参阅 the Boston Foundation, *Funding for Cultural Organizations in Boston and Nine Other Metropolitan Areas* (2003)。

本身，来提供资金。另一个原因是，一个从旅游业中获得很少收入的城市，对资助机构没什么积极性，即便那些机构对它们有吸引力。第三个原因是政治方面的：城市居民通常更感兴趣的是资助当地的艺术项目和社区剧院，而不是支持在国际认可的博物馆举办大型展览。由此产生的各个城市在艺术资助上的差异是相当明显的。2007 年，波士顿艺术、旅游和特别活动部的“艺术推广”预算才 40 多万美元。通过为文化和教育项目提供高达 5000 美元的资助，这笔钱主要花在了有利于当地居民的项目上；并未向主要的旅游景点，比如美术馆或伊莎贝拉·斯图尔特·加德纳博物馆等，提供资助。另一方面，旧金山有一个名为“艺术补助金”的项目，其目的是“提高我们城市对游客的吸引力”。该项目利用酒店税支持文化景点，从国际电影节到芭蕾舞团；并帮助为大型博物馆提供资金，其中包括给城市科学博物馆的 36.31 万美元，给旧金山现代艺术博物馆 42.7775 万美元。纽约市文化事务部则完全在另外一类。它向占用城市土地或位于城市建筑物内的 34 个机构提供资金，包括拨款和支付公用事业费用。这份名单上有大都会博物馆、布鲁克林音乐学院、林肯中心、卡内基音乐厅以及美国自然历史博物馆，都是主要旅游景点，此外还有社区建立的组织。该文化事务部是美国最大的文化资助机构，每年预算超过 1.3 亿美元，4 年的基本建设预算超过 8 亿美元。[①]

---

① New York City Department of Cultural Affairs website: www. nyc. gov/html/dcla/html/home/home. shtml; San Francisco Grants for the Arts website: www. （转下页）

城市向游客推销的另一个便利在于它们自己的历史。波士顿的“自由之路”是一个主要的旅游景点，它将游客引向该市的许多最重要的历史地标。但是，波士顿对市内公共土地的控制是东一块西一块的，这阻碍了它保持其吸引力的能力。据《波士顿环球报》报道，一名当地居民注意到，为防止汽车驶上“自由之路”而设计的装饰柱不见了，从而降低了其对居民和游客的吸引力。《波士顿环球报》的一名记者试图穿过官僚机构的迷宫来了解问题如何才能得到解决，并在这一过程中就该市对其标志性景点之一缺乏管理的情况进行说明：

> 波士顿市保留了这条小径，但只有人行道和标志着这条小径的砖或红漆线……自然保护和娱乐部管理着波士顿地区的许多城市公园和休闲区，但并不负责人行道……国家公园管理局负责不少当地历史遗迹，该局一位发言人……说他认为可能是马萨诸塞州港务局或者马萨诸塞州收费公路管理局在负责。……马萨诸塞州港务局负责托宾大桥的维护和经营，该局一位发言人在星期四早上来看了这条人行道，检查了那些装饰柱，并说这个地方属于收费公路管理局。据联系到的收费公路管理局第一发言人说，该局对这座桥或桥下的土地没有管辖权，而其高级发言人

(接上页) sfgfta. org/grants _ html/hist. html; www. sfgfta. org/grants _ html/grants _ visual _ arts. htm; City of Boston Arts, Tourism and Special Events website: www. cityofboston. gov/arts/bcc _ recipients _ 05. asp.

> 玛丽·埃伦·伯恩斯却确定，“这是我们的”。她说已经订购了新的装饰柱，并将在夏季结束之前安装……伯恩斯说，谁来维护这条人行道这件事之所以没说清楚，很可能是因为该地区有两条人行道：一条位于托宾大桥下，是由马萨诸塞州港务局维护的，另一条蜿蜒在通往中央干道北区隧道和托宾大桥的坡道下。①

对滨水区域的控制是我们的最后一个例子。很重要的原因之一在于，滨水区域就像公园一样，是游客和城市居民的主要景点。但另一个原因是关于旅游业的：正如第七章中所讨论的布鲁克林红钩社区的例子所表明的那样，如果该滨水区域能够容纳游轮，那么它们可以成为旅游业的主要切入点。从 1980 年至 2004 年，游轮业的年平均增长率为 8%；2004 年，美国和加拿大的游轮公司的乘客超过 900 万人次。拥有水滨的城市可以决定有多少滨水区域可供游轮使用，制定管理使用该港口的船只的规则，以及为使港口对游轮运营商和乘客都有吸引力而提供的服务和便利设施。旧金山拥有自己的海滨，该市正在利用这一优势建设一个最先进的港口，其中将包括大型泊位，可以使容纳的游轮数量翻一番，此外还包括商业和零售区域。码头将成为一个焕然一新的港口区的一部分，其中也包括住宅开发区和一个公共公园。西雅图的港口与波士顿和纽约的一样，也不是由城市控制的，而是由港口管理机构西雅图港务局（the

---

① Christina Pazzanese, “Globewatch: Buck Stops Passing,” *Boston Globe*, July 9, 2006.

Port of Seattle）控制的。西雅图港务局由国王县的选民选出的 5 名委员管理，该县包括偏远的郊区和农村地区以及西雅图。因此，如果西雅图市政府想要改善其港区以吸引更多的游轮，就需要赢得一个不在其控制范围内的机构的支持与合作。毫无疑问，西雅图港务局有自己的动力来进行港口升级；事实上，它已经这样做了。但是，是它而不是城市决定着这些升级的内容、范围、时机。①

我们刚才所说的交通、停车场、公园、博物馆、旅游景点和港口，仅仅说明了城市对吸引游客的便利设施的控制程度在全国各地的差异。我们把波士顿挑出来作为一个对这些景点缺乏控制权的城市的例证，但波士顿并非独一无二。每个城市都无法控制成为一个旅游友好型城市的某些要素（纽约的地铁不归该市管；“太空针”是 1962 年世界博览会的标志，也不归西雅图管，而是归私营的太空针公司所有和经营）。全国其他城市的法律结构与波士顿的非常相似。纽瓦克市一半以上的财政收入要依靠物业税和州的援助，波士顿也是如此。纽瓦克市由此造成的资源匮乏以及该州加诸的其他法律限制，当然，还有市内非裔美国人社区的孤立，对纽瓦克的负面影响要比州施加的限制给波士顿带来的负面影响大得多。这一点通过对纽瓦克旅游景点的影响反映了出来。彼得·艾辛格（Peter Eisinger）引用了 1997 年在纽瓦克开设的新泽西表演艺术中

---

① Cruise Lines International Association website: www.cruising.org/press/overview%202006/2.cfm; Port of San Francisco website: www.sfport.com/site/port_index.asp?id=30555; www.bryantstreetpier.com/media.html.

心的一位评论家的话说："它是由非居民为非居民建造的。他们会来到这里，被扔到最前面，看演出，然后离开，而对社区不产生任何影响。"[①] 尽管有新的表演艺术中心，但评论家说，纽瓦克已经将城市的一部分单独辟出来取悦游客，而不是成为一个旅游友好型城市。

一个城市对购物的控制所面临的问题与迄今为止讨论的要素有着不同的结构。问题不在于政府碎片化、州的干预或者资源限制。当购物中心开发商想要提供理想的购物体验时，他会尝试一家商店一家商店地安排来组成购物中心，以吸引他正在寻找的购物者组合。城市无法做到这一点。每家商店都是私有财产。城市可以创造性地利用其分区权来促进零售场所的组合的多样化。但是，城市无法逐条街道地控制商店的种类，因此，它无法以购物中心那样的方式来组织城市购物，以招揽游客。在以吸引游客的方式设计购物场景时，城市不能依靠自己的法律权力。它可以依靠私人决策，希望仅靠"自由市场"就能让城市街道活跃起来。但如果城市想自己做点什么，那么它的最佳选择是帮助开发商获得足够大的一块城市土地，这样开发商而不是城市，就可以把这个区域打造成一个对游客友好的地方。换句话说，一个对旅游业感兴趣的城市，如果从传统的沿街购物的设计转向购物开发，比如节日集市，那么它会变得更

① For the Newark budget, see https://index.ci.newark.nj.us/dsweb/Get/Document-139488/I. +Overview _ R1.pdf; Peter Eisenger, "The Politics of Bread and Circuses," Urban Affairs Review 35(2000):329.

好。为了向旅客提供购物体验，城市被引导发展成一个旅游者罩，而不是一个旅游友好型城市。

2. 幻想城市或旅游者罩

幻想城市，也被称为旅游者罩，一般是围绕购物来组织的。[①] 但是在开发节日市场、体育场馆、会议中心或者赌场的决定之间存在显著差异。一个明显的不同之处在于那些会被这些开发所吸引的人。选择的法律结构也不同。然而，旅游者罩的所有变体都有一个共同点：基本的法律手段是私有化。有时私有化采取的形式是把物业彻底转让给私有主体；有时会导致建立公私合伙关系；有时所有权会转给不受城市控制的州设公共机构。无论采用哪种形式，城市对企业的控制力不足都会成为城市所产生的旅游业付出的代价。

掌握这种私有化的最简单的方法是从它最强大的版本开始，一个被"最终幻想之城"所采用的版本：沃尔特·迪士尼世界度假村。理查德·弗格尔松（Richard Foglesong）对迪士尼世界的法律结构提供了一个不可或缺的描述，在此我们只对它作一个简短的总结。[②] 关

① This argument runs though many of the essays in Michael Sorkin, ed., *Variations on a Theme Park: The New American City and the End of Public Space* (New York: Hill and Wang, 1992).

② Richard Foglesong, *Married to the Mouse: Walt Disney World and Orlando* (New Haven: Yale University Press, 2001); see also Richard Foglesong, "Walt Disney World and Orlando: Deregulation as a Strategy for Tourism," in Judd and Fainstein, *Tourist City*, 89.

于迪士尼世界，非常重要的一点是，它不在奥兰多。相反，州的主要干预措施是从两个地区的一部分划出一块面积为曼哈顿2倍的区域，靠近但绝不在奥兰多，并为该地区建立自己的政府结构：芦苇溪改良区。该地区是一个业主型政府（a property-owner government），也就是说，它是由土地所有者而不是居民，通过一英亩一票的方式选举出来的。当然，主要的土地所有者是迪士尼。州法律授权该地区管理土地使用，提供市政服务（包括消防部门和交通），修建道路和下水道，并发行免税债券。而且明确免受县、州土地使用法律的管辖，也无需缴纳其他开发商必须支付的影响费。（该地区内还有两个由迪士尼员工组成的小型自治社区，但它们已将规划和分区权转移给了该地区。）。

可以毫不夸张地讲，由此而来的发展造就了旅游业的成功。2006年，它的四个景点——魔幻王国、未来世界、迪士尼米高梅影城、迪士尼动物王国——占据了美国主题公园前五名中的四席（迪士尼乐园排第二）。这四个还进入了全球游客量排名的前八名，其中魔幻王国2006年以超过1600万人次的游客成为全球排名第一的主题公园。[①] 包括奥兰多在内的整个地区都受到了巨大影响。该市和大都市区的人口都激增，吸引了许多新的开发项目，不仅包括酒店，还包括其他旅游景点。这种效应可以看作是旅游城市议程的终

① Themed Entertainment Association/Economic Research Associates (TEA/ERA) Theme Park Attendance Report: www.connectingindustry.com/pdfs/TEA-ERAAttendance06.pdf.

极梦想：惊人的经济增长。然而，考虑到法律结构，迪士尼世界也产生了问题和反对意见。迪士尼所获得的基础设施以及其他服务，其资金是由州支付的，相关款项已经从该地区的其他地方获得。游客的涌入、保障性住房的缺乏、交通拥堵以及迪士尼世界所代表的低工资经济所产生的需求，给整个地区带来了问题。州对于芦苇溪改良区的权力受到了限制，以致州既无法解决这些问题，也无法确保迪士尼充分分担解决方案的成本。而迪士尼打算开设一个会议中心并建造迪士尼市中心乐园的计划，在激励迪士尼自身成功的同时，也有可能破坏奥兰多的经济繁荣。

迪士尼世界并不是本书关注的中心城市项目类型。但它代表了一种模式，在一个更为有限的范围内，城市可以修改和因地制宜地创建自己的旅游者罩。这些修改是重要的，但其结果是相似的：向一个不是由城市控制而是由私人公司或公共机构控制的开发项目提供公共支持。这种城市空间私有化不仅是旅游城市的一个组成部分，也是全球城市的一个组成部分。也许最引人注目的全球城市版本是伦敦的金丝雀码头，它是伦敦主要金融区“伦敦金融城”附近的一个开发项目。这个撒切尔夫人时代的项目，由伦敦码头开发公司发起，该公司是一个由国家政府创建的公共机构，它 1987 年把这块土地卖给了一家私营公司——奥林匹亚和约克金丝雀码头投资公司。金丝雀码头集团在经历了包括破产在内的巨大起伏之后，现在管理着全球主要的金融中心之一。这个开发项目包括三座英国最高的建筑，占地 97 英亩，员工超过 8 万人。随着政府资助的轻轨和地铁网线的建设完成，大规模的扩建计划正在制定中。总之，这个项目是伦敦全球城市未来不可或缺的一部分。但是必须认识到，包括广场和街道在内的整个开发项目都是私有财产，由保安人员看护。正如美国城市中心的许多旅游城市的例子一样，对城市的私有财产监管的法律限制也是开发的运作方式的一个重要组成部分。[①]

全球城市和旅游城市所推动的私有化可以并且越来越多地结合在一个单一的发展中。金丝雀码头就是一个例子：它不仅已经成为一个工作场所，而且也是一个购物环境，每周有超过 50 万的购物者光顾该地区。在美国，类似的双重重点项目也在成倍地增加。举两个纽约的例子。时代华纳大厦里不仅有世界领先的媒体和娱乐公司之一（时代华纳）的办公室，还有高端公寓。但它也提供了主要的旅游景点：酒店、大型音乐会场地、购物中心和餐馆。由开发商森林城集团（Forest City Ratner）[②] 在布鲁克林开发的价值 40 亿美元的大西洋广场（Atlantic Yards）项目，又往前走了一步：设想有 17 幢建筑，包括 1 个体育场、25 万平方英尺的零售区域、一间酒店、办公楼，以及公园和（做出向中产阶级城市发展的姿态的）经济型住房，当然还有高价房。

因此，对于许多开发态势而言，“旅游者罩”似乎不再是正确的说法。这些开发项目本身也是在形成“全球罩”，有时甚至不止

---

① Canary Wharf Group website：www. canarywharf. com/main Frm1. asp.

② 2014 年 12 月，该公司与中国绿地集团签约共同收购开发该公司持有的布鲁克林大西洋广场地产项目。——译注

于此。然而，在本章中，我们重点关注私有化的程度，因为旅游场所是城市生活的组织过程中私有化最明显的例子。与这座全球城市相关的许多开发项目都是单一的办公楼（金丝雀码头和大西洋广场是明显的例外），将这些办公楼理解为私有财产并不特别令人惊讶。这些建筑不是为邀请公众进入而设计的；事实上，在很多情况下，保安会将公众挡在门外。旅游景点是专门为公众设计的。尽管它们提供的“公共场所”是由一个私人实体控制的，但它们把自己作为一个主要的城市目的地呈现在世人面前。这就是为什么我们认为它们代表了公共场所私有化的最有力的形式。

旅游者罩有两种不同的组织方式。一种是由一家私营公司负责开发项目，另一种是由一个公共机构运作，可以肯定的是，这是一个政府机构，但它不会受到地方民主的影响。（迪士尼世界以一种非常醒目的方式将这两种形式结合在了一起）。节日市场是公司模式的缩影，劳斯公司在波士顿的法尼尔厅市场以及巴尔的摩的港湾广场（Harborplace）就是典型的例子。城市提供土地（要么是因为它拥有土地，要么是通过征收获得土地），提供基础设施支持，并给予免税或者补贴。公司一般通过长期租赁获得物业，然后将其作为私有财产进行管理。在规划阶段，双方共同努力，争取附近街区和其他政府对该项目的支持。一旦投入运营，公司将安排商店入驻、收取服务费、提供保安并对企业进行市场营销。其结果是，虽然政府利用自己的权力和资源支持私人购物和娱乐活动，但有关该场所的大部分决定都是由私人公司做出的。[1]

这种由企业组织的发展模式不仅存在于节日市场，而且存在于主题公园和赌场。不妨参考一下《波士顿环球报》对底特律的这篇报道：

> 过去 8 年来，底特律已经在市中心建了三家赌场，使市区的部分地区焕发了活力，并成为人口最多的、境内设有赌场的美国城市。这些赌场为迎合挥金如土的豪客以及上班族，增加了近 7000 个工作岗位……去年，它们带来了 13 亿美元的收入，其中……有 11.9%或者说 1.55 亿美元流向了底特律市。该市在过去 5 年里建造的酒店数量比过去 25 年里建造的还要多……使税基多样化，使汽车城成为收入第五高的赌场市场，仅次于康涅狄格州。[2]

康涅狄格州？赌场赌博比你想象的要普遍得多。《波士顿环球报》的这篇文章到底想要说什么呢？毫不奇怪：波士顿市长希望吸引一家度假村式的赌场——“有酒店、商店和拉斯维加斯式的表演”——进驻该市的东波士顿社区。波士顿不能自己达成这笔交易。不用说，赌场将由私人公司经营。底特律的一家赌场由米高梅幻影公司经营，后者自称美国主要的“酒店和博彩公司”之一。[3]

---

① Growth of the festival marketplace is chronicled in Bernard Frieden and Lynne Sagalyn, Downtown, Inc.: *How America Rebuilds Cities* (Cambridge: MIT Press, 1994); Judd and Fainstein, *Tourist City*; and Hannigan, *Fantasy City*.

② Matt Viser, “Detroit Betting Heavily on Casinos,” *Boston Globe*, August 5, 2007.

③ MGM Mirage website: www.mgmmirage.com/companyoverview.asp#.

另一种发展模式是公共机构。采用这种模式的主要是会展中心。正如丹尼斯·贾德和迪克·桑普森所阐释的那样，从一开始，将会议中心作为公共机构来安排的原因就是它们可以提供一个公共旅游景点，但又可以像私人公司一样进行管理。

这些公共/私营机构并不受制于那些使一般目的地方政府[1]采取的公共举措受挫的规则。它们可以在不担心维持选举联盟的情况下做出决定。它们可以像公司一样运作，保护其信息和账簿，但同时，因为它们追求政策目标，所以它们可以像政府一样借钱，并与开发商建立股本和创收的关系。这些新的安排是了解受到去工业化影响的财政拮据的城市如何能够在 1970 年代和 1980 年代开创城市建设新时代的关键。[2]

布鲁金斯学会最近的一项研究显示，会展中心的业务近年来有所下滑。但是，研究表明，城市还是在继续建设和扩张。[3] 在纽约、芝加哥、丹佛以及西雅图等地，许多重大项目正在建设或规划中。布鲁金斯学会的这项研究发问，鉴于业务下滑，如何解释这种扩张和增长？在美国，商务旅游的激烈竞争使人们萌生了一种日益强烈

---

① general-purpose governments，即一般目的地方政府，是美国地方政府的两类功能之一，另一类是特殊目的地方政府。——译注

② Dennis Judd and Dick Simpson, "Reconstructing the Local State: The Role of External Constraints in Building Urban Tourism," *American Behavioral Scientist* 46 (April 2003):8.

③ Heywood Sanders, "Space Available: The Realities of Convention Centers as Economic Development Strategy," *Brookings Institution Metropolitan Policy Program* (January 2005).

的愿望，那就是在会展业务中独占鳌头。对这个现象，该研究称为“把钱丢进无底洞”。它不仅仅指会展中心的建设。芝加哥的大都会码头和博览会管理局已经在麦考马克广场会议中心旁边建造并拥有了一个有800间客房的凯悦酒店，休斯敦和丹佛等城市也紧随其后。（想象一下，如果一个城市建造并拥有一家凯悦酒店，人们会有什么反应。）竞争的激烈程度在一定程度上是由两个主要的郊区地点（“拉斯维加斯”和“奥兰多”）推动的，它们将大城市的大型赛事吸引到了这里。在拉斯维加斯，竞争不仅存在于拉斯维加斯会展和观光局（LVCVA）以及其他类似机构之间；而且该局现在也必须与拉斯维加斯大道上的曼德勒海湾会展中心竞争，后者是一家私人会展中心，拥有100万平方英尺的展览空间。

正如贾德和桑普森所指出的，公共权力结构助长了这种竞争狂潮。这些机构通常是由州政府创建、董事会管理，无需令城市选民满意，有时甚至无需向市政府负责。波士顿的两个会展中心归一个州立机构所有并运营，即州长控制下的马萨诸塞州会展中心管理局。（它已经在该市的南波士顿滨水区建成了一家大型酒店，紧挨着该市最新的会展中心，而这家酒店因位于州有土地上，所以无需缴纳该市的酒店税。）相比之下，芝加哥的两个会展中心则由大都会码头和博览会管理局打理，这个管理局虽由州立法机关设立，却是由市长任命的人控制。即便如此，这种权力结构还是可以有自己的思路，因为它自己拥有领导权并且它有能力发行债务。拥有有权运营的会展中心的原因，首先在于把它们与城市政治隔离开来。管理机构还应该重点关注会展业务，并组织起来拓展其规模。可以肯定的是，尽管它是独立的，但是管理机构的债务依然必须偿还。而城市资源往往被用于此。通过这种方式转移资源，会展中心可以从其他的城市优先事项中获得资金。[①]

体育场馆有时由公共机构提供资金和负责打理。全国各地——比如芝加哥、丹佛和亚特兰大——都有大型体育管理部门，而且像会展中心管理机构一样，它们也发行债券来为自己的设施提供资金。但是体育融资也有许多其他方式（单独的或者组合的）：私人融资、城市支持、州支持、出售冠名权以及球队自己提供的资金。对美国体育融资的详细考察表明了城市参与的重要性。[②] 城市经常通过发行债券来支持体育场馆的建设，而摊在公众身上的建筑成本的份额通常会通过酒店税、许可证税这样的额外税或者一般销售税来偿付。因此，没有这些收入来源或担保机构——或在这方面受到极大限制——的城市在筹集必要的资金方面会遇到很大困难。尽管有证据表明，体育场馆不会给城市带来显著的经济效益，但驱使人们建设体育场馆的竞争动力依然强劲。新洋基体育场在很大程度上是洋基队自己的钱，同时州也提供了相当可观的资金。但该市也花了相当大一笔钱，有的是直接开支，比如建停车场、收购相关物

① Eisenger, "Politics of Bread and Circuses," 329.

② Mandy Rafool, *Playing the Stadium Game: Financing Professional Sports Facilities in the '90s* (Denver: National Conference of State Legislatures, 1997); Eisenger, "Politics of Bread and Circuses," 316.

业、拆除旧体育场等；有的是通过放弃收取这些场地的租金或物业税。该项目还要求纽约市发行免税债券，它将由洋基队偿清。

尽管还有许多其他类型的旅游者罩开发，但对于这些项目，人们已经说得够多了，足以证明为什么它们（而不是旅游友好型城市）已经成为接受旅游城市议程的城市的主要焦点。旅游城市方面的著作主要关注这种旅游发展形式，通常是批评伪造的历史主义、"消过毒的欢场"、文化商业化以及对游客未造访的城市街区缺乏影响或产生负面影响。[①] 我们的重点一直是放在旅游者罩的另一个方面：法律结构如何推动城市接受它们，又限制城市在控制它们方面发挥的作用。与全球城市一样，州财政和土地使用法的结构也有利于旅游者罩的产生。然而在这里也有一个重大的问题。对州授予城市的合法权力和资源的限制，使它们朝着私有化的方向发展。无论是通过私有企业结构，还是建立公共权力机构，推动这一选择的城市都会将其部分辖区土地的权力让渡给其他主体。

3. 一次性活动

对有兴趣促进旅游业的城市来说，最终策略是组织一场大型的旅游活动，比如奥运会。这几乎可以肯定是这座城市千载难逢的盛事。这使得它与在全国乃至全世界越来越普遍的一年一度的例行活动有所区别。这些一年一度的活动都有自己鲜明的特色，比如西雅

① Judd and Fainstein, *Tourist City*; Hannigan, *Fantasy City*; Sorkin, *Variations on a Theme Park*.

图国际电影节、纽约电影节、迈阿密海滩的巴塞尔艺术展以及新奥尔良狂欢节。它们不是旅游友好型城市（它们坐落于一个或两个社区）的样本，也不需要建旅游者罩。它们最接近的类比是集会：后者不是为商人召集的，而是为了那些寻求乐趣的人。它们提供的好处之一是不需要会展中心（虽然迈阿密海滩的巴塞尔艺术展是在会展中心举行的）。就像旅游友好型城市和旅游者罩一样，它们显然专注于旅游业：它们欢迎旅游爱好者到城镇来玩几天，并且希望他们四处消费。

一次性活动是不同的。人们常说，组织这些活动可以让城市更出名。但想想伦敦、纽约和巴黎为举办 2012 年奥运会所展开的竞争。这些城市全世界还有谁不知道呢？在我们看来，举办这些活动的更合理的解释是城市转型。当然，参加活动的游客是整件事中非常重要的一部分：它们会把很多人吸引到城里去，哪怕只是很短的一段时间。但是，如果没有一个长期的发展计划，没有启动该计划的紧迫感，任何一个城市都不会参与到正在进行的大刀阔斧的基础设施重建中，也没有哪个连锁酒店会再建新酒店。一次性活动是有价值的，因为它们成了一个城市街区大规模重建的工具。这个长期项目有时会与短期活动相冲突。为运动员建造体育场和住房，可能产生的结构并不是长期用途所要的；它们甚至可能偏离城市发展的预期目标。因此，为大型活动设计场地时，必须同时关注两个阶段：一个是临时性的，一个是永久性的。

这种场景目前在北京、上海、伦敦上演得最为壮观，这几个地方分别举办了2008年奥运会、2010年世界杯、2010年（“经济和科技的奥运会”）世博会以及2012年奥运会，其中北京的面积相当于南非10座城市（包括约翰内斯堡和开普敦）那么大。这种模式的起源可以追溯到早年，最令人印象深刻的是巴塞罗那（1992年奥运会），还有雅典（2004年奥运会）、亚特兰大（1996年奥运会）以及其他地方。巴塞罗那拆除了仓库和公用企业以辟出一个新的海滨，从而活跃了附近街区的气氛，修建了地下公路，建起了由30位建筑师设计的2000套公寓，并对一座大型城市公园进行了大修。亚特兰大的推进较为温和，但长期成果包括百年奥林匹克公园和佐治亚州理工学院的宿舍。北京、约翰内斯堡、上海和伦敦正在大大推广这一模式。所有这四座城市都在以惊人的方式扩展其交通网络（约翰内斯堡的火车和公交，北京的全球最大的航站楼，伦敦的“欧洲之星”铁路网）。它们正在征收整个街区并翻新，它们正在寻找全球城市项目以及酒店和旅游景点进行投资。大都会建筑事务所在北京为中国中央电视台建造了占地500万平方英尺的新总部，集中体现了全球城市性质的大事件（比如奥运会）的特点，这座建筑既是旅游景点，又是链接全球媒体和娱乐的纽带。其竣工时间恰好就是奥运会开幕的时间。[①]

没有哪个美国城市能够独自进行这种城市转型。世界其他地方的城市也不能靠自己做到。如此规模的重建需要超乎寻常的财力资

① Christine Spolar, “Barcelona Shows What Olympics Can Mean,” *Chicago Tribune*, August 22, 2007.

源，组织事务本身超出了任何一个城市的能力。在中国、南非和英国，国家政府在资金、设计、管理和促进必要的城市转型方面发挥着重要作用，由此产生的组织结构非常复杂。举个例子：伦敦。伦敦奥运会和残奥会组委会是一家拥有自己董事会的公司，负责筹备和安排比赛。由议会设立的奥运会交付管理局是负责开发、建设奥运比赛场馆和基础设施的公共机构。两家公司都在金丝雀码头设有办事处。文化、媒体和体育部是主要的国家政府机构，负责奥运比赛的交付。由伦敦市长、国家奥林匹克部长、奥组委主席、英国奥林匹克协会主席组成的奥林匹克董事会（The Olympic Board）[1] 负责对该项目进行监督、战略协调和监督。伦敦市长的工作是设法确保伦敦人从比赛中受益。[2]

很难想象在这些大型活动上投入巨资是为了促进中产阶级城市或区域城市，甚至其他版本的旅游城市的发展。城市竞相举办这种千载难逢的盛会，因为这将使它们能够利用公共和私人投资，在短时间内从全球城市和旅游城市的角度对城市进行重新配置。体育热和城市竞争的结合，使得这项工作以一种单靠体育或旅游不可能实现的方式实现。可以肯定的是，运动热并不是每个地方都必需的。2010 年上海世博会的口号是“在筹备为期 6 个月的世博会的同时，

① 该机构是对伦敦奥运会和残奥会的各种事务实施战略协调和监控的最高机构。——译注

② City of London website: www. london2012. com/.

牢记未来 60 年的发展”。[1] 然而，在伦敦赢得 2012 年奥运会举办权的那天，我们中的一位和一大群伦敦人在一起，他们的欢呼声似乎与球队在世界杯或者世界职业棒球大赛中获胜的典型反应没什么两样。“我们赢了！”

胜利也有它的坏处。这座城市将被按照全球城市和旅游城市的面貌来重塑，这些面貌可能不会响应城市居民对这些目标的定义，更不用说他们维持自己的生活方式或促进中产阶级城市的目标了。毫无疑问，城市居民和城市政府自己往往也会头脑发热。但是，正如在伦敦一样，关于城市未来的决定将掌握在一个相当复杂和难以解释的公私合作伙伴的手中，以至于永远不容易确切地搞清楚为什么选择了这个版本的城市未来，或者到底谁选择了它。

4. 旅游城市的未来

除了私有化之外，旅游城市的发展还存在着危险。其中之一便是成功也可以变成失败。在过去 50 年里，或许世界上最重要的旅游城市威尼斯已经失去了 60%的人口。除了旅游业，大多数经济生活已经从城市逃离，去往周边地区，城市还面临着成为一个大型博物馆的前景。威尼斯的未来并不是许多旅游城市都会接受的目标。这样一座城市到底是为谁而建呢？诚然，潮水般的游客也挤满了拉

---

① World Expo 2010 Shanghai, China, website: ww.expo2010china.com/expo/expoenglish/index.html.

斯维加斯大道。但是千百年来威尼斯一直是一座重要的城市，也是一个重要的商业中心。当然，成功并不是唯一的问题。另一个问题既纯粹又简单，那就是失败。一个城市未能专注于改变品味和时尚，将导致游客流向其他地方。一个城市无法支持其文化景点并产生新的景点，也会遭受同样的命运。一个在旅游业上赌博的城市等于在拿自己的未来冒险。其衰落，像工业城市的衰落一样，可能是毁灭性的。

然而，正如丹尼斯·贾德和苏珊·费恩斯坦在他们《旅游城市》一书的结尾所说："游客无处不在，他们会在这里逗留。"[①] 因此，每个城市都必须决定要促进什么样的旅游业，以及想成为什么样的旅游城市。我们所探讨的这些选择仅仅是示例，而这种探讨似乎应该以另一种形式的想法来结束。那就是历史性保护：不是急剧的城市转型或旅游者罩，也不是我们概述过的旅游友好型城市，而是通过限制对其现有建筑环境的改变来保留其独特性的城市。这条路并不容易，但布鲁斯·埃尔利希和彼得·德雷尔在一篇关于波士顿的文章中引述了旅游业权威亚瑟·弗罗默这样的话："由于并且仅仅由于历史性保护，旅游业现在是欧洲最大的单一产业。"弗罗默说，只有那些启动了"严厉的保护措施"的城市才成为主要的旅游目的地，而像布鲁塞尔、米兰这样没有充分保护其历史环境的城

① Judd and Fainstein, *Tourist City*, 272.

市则变成了旅游业的死水区。[1]

埃尔利希和德雷尔指出，波士顿只是部分采取了历史性保护。它还采用了相反的策略，例如市区出新和节日市场。埃尔利希和德雷尔也很小心地强调联邦立法（例如建立国家历史遗址和联邦税收抵免）的重要性，最重要的是州立法作为波士顿保护工作的推动者。波士顿的历史性保护决定是由波士顿地标委员会做出的，该委员会 1975 年由州立法机关设立，并由市长任命。在如今为人熟悉的马萨诸塞州风格下，州立法详细规定了市长做出的任命必须遵循的类别（不仅是建筑师和规划师，还有商会和地产委员会），并以长达 15 页的法案细致地规定了委员会在指定特定物业或地区进行保护时必须使用的标准。[2] 因此，虽然波士顿可以采取一些措施来保持其历史特征，但决定权掌握在地标委员会的手中，它必须遵循州建立的框架。此外，对委员会决定的反对，可能来自将保护视同高档化的人，也可能来自其中所涉及物业的所有者。作者指出，最终，正是波士顿的经济衰退，而不是民众反对市区出新或市、州政府的决策，挽救了波士顿的历史街区。城市还能做得更多吗？当然可以。但建一个旅游者罩不是更简单吗？

① Bruce Ehrlich and Peter Dreier, "The New Boston Discovers the Old Tourism and the Struggle for a Livable City," in Judd and Fainstein, *Tourist City*, 177.

② An Act Establishing the Boston Landmarks Commission, Acts 1975, Chapter 772.

第九章
中产阶级城市

对于大多数城市居民来说，对自己的城市及其未来最熟悉的概念莫过于成为中产阶级城市。这样一个城市关注的是其居民而不是外来者，是城市服务而不是其营销能力或金融部门，是城市的宜居性，不仅富人和穷人可以在此生活，介于二者之间的人亦可以此为家。中产阶级城市面临的困难是众所周知的，巴里·布鲁斯通和玛丽·赫夫·史蒂文森将这些困难描述为美国社会的"三重革命"：新移民和少数族裔人口的成倍增加导致的人口变化；导致传统蓝领工作岗位流失和信息经济兴起的工业革命；以及郊区化引起的空间革命。布鲁金斯学会最近的一项研究发现，自 1970 年以来中产阶级社区在许多大城市，包括我们在第二部分中研究过的许多城市，都已大幅萎缩。[1]

---

① Barry Bluestone and Mary Huff Stevenson, *The Boston Renaissance: Race, Space, and Economic Change in an American Metropolis* (New York: Russell Sage (转下页)

有人认为，中产阶级城市的衰落并不值得担忧。他们说，美国大城市的新一轮高档化浪潮只是引发了一个自然的空间分类过程，随着中心城市的房价上涨，中产阶级家庭搬到了郊区。正如一位经济学家所说："大多数已经搬出去的中产阶级人士可能在那里找到了更好的生活。"① 其他人则认为，中心城市即使有心阻止这种中产阶级的外流现象也是无力的。曾经创造了中产阶级城市就业机会的行业已经不再起作用，而中产阶级化背后的市场力量太过强大，以至于单个城市无法抗衡。城市充其量可以希望它们对旅游业和全球金融的追求将使仍居住在城镇的中产阶级家庭受益。如果这不起作用，那只能证明城市不再欢迎中产阶级。

不管这些论点是否有说服力，没有哪个成功的城市能够真的全心全意地接受它们。城市领导人担心，除非他们采取专门针对增加中产阶级比例的政策，否则他们的城市将成为富人和穷人的家园。布鲁金斯学会对 1970 年以来趋势的研究表明，这种担忧是合理的。以这种方式被彻底分割的城市并不是一个理想的目标。在世界各地，两极分化的城市给富人和穷人带来了不安全感，这种不安全感可能会以暴力、经济绝望以及公共空间和公共生活衰落的形式表现

(接上页) Foundation, 2000), 1 - 22; Jason C. Booza, Jackie Cutsinger, and George Galster, Brookings Institution Metropolitan Policy Program, *Where Did They Go? The Decline of Middle-Income Neighborhoods in Metropolitan America* (June 2006).

① Janny Scott, "Cities Shed Middle Class, and Are Richer and Poorer for It," *New York Times*, July 23, 2006 (quoting Edward Glaeser).

出来。圣保罗是这方面问题的一个众所周知的例子，并且它也不是一个可以接受的模式。此外，没有理由认为当地居民，即城市选民，希望他们城市的经济发展战略主要集中在吸引有钱的外地人，这些外地人会以出价上的优势将当地居民从他们的街区排挤出去。与此同时，没有中产阶级的城市会使穷人难以改善生活。布鲁金斯学会的研究描述了这种担忧的依据：

> 如果经济不平等的加剧导致经济隔离的加剧，那么低收入者选择和进入中等收入社区的能力就会下降。反过来，这可能会限制他们获得相关便利设施，比如工作、体面的医疗保健、安全的社区以及充分的政治代表。如果低收入和高收入社区之间的房价差距过大，中等收入社区的缺乏也可能限制中低收入业主“置换更大更好的”房产的机会。①

没有哪个城市会期待未来将有一大部分人口陷入贫困。

为了使一个城市成为中产阶级城市，人们需要了解什么是中产阶级。“阶级”一词的定义有着非常大的争议。② 即使打算以收入作为判断的标准，这种收入标尺也要与其他城市居民的平均收入（布鲁金斯学会是这么做的）或者特定的贫困水平（人口普查是这么做的）相比较才能定。其他一些定义指向的不是收入，而是中产阶级

---

① Booza et al., “Where Did They Go?” 23.

② For a classic analysis of class, see Paul Fussell, *Class* (New York: Summit Books, 1984).

对某些事物的渴望：教育、公共安全和保障性住房。当然，富人和穷人也需要好的城市服务。尽管如此，有人认为，有些服务对中产阶级居民来说特别重要，因为他们没有那么多钱来避免对这些服务的依赖，也不能像富人那样，在服务不充分的情况下离开一座城市。

另一方面，专注于中产阶级的确切定义可能是解决这个问题的错误方向。毕竟，中产阶级城市并不需要排斥富人和穷人。它可以是一个阶级多元化的城市，包括所有收入水平的人。想要确保多样性的城市，并不都是从一个共同立场出发的。一个城市可能已经有了庞大的中产阶级，并希望予以维持。它可能试图把中产阶级家庭从其他地方（特别是从附近郊区）吸引过来，也可能侧重于增加贫困城市居民进入中产阶级行列的机会。无论是哪个关注点，其选择都是有限的。在本章中，我们并没有确切地界定那些既不富有也不贫穷而是介于二者之间的人。我们只是注意到，在 1999 年，美国中间那 20％的家庭收入在 3.4 万美元到 5.2 万美元之间，中间那 60％的家庭收入在 1.8 万美元到 8.1 万美元之间。这些数字提供了中产阶级的标准定义。[①]

在本章中，我们将集中讨论增强一个城市成为中产阶级城市的能力的四大要素：税收、教育、住房和地方经济。城市在试图对这些领域进行控制时面临着巨大障碍。考虑到这些障碍，即使是那些

---

① See, e.g., Brookings Institution Center on Urban and Metropolitan Policy, *Growing the Middle Class: Connecting All Miami-Dade Residents to Economic Opportunity* (June 2004), 8.

想实现中产阶级未来的城市也有理由怀疑自己是否有能力这样做。在我们讨论最后一个话题，即地方经济之前，必须详细了解一下州法对这些问题的影响。归根结底，我们认为，寻求成为中产阶级城市的城市不仅需要促进其中产阶级居民的福利，还要促进其经济发展。没有中产阶级经济发展战略，中产阶级城市就毫无希望与全球城市或旅游城市的理想竞争。原因之一在于，城市在经济发展方面的权力要大于议程其他方面的权力。不同的法律结构可能会改变城市成为中产阶级城市的方式，从而使人们更加关注税收、教育和住房。然而目前，中产阶级城市的法律结构与全球城市和旅游城市的一样，使经济发展成为最容易的起点。

一 税收

推进中产阶级城市的一种可能方式是通过税收政策。在国家层面上，累进所得税是一种主要机制，用来产生必要的资源，以此为有需求的人提供服务。毫不奇怪，德罗姆-梅杰研究所的调查显示，提高纽约市地方征收所得税的累进性，将有助于纽约市留住中等收入的居民。由于中产阶级城市是服务型城市，因此充足的资源必不可少。而且，鉴于中产阶级收入的紧缩，这些资源不可能来自对那些被引诱来或者留在城里的人增税。当然，并不是每个城市都能采取累进税政策。许多城市担心，如果它们提高税率，会把最富有的居民赶出城去。但是，另一些城市也许既能保住富有的人口，又能保持高税率，纽约市就是最好的例子。很显然，非常富有的人愿意为在纽约或者旧金山、波士顿这样的城市生活和工作支付额外的费用。在没有法律限制的情况下，这些城市或许可以在不赶走最富有的居民的情况下，将税收转变为累进制。如果是这样的话，更大的课税公平可以为城市创造更多的收入，而不会给无力支付的居民带来不应有的成本。

德罗姆-梅杰研究所的报告没有强调的是，纽约市和更广大的美国城市是无法采用这个选项的。让我们从物业税开始。城市用来提高物业税水平的一种工具是实行差别评估。在这种方法下，对昂贵的房屋评估的税率要高于便宜的房屋。州法律通常禁止这种做法，部分原因是这种差异化往往反映出政治影响而不是健全的税收政策。在马萨诸塞州，州法院宣布差别评估的做法违反了州宪法，并要求波士顿和其他市政府对所有物业进行全额评估。根据州法律，纽约市继续依赖差别评估。它对一户、两户、三户住宅的评估上限要低于高层公寓的评估上限。尽管这种差别待遇给地方物业税增加了一个累进的尺度，但是即使在纽约市，这种差别也很小，并且受到州法律的严格监管。纽约的做法也受到了马萨诸塞州的批评：通过以不同的方式评估房地产来征收累进物业税会产生很大的随意性。

全额评估的要求并不意味着所有物业都必须以相同的税率征税。为了回应马萨诸塞州的司法裁决，选民们通过了全州公投，允许波士顿和其他城市将物业分类用于税收目的，对住宅物业居民、商业物业和工业物业适用不同的税率。这里引入了中产阶级保护的一个元素；它是为了限制中产阶级房主的负担而制订的。但这并没有解决房产税对不同目的的房主带来的累退效应（regressive effect）。物业税在允许的类别中依然是固定税率，所有住宅物业都被视为一类。因此，目前的方案可能会破坏中产阶级住房的供给。尽管房产税要求那些住在昂贵的房屋里的人比住在便宜的房屋的人缴纳更多的税，但穷人和中产阶级在住房上的支出占其收入的比例要高于富人。因此，固定税率的形式上的平等带来了不平等的影响：中产阶级收入中有更大比例用于支付物业税，高于富人的支付比例。

马萨诸塞州确实存在着一种住宅物业税差异：州法律为城市提供了对当地老年人的地方税的免税选择，以确保不断提高的物业税不会取代长期居民的固定收入。其他州，比如科罗拉多州，甚至更进一步：它们已经在全州范围内为老年居民设立了房产税免税政策，而没有给城市一个决定免税是否合理的发言权。然而，目前还不清楚对老年人的免税政策是否有助于促进一个中产阶级城市的发展。可能适得其反。对老年人免征房产税无助于一个想保护中产阶级家庭免受物业税上涨的城市。它甚至可能会增加城市的压力，迫使其提高对这些家庭征收的物业税，以支付其开支。然而，唯一允许的物业税豁免是州法律所允许的豁免：波士顿可以拒绝对老年人的免税，但是它也不能建立一个更符合年轻家庭需求的不同的豁免方案。

正如我们已经指出的那样，物业税给城市带来了要增加房产价值的压力，因此不利于促进中产阶级城市的发展。高物业价值以及随之而来的高物业税，往往会阻止中产阶级家庭留在城里。出于这种考虑，州对地方物业税的限制可能与一个城市成为中产阶级城市的目标相一致。但是，如果物业税收入被设定了上限，就需要有其他收入来源。虽然波士顿被限制到只能依靠财产税，但其他州允许其城市制定销售税。那么，累进制销售税也许是一种推进中产阶级城市的更好方法。当然，累进制销售税可能不是针对中产阶级的需求，而是针对穷人的需求。在新泽西州，如果在该州的城市企业区进行销售，销售税的地方部分会被免除，对超过 500 美元的皮草销售则征收奢侈品税。

一些州试图通过建立免征销售税的消费类型来帮助中产阶级。一项对酒店或租车征收的地方税针对的是可支配收入更高的纳税人，同时对其他所有人免征，从而减轻更为普遍的销售税的压力。在某种程度上，餐馆税也是如此。（这些税收还具有针对非居民纳税人的附加功能。）西雅图最近考虑了全民投票，即西雅图拿铁税，将对浓缩咖啡饮料征收 10 美分的税；所得款项将专门用于向儿童保育服务提供补贴。这次全民投票失败了，但它反映了近期的一个兴趣点，即试图减轻城市税收体系对中产阶级造成的负担。（像西雅图提议的那样的措施可能会在很多城市受到法律的挑战；甚至还不清楚西雅图的拿铁税一旦通过，是否会在该州的法律挑战中幸存下来。）

还有许多其他选择可用。在伊利诺伊州，杂货和非处方药的销售税为 1%，报纸和杂志则免征销售税。科罗拉多州对杂货不征收销售税，但对服装征税。马萨诸塞州有一个很长的免税名单，包括

"食品"（但不包括现成食品）；住宅用水、燃气和电力服务；可回收的容器；175 美元以下的服装和鞋类；处方药、假肢、医疗器械或服务；以及美国国旗。2006 年，纽约州允许其城市取消单件商品价格低于 110 美元的服装和鞋子的销售税；纽约市已经照此实施了。其中一些项目可以理解为努力提高销售税的累进性，但并非全部。无论其影响如何，这些决定都是由州法律做出的，除了一些例外情况（比如刚才提到的纽约市的例子）。大多数城市不能修改免税清单，或者加入自己的项目。

最后，我们转向地方所得税。包括许多大城市在内的地方政府，不仅仅是波士顿，都无权征收这样的税。但是一些州赋予城市征收所得税的自由裁量权，尽管它们设定了税率和规则以便进行把控。有一个州，即马里兰州，要求其城市征收所得税。即使在允许征税的情况下，州法律通常也要求按固定税率征收。在美国，地方累进所得税并不常见。少数几个允许累进地方所得税的州要求它比照累进州所得税的税率来征收。唯独纽约市的所得税税率并没有遵照该州的情况来设定。不过，纽约市所得税的累进性是有限的：从 2.5％到 3.2％不等。即使是纽约，如果没有获得州立法的批准，也不能自行提高所得税税率。纽约市的所得税也不适用于通勤者。尽管该市一度被准许将其所得税的一部分转移到非居民通勤者身上，从而保护中等收入居民免受增加的地方税收负担，但现在州已经禁止征收通勤税。德罗姆-梅杰研究所建议纽约市提高其所得税的累进性，这是一个很好的例子，说明城市无法做到这一点。

还有一个问题是，即使允许城市提高税收制度的累进性，这样做是否明智。反对提高纽约市所得税最高税率的人士辩称，即使只有5%的“寻常”百万富翁因为增税而离开了纽约市，该市也将损失2.11亿美元的收入。① 如果没有一个地区性的创收方法，任何对一部分人口增税的建议都可能会事与愿违。此外，无论纳税者的收入如何，物业税都是应当缴纳的；因此，提高物业税可能不只是拿走富人的收入。总而言之，尽管累进税在国家层面上很重要，但地方层面上的累进税很难成为促进中产阶级城市发展的充分手段。它的不可行表明，城市在追求中产阶级未来方面面临着州加诸的障碍，尽管显然还有其他原因导致地方一级征收累进税的提议失败或者永远无法付诸实施。

二 教育

我们已经注意到，许多人认为教育是创建中产阶级城市的关键因素。城市可以做些什么来改善他们的学校呢？虽然人们可能会认为答案是一个城市可以实施它可以想到的任何创意，但现实情况要复杂得多。在第六章中，我们详细阐述了州对教育、学校财务、课

① Budget Options for New York City: www. ibo. nyc. ny. us/iboreports/options. pdf.

程和考试进行控制的重要内容，其中，教育是最重要的。同时，我们列举了城市为提高教育质量而可能采取的各种选择。在这样的背景下，目前有两个想法被广泛讨论，以作为改善城市学校的方法：一个是增加城市对学校的控制，另一个是减少控制。第一种方案建议由市长控制公立学校系统；第二种针对的是特许学校。

正如我们在第六章中指出的那样，州法律通常要求学校系统由独立选举产生的学校委员会进行管理，但改变正在悄然发生。在一些大城市，控制权已经转到了市长手里，比如波士顿（1992）、芝加哥（1995）、克利夫兰（1998）、底特律（1999）、费城（2001）和纽约（2002）。然而，这种势头并非不可阻挡。虽然洛杉矶市长安东尼奥·维拉莱戈萨成功地获得了州政府的批准，但州法院宣布此项授权的州立法是违宪的。[①] 洛杉矶的情况很复杂，却值得总结，因为它表明，有时甚至连州立法机关也无权建立一个由市长控制的学校系统。

洛杉矶联合学区是加州最大的学区，重要的是，它还在许多邻近城市，不仅仅是洛杉矶，开办了一些学校。州立法试图设立一个由相关城市的市长组成的理事会，并按照人口分配投票权。这不仅使得洛杉矶市有了最终控制权，即批准谁来担任学校的督学，也使得洛杉矶市长和督学能够控制该地区表现最差的学校。以如此曲折的方式赋予洛杉矶市长更多的权力来管理该市的学校是必要的，因

① Mendoza v. State of California, 37 Cal. Rptr. 3d 505 (Court of Appeal, 2nd District, 2007).

为加州《宪法》规定，洛杉矶县（比该市大得多的地区）的选民有权决定县学校委员会是选举产生还是任命产生。因此，市长（或市长协会）不能像波士顿和纽约那样接管学校委员会。这将违反洛杉矶县公民的权利，他们已经决定选举一个学校委员会。州立法试图这样解决这一问题，即保留选举产生的学校委员会，但以允许市长指挥督学并管理表现差的学校的方式进行干预。法院裁定，这种围绕州宪法进行的最终角逐没有奏效：州政府无法将权力从洛杉矶县选民设立的民选学校委员会转走。

人们可能会把这个观点看作地方控制学校的胜利。这似乎阻止了州侵入选举产生的县学校委员会所在的行政区。这可能是对法院判决的误读。法院承认，州政府没有义务赋予选举产生的县学校委员会对学校的任何权力，州本身就可以接管一个陷入困境的学区的管理（就像里士满市发生的那样），州设立特许学校的行为并不是对县学校委员会的宪法权力的削减，即使这些学校不归该委员会管。所有的问题只在于市长的控制，甚至州立法机关采用的复杂形式。选民们已经选择了一个选举产生的学校委员会，因此不再把市长控制当作一个选项。于是，最终，无论加州立法机关还是洛杉矶市都无权改变洛杉矶联合学区的组织，让市长有能力管理学校或者干预该市最令人头疼的学校。

在其他地方市长控制仍是有可能的，只要州立法机关批准。支持市长控制的人认为，市长有独特的潜力来成为改革的催化剂。他们说，市长控制增加了政治责任感，从而使学生家长和其他有关公民有权要求改进。他们认为，学校委员会有自己的政治议程，并且通常抵制改革。反对者的回应是，市长控制有可能并没有提高学校的教学质量，反倒使地方学校系统政治化，而且它倾向于培养一种强调考试和其他集中化方法的特殊教育改革模式。我们不打算在这里解决这个争论。即使是在其实施的地方，市长控制对改善该市学校系统的贡献也可能不大。即使允许市长控制，州法律在市长选择学校委员会成员或督学的自由裁量权范围也有所不同。城市对学校预算的控制程度也存在差异。更根本的是，任何地方政府机构——无论是市长，还是选举产生的学校委员会——其影响城市的学校系统的能力都是有限的。我们在这里不仅提到了州对财政、课程和考试的控制，而且提到了第六章中提出的根本问题：学校系统的人口统计数据（相比其所在市的人口统计数据），以及目前缺乏一个可以对抗大都市区学校中的不平等的区域性机制。在许多城市，绝大多数学生生活在贫困线上甚至之下，学校拥挤，班级学生的种族单一。许多家长只是以为他们的孩子在郊区学校能够接受到更好的教育。[1]

从我们的角度来看，市长控制的价值在于它有可能影响一个城市的政治领导人对城市未来的思考方式。无论市长控制是不是学校

① Jonathan Kozol, *Savage Inequalities: Children in America's Schools* (New York: Crown, 1991); Stephen D. Sugarman and Frank R. Kemerer, *School Choice and Social Controversy: Politics, Policy, and Law* (Washington, D.C.: Brookings Institution, 1999), 14 - 17.

改革取得成功的必要条件，它都是在鼓励市长在规划城市未来之时能把学校系统放在心上。在许多城市，如果市长力有不逮或者改善这些学校似乎很困难的话，现在市长会有强烈的动机从这件事上全身而退。由于他对土地使用规划和经济发展有更多的控制权，他很可能围绕他能影响的各种政策来安排城市的未来。加强对学校表现的政治问责，可能会导致市长转而推动增加学校的开支，因为担心如果学校没有改善，就会被视为失败。当然，也有可能情况正好相反。一个对学校缺乏控制的市长可能仍然很难削减学校的经费。而且，一旦获得控制权，市长可能仍然会通过削减学校经费来寻求减轻地方税负，以便为全球城市或旅游城市提供支持。然而，人们不必接受一个确定的市长决策模型便可看到城市结构对其优先事项的影响。考虑到这种影响，重要的是认识到在这个国家没有哪个州允许城市自行决定何种程度的市长控制是适当的。一些州要求有独立的学校委员会，因此禁止市长控制，而另一些州则要求由市长控制。充其量就像在洛杉矶县一样，它们允许当地居民通过全民投票对这个问题做出一次性判断。没有哪个城市允许市长和学校之间的关系成为当地政治竞赛的常规主题。

许多人赞成的改善城市学校的一个截然不同的方法就是扩大择校范围。乔尔·科特金认为，特许学校是城市“回归基本”并服务于向上流动的家庭的一种主要途径。[1] 然而，择校并不是城市能自

① Joel Kotkin, *The City: A Global History* (New York: Modern Library, 2005).

己做出的选择。正如州控制学校管理一样，它们也控制着对设立特许学校的授权。事实上，在许多州（比如马萨诸塞州），授予它们执照的是州而不是市。对于那些支持增加学校选择的人来说，这种州控制通常不被视为一个引起人们关注的问题。他们认为，地方官员可能会阻挠特许学校的设立，因为它们将被视为对当地现有公立学校的竞争威胁。如果是这样的话，对它们的授权最好由州负责。

这种标准的叙述忽视了州在阻碍特许学校方面的作用。目前，有 10 个州没有给它们的城市任何批准特许学校的法律授权（在第六章中，我们曾以西雅图为例）。在那些允许其城市批准设立特许学校的州，有时候州法律似乎是出于这样的担忧，即地方想要的太多而不是太少。各州通常对批准的特许学校数量设置上限。在伊利诺伊州，全州范围内授权的特许学校不超过 60 所，芝加哥允许的特许学校不超过 30 所。马萨诸塞州将这个数字限制在 120，此外，州政府也设置了可以在联邦特许学校就读的学生人数上限（全州人口的 4%），并限制了特许学校的开支（不超过其所在学区总支出的 9%）。[①] 此外，允许地方批准特许学校的州通常会将这种权力授予学区，而不是市长。然而，在特许学校问题上，学校委员会和市长们往往是对立的。印第安纳波利斯市市长是美国唯一有权批准特许

① Education Commission of the States, "Charter School Caps," mb2. ecs. org/reports/Report. aspx?id=80.

学校申请的市长。[1] 最后一个问题是资金问题：州法律通常要求学区为新的特许学校提供资金，而资金结构的细节阻碍了城市对特许学校的支持（第六章中曾以波士顿为例进行了描述）。总之，州法律要求城市支付特许学校的费用，甚至可以不顾城市的反对；而且州法律还禁止城市批准设立特许学校，即便后者需要这些特许学校也不行。

与市长控制问题一样，我们所提出的关键问题不在于特许学校是不是公立学校系统的问题的解决之道。我们只是强调，城市无权决定是否采用目前流行的任何一种学校改革方法，只有州政府才能在市长控制和特许学校之间做出决定，或者（像波士顿和纽约一样）两种选择同时采用。

三　保障性住房

按照定义，一个中产阶级城市必须拥有中等家庭能够负担得起的理想住房。然而，城市在提供住房方面的权力与其在税收和教育方面的权力有着结构上的不同。城市的征税权力是为了从私营部门中获取资金（无论它们是否愿意支付），而城市提供的教育则是公

① Remarks of U. S. Secretary of Education Margaret Spellings at the 2007 National Charter Schools Conference: www. ed. gov/news/pressreleases/2007/04/04272007a. html.

共服务（就连特许学校也是公立学校）。相比之下，城市主要依靠私营部门来建造住房，因此它们需要吸引后者来这么做。诚然，正如我们所看到的，纽约市已经利用其拥有的无主房产提供了相当数量的保障性住房。而公共住房在全国许多城市依然很重要。尽管如此，纽约市的计划还是非同寻常的，而且与欧洲城市不同，美国城市从来没有提供住房补贴和公共住房以使其大部分城市人口能够以负担得起的价格生活。① 当美国城市提供公共住房时，通常是分配给城市的贫困人口而不是中产阶级。中产阶级的住房应该由私营部门建造。

因此，该市的中产阶级住房存量主要掌握在他人之手，它可以通过大规模的开发或小规模的逐户增加。城市提供保障性住房的努力主要集中在开发商身上。城市住房政策的这一方面建立在一个单一概念上：与开发商达成交易，其中涉及一定数量的保障性住房的交易特许权（通常允许它们建更大的项目）。目前尚不清楚这些交易是否减缓了中产阶级化的势头。毕竟，所建的大部分住房都不是中产阶级负担得起的。确实，总体交易很可能与成为全球城市的目标相一致，而不是与成为中产阶级城市的目标相一致。大规模的发展将促进社区的变化，从而吸引全球喜欢住在城市的人。由此，这种交易就可以产生远离中产阶级城市的动力。然而，城市几乎没有其他选择。因为与教育不同，住房供给被理解为一项私人职能，所

① Pietro Nivola, *Laws of the Landscape: How Policies Shape Cities in Europe and America* (Washington, D.C.:Brookings Institution, 1999), 22 - 24.

以城市没有权力自行建造（重要但有限的公共住房是例外），也不能简单地要求开发商主要为中产阶级建房。这就是为什么这些城市在与房地产开发商打交道时，会寻求那些与推广全球城市和旅游城市所用的技术相当的技术，比如税收减免、基础设施改善、多样性分区等。鉴于城市在财政和法律权力上的限制，这些是它们实现这一目标的最佳工具。

城市采用的主要手段是包容性分区。这个想法是在小城市和郊区首创的，目的是利用开发商对建造新住房的兴趣来要求他们建造保障性住房。随着城市住房市场的升温，大城市也开始尝试包容性分区。在大多数情况下，强制性的包容性分区方案比自愿性分区方案更为有效，尽管它们也更具争议。自愿性方案产生的反对较少，因为它们只是允许城市通过交换监管和财政优惠来换取建设保障性住房单元的承诺而与开发商达成协议的一个过程。但是自愿性方案和强制性方案之间的界限可能很小：许多强制性方案还包括允许城市向开发商提供分区减免和其他福利的条款。即使城市在批准分区之前可以要求提供保障性住房，但其对城市住房存量的影响也是有限的。对中产阶级而言尤其如此。包容性分区的要求通常对那些有资格获得保障性住房的人设立了收入限制，许多中产阶级家庭的收入都超过了该限制。此外，与需要开发的大量中产阶级住房相比，可以要求的保障性住房的比例较低。

城市用来促进中产阶级住房的另一个策略是：保护城市已有的住房存量。城市没有权力以要求现有住房保持负担得起的方式来界定产权。[1] 但是，它们的确在寻求其他途径确保那些现在居住在中产阶级住房中的人可以继续住下去。近年来，一些城市重点对次级抵押贷款行业的扩张进行监管，这个行业向借款人提供可调利率贷款而无需传统的信用指标。尽管获得信贷的机会增加了房屋拥有率，但当利率上升时，借款人无法偿还贷款，因而容易遭遇止赎[2]。旨在监管次级贷款业务的地方法规的支持者将其视为保护这些城市居民的要素，并因此将其视为创建稳定的中产阶级社区的总体城市战略的一部分。

在这方面也存在重大的法律障碍。由于止赎是一项法庭下达的程序，它通常被视为一个由州法院控制的事项。一些城市试图通过限制次级贷款的法令来绕过这一限制。但是加州、俄亥俄州和马里兰州的法院已经宣布这些法令无效，要么是因为城市缺乏制定这些法令的权力（也就是说，基于地方自治的理由），要么是因为州法律使城市无法处理这一问题（法律的优先原则）。由于很少有明确的迹象表明城市缺乏监管次级贷款的权力，因此法院实际上采取了一种推定，即州在统一管理上的利益超过了地方在这些措施上的利益。然而，一个城市可能出于强烈的地方利益考量，采取比州更严格的措施，即使地方监管的加强会导致陷入困境的社区的可用资金

① For ideas about how to do this (albeit on the state level), see William H. Simon, "Social-Republican Property," *UCLA Law Review* 38(1991):1335.

② 抵押人未在规定期限内清偿抵押债务时，抵押权人有权起诉请求终止抵押人对抵押物的回赎权，由抵押权人取得抵押物的所有权或者变卖抵押物以清偿债务。——译注

减少。受到掠夺性放贷行为重创的城市可以得出这样的结论：增加获得信贷的机会所带来的好处被一波止赎潮的邻域效应（neighborhood effects）所抵消。加州最高法院宣布奥克兰首创的次级抵押贷款条例无效一案中的不同意见，描述了当地在采用这些条例方面的利益：

> 奥克兰在监管次级贷款方面的特殊利益不仅仅在于保护其特别脆弱的公民……掠夺性住房抵押贷款对于目标社区产生了巨大影响。掠夺性贷款……可能导致房屋废弃和社区破败，并造成低收入、少数族裔和市中心社区的物质及经济上的恶化。“止赎，特别是在低收入和中等收入的社区，使一个通常所认为的消费者保护的问题……变成了一个社区发展问题，在这个问题上，越来越多的丧失抵押品赎回权导致财产被遗弃和荒废”。[①]

如果把激励开发商的普遍做法和地方对次级贷款监管的限制放在一起，城市推行住房战略以促进中产阶级城市的努力所受的限制就会显而易见。在与私人开发商谈判时，城市只能提出自身的需求；在监管私人放贷机构时，城市只限于自己所提的要求。这些制约源于住房市场的私有性质以及州对城市试图控制住房市场的限制。

---

① American Financial Services Ass'n v. City of Oakland, 104 P.3d 813, 833 (Ca. 2005) (George, C.J., dissenting).

四　工作和工资

考虑到城市在税收、提供服务和监管方面的权力所受的限制，一个城市成为中产阶级城市的最佳机会可能在于促进经济发展。我们已经见识了在全球城市和旅游城市的背景下，城市参与经济发展活动的力量。城市在这些背景下使用的许多工具，比如税收激励、基础设施建设等，都可以转而用于创造和维持中产阶级的就业机会。具体项目可能会有所不同。城市可能会把重点放在工业而不是金融或服务业的工作岗位上，放在工人阶级社区而不是会展中心的小企业发展上，放在移民社区而不是市中心。在谈到这些想法之前，我们先从城市现在寻求促进中产阶级就业的另外两种方式着手。第一种是监管干预：生活工资条例的通过。第二种是市政就业：为中产阶级提供就业机会的传统方式。

1. 生活工资条例

生活工资运动始于地方一级，是对城市经济两极分化以及随之而来的低薪服务业工作岗位增加的反应。还有一点也很重要，那就是国家政府未能提高联邦最低工资。这一运动势头强劲，因为许多城市对全球投资者的吸引力日益增加，因而有空间对企业加以监管。生活工资条例对减贫的影响备受争议。公平地说，没有确凿的证据表明这些法令破坏了城市创造高薪工作岗位的努力，造成了适得其反的效果，也没有确凿的证据表明其对地方劳动力市场产生了实质性的积极影响。其影响有限的原因之一在于，州法律常常禁止地方颁布最强有力的生活工资法规：城市最低工资法。

到目前为止，无论是费城这样的大城市，还是奥尔巴尼这样的小城市，已经有100多个城市采用了最常见的生活工资条例。只有在用人单位通过城市合同、城市自有土地使用或者特殊税收优惠等方式与市政府有直接关系的情况下，这些条例才会要求雇主支付更高的工资。这些措施通常被认为属于城市自治权范围，尽管它们仍然受制于州法的优先权。虽然这些条例已经取得了成效，但只有少数城市采用了适用于在市内经营的私人雇主的生活工资条例。部分原因来自地方政府的法律。正如我们所看到的，地方自治权往往并不包括管理私人事务或者民事事务的权力。这一例外引起了人们的担忧，即对于雇主与雇员之间私人合同的监管是否会超出地方自治权的范围。还有一种担忧是，鉴于其对劳动力市场潜在的重大影响，适用于私人雇主的生活工资条例将属于地方事务还是市政事务（就像地方自治权通常要求的那样）。州法优先的威胁也很大，因为通常已经有了一个比较完善的州工资制度和劳动法规。所有这些担忧都在最近的案例中反映了出来，这些案例使新奥尔良2001年颁布的最低工资条例失效。对这一问题进行的最详细的法律调查得出结论：全美有一半的州可能制定了在城市范围内实行的生活工资法，可能有四分之一的州会宣布其无效，其余四分之一的州情况还不确定。[1]

因此，在一些州，生活工资条例仍是有可能实行的。新墨西哥州最高法院对全市范围的最低工资法予以了支持，此举表明，即使是看似受限的地方自治权也可以解释为授权城市主动采取这样的措施。[2] 通过州立法率先制定地方生活工资法的运动也失败了。尽管如此，无论是州立法还是司法裁决的未来走向仍然存在着相当大的不确定性，这些决定将继续界定城市制定这类条例的权力范围。

2. 市政就业

城市可以尝试增加中产阶级就业的另一种方式是雇用城市居民。城市政府连同州政府和国家政府一直是中产阶级工薪阶层的主要雇主。城市显然有权雇用工人，但城市就业机会并不是自动落到城市居民身上的。为了解决这个问题，全国各地的城市都已经颁布了居留要求（residency requirements），规定城市就业必须面向居住在城市范围内的人。尽管美国最高法院支持了城市居留要求的合宪性，但法律问题依然存在。加州最高法院也支持了当地的居留要求，但城市行使这些要求的权力后来被一项该州倡议通过的《宪法修正案》推翻了。尽管如此，一些城市，包括芝加哥和纽约，已经

---

① Darin M. Dalmat, "Bringing Economic Justice Closer to Home: The Legal Viability of Local Minimum Wages Laws under Home Rule," *Columbia Journal of Law and Social Problems* 93(2005); New Orleans Campaign for a Living Wage v. City of New Orleans, 825 So. 2d 1098(2002).

② New Mexicans for Free Enterprise v. City of Santa Fe, 126 P. 3d 1149(2005).

颁布了居留要求。但是它们仍然存在争议。从字面上看，1976 年通过的《波士顿居留要求条例》似乎要求城市雇员居住在波士顿。但是，法律规定了一些例外情况，市政雇员的工会也已经就其他例外进行了谈判。结果，波士顿市的雇员中只有四分之一被要求居住在该市。①

城市就业作为创造中产阶级城市的工具的效用还有另一个限制：城市预算。由于市政就业开支占每个城市预算的很大一部分，州对城市支出的限制很大程度上影响了城市可以雇用的员工数量。州还通过另一种重要方式影响着城市依赖市政就业的能力：增加雇用员工的成本。许多城市并不负责确定它们支付的福利金额。波士顿的退休和医疗福利由州政府控制，即便是在福利方面享有更大权力的丹佛也受制于州的具体管制。因此，虽然城市往往因为向其雇员提供过分慷慨的养老金和医疗保健而遭受批评，但有时它们会成为市政雇员福利的支持者，因为州要求它们这么做。

最后，市政雇员的工资和福利对创建中产阶级城市的影响是不

① Ellen Perlman, "Residency Laws: Placing City Limits on Public Employees," *Governing Magazine* (May 1995); Gusewelle v. City of Wood River, 374 F. 3d 569(7th Cir. 2004); NYC Administrative Code, § 12 - 120 (2005); Residency Requirement Ord. 1976 c. 9, City of Boston Code § 5 - 5. 3(2005); Mc Donald v. Menino, 1997 WL 106955 (D. Mass 1997); Andrea Estes, "Most Workers Free from City Rule," *Boston Globe*, April 19, 2004. The U. S. Supreme Court case is Mc Carthy v. Philadelphia Civil Service Commission, 424 U. S. 679 (1976); the California case, Ector v. City of Torrance, 514 P. 2d 433(1973), was modified by a new provision of the California Constitution, Article XI, section 10.

确定的。市政就业和州政府规定的福利可以清楚地理解为旨在促进中产阶级城市的战略的一部分。城市就业提供中产阶级工作。另一方面，享受高福利的大批市政劳动力可能会削弱留住和吸引其他中产阶级居民的努力，因为必须提高地方税才能支付市政就业的成本。由于州几乎没有采取什么行动去抵消法定福利的成本，城市通常要么必须通过物业税将成本转嫁给中产阶级的房主，要么必须削减中产阶级居民所依赖的服务。

3. 小企业发展

无论其价值如何，显然需要一些理念而不是生活工资条例和城市就业来提升一个中产阶级城市。在关于全球城市和旅游城市的章节中，我们强调了一种截然不同的举措：城市在吸引促进其经济的企业方面发挥的作用。在前面的章节中，重点是吸引全球商业和旅游业。然而，即使是现在，城市也在争夺制造业的工作岗位，并且它们也认识到小企业发展作为支持中产阶级的一种手段的重要性。我们转向讨论这种经济发展战略，它可以补充甚至部分取代针对全球城市和旅游城市的战略。

提升小企业的方法之一是保护它们不受大型连锁企业的侵害。批评人士指责大卖场迫使与其竞争的小零售商停业，结果导致街区凋敝。出于这个原因，一些城市已经开始利用其分区权来排除大型零售商，以免后者威胁到那些创造更好的中产阶级就业机会的小企业。加州的城市在解决这个问题方面尤其主动，包括洛杉矶在内的加州多个城市都通过了一项限制零售店规模的法令。圣地亚哥市议会也通过了这样的条例，不过，当它被市长否决时，市议会无法推翻该否决。2007 年，加州最高法院全面维持了城市当局以这种方式进行监管的权力。这并不是说每个州都会效仿加州。而且，正如圣地亚哥情况的反转所表明的那样，这个问题产生了相当大的政治冲突。尽管如此，限制仓储式零售商的法令也许是城市有权采取的保护小型企业战略的一个方面。[①]

当然，控制仓储式零售商的扩张本身并不是一种经济发展策略。其目标在于鼓励小企业的发展，而不是单纯限制其他类型商业生活的影响。城市在促进小企业发展方面有很大的自由裁量权。它们可以修改当地的许可要求（至少在州法律允许的范围内），许多批评者认为这是建立新企业的障碍。这种批评尤其适用于新的小型企业。它们可以利用自己的分区权，使城镇的某些部分对制造业或小零售商特别有吸引力。它们还可以通过减税或基础设施建设等激励措施，鼓励这些企业在该市落户，就像它们为全球城市和旅游城市所做的那样。

在制定这样的战略时，城市有几种选择。其中之一是推动工业领域的就业。把这个选择看作重回暗无天日的撒旦磨坊（satanic mill）是错误的。如今，小型工业企业以一种悄无声息甚至不为人

---

① On San Diego, see "San Diego Defeats Wal-Mart Superstore Ban," Associated Press, July 10, 2007; the California case is Hernandez v. City of Hanford, 159 P. 3d 33 (Sup. Ct. Cal. 2007).

知的方式融入城市的各个区域，它们在很小的空间里从事小规模的制造业，以支持经济的其他部分。关于全球城市和旅游城市发展的一些争议集中在消除这类小规模制造业，转而发展高层住宅和写字楼。皇后区西面开发项目位于曼哈顿中城的水滨区域，占地 74 英亩，由纽约州帝国开发公司的一个分部负责。对于该项目的一个反对意见是，它将淘汰掉一些提供中产阶级就业的小型工业工作场所。正如我们在红钩区的例子中看到的那样，当该市计划为旅游目的而重修一个街区时，工业领域的就业也经常受到威胁。①

尽管纽约市正在推动的发展将威胁工业就业，但它也认识到有必要在城市边界内保护和促进工业发展。1950 年以后，纽约市失去了数十万个工业工作岗位，但仍有 50 多万个。目前，该市大部分工业企业的雇员还不到 20 人，与此同时，它正设法以多种方式发展这一经济部门。它正在市内设立工业商业区，鼓励企业在区内选址，保证不将这些区域重新划分为允许建造民宅的区域，并设法限制其他工业用地非法转为住宅用地，留出城市自有土地作为工业用地，并采取措施减少官僚体系对新兴工业企业设置的障碍。这些举措中的大部分都属于城市力所能及的，尽管不是全部（例如，需要立法批准，才能将对商业企业的房地产税减免延伸到这些小型工业

---

① Queens West Development Corporation/Empire State Development website: www. queenswest. org/home. html. For a look at one small-scale industrial site, see David Gonzalez, "In Place of Smokestacks, Makers of Dumplings and Doors," *New York Times*, September 10, 2007.

企业)。然而，问题仍然存在：所有这些努力，以及更多类似的努力，是否会开始抵消该市同期的推广全球城市和旅游城市替代方案的努力。[1]

波士顿的“后街计划”(Back Streets Initiative) 与纽约的战略类似，但它的重点是保护该市的中小型商业和工业企业。[2] 2001 年启动这项计划时，市长指出该市大约 20%的工作来自这些企业，他设定的目标是确保此类工作岗位不会出现净下降。“后街计划”的主要重点之一是工业用地的开发。波士顿的法律权力，尤其是负责“后街计划”的波士顿重建局的综合开发和规划权，使该市能够保留现有的工业区。波士顿重建局还可以向工业用户保证，这些地区不会被重新分区用于新的豪华住宅开发，它还可以帮助需要更多空间的企业组合地块。但是，州法律结构的其他方面却就这一努力提出了一些问题。因为波士顿的许多工业用地都位于该市的港口，所以它们占用的城市土地是受到州土地使用管制的。波士顿海洋工业园是一个重要的工业园区，被负责海岸地带管理的机关视为“指定港区”。因此，州对该区域的允许使用方式做出了限制。

也许比这些以行业为重点的举措更重要的是试图更普遍地提升小型企业。在美国 2600 万家企业中，超过 97%的企业雇员不足 20

① City of New York, *Protecting and Growing New York City's Industrial Job Base* (January 2005).

② This discussion is based on Emily Thatcher-Renshaw, "Industrial Job Retention in Boston: The Back Streets Initiative" (unpublished paper, 2005).

人，在过去10年中，这些企业创造了全国60%—80%的新工作岗位。美国各大城市的就业情况与此类似。在纽约市，有20多万家小企业（其中96%的企业员工不足50人），它们提供了纽约市三分之二的私营部门的就业机会。以这类企业为重点的经济发展战略可能会刺激中产阶级的经济发展，同时，使这些小企业能够创造出更具吸引力的繁荣街区。这类发展的特点是出现了不在旅游城市或全球城市发展轨迹上的众多城市街区。保罗·格罗根和托尼·普罗西奥描述了纽约市南布朗克斯区这类街区复兴的一个例子。当然，也存在一些问题：这些小企业的发展机会往往不如大企业。尽管如此，空间需求很小，工作地点遍布整个城市，还有使当地居民与当地工作相匹配的努力，可以对其他城市问题（如交通系统）带来积极影响。①

组织这项工作的方法之一是特别关注移民社区的就业机会。城市未来中心在2007年发布的一份报告就是这样做的。与我们在第七章中提及的移民不同，该报告侧重于移民在全球经济中的作用，其重点是鼓励城市居民在自己社区的小企业中获得当地就业机会。首先，我们观察到，在纽约市和其他大城市，移民街区的小企业正

---

① U. S. Small Business Administration, "The Small Business Economy" (2005); Citizens Budget Commission and the Federal Reserve Bank of New York, *What Firms Value Most: Encouraging Small Business Success in New York City and Northern New Jersey* (2004); Brookings Institution Center on Urban and Metropolitan Policy, *Growing the Middle Class*, 8; Paul Grogan and Tony Proscio, *Comeback Cities: A Blueprint for Urban Neighborhood Revival* (Boulder: Westview Press, 2000).

在迅速发展，而该市的其他类型的工作保持稳定或正在下降。这些工作变化很大：食品制造（幸运饼干、皮塔面包、肉馅卷饼、烤鸡）、儿童保育、交通运输（纽约市出租车司机中91%是移民）、出版业、服务业（保险、医疗、移民、会计）、旅行社、餐馆。该报告称："尽管移民经营的企业越来越重要，但是负责城市经济发展的官员几乎还没有开始将其纳入整体经济发展战略。"报告最后提出了一些建议，从监管改革到提供贷款再到改变停车规则，这些将把城市的经济发展战略转向此类业务。①

这种经济发展努力的另一个重点可以放在城市最贫穷的社区。迈克尔·波特已经成为这个重点的著名倡导者，1994年，他创立了一个非营利组织"建设有竞争力的内城计划"来促进这一目标的实现。重点是高度贫困社区，这些区域在人口普查中发现贫困率达20%或更高，失业率50%，收入仅达城市收入中位数的一半。换句话说，目标是帮助穷人获得中产阶级工作机会。该组织发布的一项研究发现，在美国100个大城市的此类社区中有81.4万家私营企业。新创造的就业机会主要集中在服务业，鉴于它们的地点，靠近高端全球商业街区可能是一项重要资产。上面为移民城市提出的许多举措也可能对这些街区有所帮助。②

---

① Center for an Urban Future, *A World of Opportunity* (February 2007), 11.

② Michael Porter, "The Competitive Advantage of the Inner City," *Harvard Business Review*, May 1, 1995; Initiative for a Competitive Inner City, *State of the Inner City Economies: Small Businesses in the Inner City* (October 2005).

还有其他的观点。旧金山在市长办公室下设经济和劳动力发展部，其最近的项目“城市建设”（CityBuild）是与一些社区组织和交通部门联合操办的，旨在为寻找建筑方面的工作以及为此类工作提供培训的人创建一站式服务。丹佛向在该市指定地区经营的企业提供贷款，以补充新企业的私人融资。纽约市已经发行了免税债券，以帮助911事件后曼哈顿下城的重建，其受益者包括小企业。[①]没有理由把自己局限于已在实践中的想法。在第八章中，我们提到纽约市已经为全新的洋基体育场发行了债券，这些债券将由洋基队自行偿付。如果可以为洋基队这样做，那么能不能为了向移民社区和市中心的小企业提供贷款而发行债券呢？如果不可以，那么我们需要调查一下是什么样的法律限制会允许洋基的贷款而不允许我们提到的这种贷款。

刚才所描述的许多努力都是在州法律规定的城市法定权力范围内进行的。即便如此，现有的法律结构也限制了所有这些权力可能造成的影响。首先，前面提到的关于发展中产阶级城市的其他因素的限制，比如教育、住房、交通等，使该市无法组织一个吸引中产阶级的综合性办法。如果没有这样一种综合努力，集中精力发展经济很可能不会成功。如果中产阶级的住房选择不多，公立学校倒

① City and County of San Francisco website: www. sfgov. org/site/moed _ page. asp? id = 33310; New York City Economic Development Corporate website: www. nycedc. com/World Trade Center/Grants Info/Liberty Bond Program. html; Denver Office of Economic Development website: www. milehigh. com/business/financing.

闭，可能很难吸引扩大城市小企业部门所需的居民。同样重要的是，城市的大部分发展战略并不在城市的掌握之中。独立的公共当局和公私伙伴关系已成为制定发展决策的主要方式。考虑到决策者是谁以及他们可能进行的投资计算，这类机构很容易忽视或贬低提升中产阶级企业的努力。它们使自己置身于地方民主控制之外，可能解释了它们为什么会倾向于关注全球城市和旅游城市。因此，城市的整体经济战略会威胁到中产阶级在城市生活的能力，而不是提供便利。

还有小企业发展的融资问题。全球城市和旅游城市的经济发展目前是通过增税融资来筹集资金的。这一机制并没有设计得很好，使其能促进在全市范围内创建小企业的间隙性努力。为中产阶级企业制定的经济发展战略，需要城市提供财政支持，并有意愿提供免税政策。可以肯定的是，这种援助在更大程度上为全球企业和旅游企业提供了帮助。但是，在这些情况下，市政府（或公共当局）进行财务计算，增加的财产价值将产生税收，以偿还城市的成本。当小企业战略成为焦点时，这种计算就不那么可信了，如果采用这种计算只是因为它的增量性质。

还有另一个大问题，它不仅适用于中产阶级城市，而且适用于全球城市和旅游城市。所有这些战略都必须在区域背景下理解，因为郊区会以自己的方式组织起来吸引全球商业、旅游业和中产阶级。郊区最成功的地方莫过于吸引了中产阶级。考虑到郊区在这方面的能力，可能没有一个以中产阶级就业为重点的中心城市的经济发展战略能够成功。没有哪个美国城市能假装脱离了自己所在的区域而去追求自己的未来。它对未来的规划，尤其是它打造中产阶级城市的计划，要求它正视作为一个区域性城市，相关法律对它造成的困境。

第十章
区域性城市

彼得·卡尔索普和威廉·富尔顿在他们的《区域性城市》（The Regional City）一书中宣称："今天的大多数美国人并没有住在传统意义上的城镇，甚至城市里。相反，我们大多数人都是一个地区的居民，通常是一个范围大、多面性的大都市区，其中包括数百个在我们的传统认知里是与众不同、相对独立的'社区'。"接着，他们赶紧补充说，大多数人并没有用这些术语来看待自己。他们认为自己生活在一个特定的市或镇，甚至是一个特定的街区：

> 但是，我们日常生活中的模式掩盖着不同的现实。我们大多数人从一个大都市到另一个大都市上班、购物、从事很多其他日常活动。我们工作的企业通常与一个区域或大都市范围内的供应商和消费者建立了一系列经济关系。即使我们在小镇上生活和工作……我们日常生活模式的生

态影响也将在整个地区的上游或下游感受到。[①]

我们在第二部分考察的每个城市都是卡尔索普和富尔顿所说的区域性城市。对所有这些城市来说，它们与相邻地区要么彼此关联，要么相互脱节。一方面，中心城市的经济和文化活力对于整个地区的繁荣至关重要。中心城市是该地区的经济引擎，它吸引了大量通勤人员，并为大都市里的居民提供文化和体育设施，无论其居住在哪片区域。与此同时，中心城市与周边地区就居民和商业开发展开竞争。事实上，虽然郊区的人口已经爆炸性增长了许多年，但中心城市的人口仍然保持相对稳定或者有所下降。因此，中心城市的未来取决于附近郊区的增长是否有助于或有损于其繁荣。中心城市与周边地区之间的这种相互依存不仅仅是维持其经济增长的问题。从环境质量到对恐怖主义威胁的安全防范等许多事关它们前途的重大问题，都受到该地区内其他地方决策的强烈影响。因此，中心城市与周边地区交往的能力至关重要，不仅对其自身的未来如此，对周边地区的未来亦是如此。

一　地方政府法对区域主义的影响

尽管它很重要，但是对于该地区的各个地方而言，在经济增

① Peter Calthorpe and William Fulton, *The Regional City* (Washington, D.C.: Island Press, 2001).

长、环境质量或社会服务等问题上共同努力的动力并不大。相反，每个地方都有以狭隘的自利方式行事的动机。在这一结构的形成中，地方政府法发挥着重要作用，它表现为两种方式：一种是法律权力现在下放给个别地方，一种是州未能为目前各自为政的结构提供一个替代方案，而这种方案将促进区域主义而不是狭隘的自利。

1. 州导致的各自为政

州法律将各个地方组织成房地产开发的竞争对手，而不是共同努力推动区域经济发展的参与者。这个竞争框架是由我们在本书中描述的州设结构所培养而成的。首先，由于地方权力源于州法律，所以地方官员关注的重点是州与市的关系，而非城际关系。要获得地方政府需要但缺乏的那种法律权限，就必须与州进行谈判。与其周边地区谈判则没有可比的必要性。因此，许多市政当局在解决自己与周边地区存在的问题时，试图通过寻求州对于周边地区事务的干涉或者威胁要以有害的方式主张自己的权力，而不是寻找集体行动的共同基础。

州组建的金融体系也有类似的各自为政的影响。尽管州援助在一定程度上减少了影响服务提供的不平等现象，但根据州法，城市服务的质量在很大程度上取决于各个地方提高自身税收的能力。那么，经济发展政策是由狭隘的而不是区域性的利益所驱动也就不足为奇了。一个地方可以通过吸引购物中心在其边界内选址，从而使自己比邻近地区更受欢迎。根据州法，购物中心产生的物业税收入（如果有地方销售税，则是从中获得的收入）只能流入购物中心所在地。即使购物者也来自邻近的辖区，购物中心的区域性也不会得到认可。同样的结构也适用于其他形式的经济发展。

最为人所熟悉的由州创造的分割大都市美国的元素就是学校系统的组织。每个人都听说过“我们搬来这里为了上学”这句话。这种迁移的动力来自划分学校系统边界的分歧。人们应该认识到，是州法律划定了这些界限。在这个国家的大部分地区，这样做可以让潜在的居民轻松找到好学校和坏学校。如果州去吸引他们，以便吸引更多地区性学生群体，而不是青睐那些有能力在附近买房的人，那么从更好的学校中获益的人口可能会发生相当大的变化。

因此，对于短视的、狭隘的地方自利概念的广泛追求并没有根植于权力分散的本质。这是地方政府现在获得授权的方式所导致的。很多人都同意这种笼统的说法，但是他们通常会争辩说，区域合作受到了地方自治的抑制，这意味着地方政府现在行使着相当大的权力。他们说，不存在区域合作，因为各个地方永远不会同意这么做。正如我们所强调的，地方政府并没有这个观点所想象的那种自治权。事实上，在我们看来，正是权力受限而不是自治这种情况促使人们产生了孤立的、防御性的心态，这种思维方式现在常常使地方主义失去吸引力。我们把这种态度称为防御性地方主义。

2. 防御性地方主义

根据我们的定义，防御性地方主义是为了维持现状而维护地方权力的一种努力。这种防御性姿态是由一种无法控制的感觉所激发的。解释这种对地方权力的态度的最好办法是听取当地官员的意见，并根据他们所处的法律结构来考虑他们的意见。波士顿大都市区是研究这些官员的同时认识到地方权力受到制约和反对区域主义的好地方。正如我们已经证明的，尽管该州被誉为新英格兰民主的摇篮，但是马萨诸塞州的地方权力比其他许多州都更为有限。而对区域主义的反对也同样强烈。因此，马萨诸塞州的情况说明了狭隘的地方观念是如何产生的，不是源于权力的傲慢，而是源于缺乏权力而产生的防卫。我们对马萨诸塞州防御性地方主义的理解是建立在一系列访谈的基础上的，在我们的学生的协助下，我们与构成波士顿大都市区的 101 个城镇的大多数城镇的代表进行了交谈。在此，我们将这些访谈的结果总结出来；有关我们调查结果的更详细报告已经在其他地方发表。①

我们的采访清楚地表明，大波士顿地区的地方官员感到他们的权力受到了很大的限制。然而，这种限制性的法律结构并没有终结当地对地方自治的依附，也没有让地方官员同情区域主义。事实上，那些在采访的上半段一一阐述州是怎么剥夺地方自治权的官员，到了下半段却常常申诉是区域主义夺走了地方的控制权。这种

① David Barron and Gerald Frug, "Defensive Localism: A View from the Field," *Journal of Law and Politics* 11 (Spring-Summer 2005): 261; David Barron, Gerald Frug, and Rick Su, *Dispelling The Myth of Home Rule: Local Power in Greater Boston* (Cambridge: Rappaport Institute for Greater Boston, 2004).

前后不一的反应提出了一个令人费解的问题：以这些看似矛盾的方式发声的地方官员到底想表达什么意思？对于一些人来说，我们认为，对地方自治的依恋（被理解为地方主权）似乎是作为一种意识形态的承诺而存在的。但对其他人来说，这种孤岛心态似乎并不是根植于对地方独立的不可动摇的承诺中。许多人解释说，他们的社区所面临的问题远远超出了地区的范围，并且他们也承认自己的选择很大程度上受到相邻地区所作决定的影响。他们还对这种单打独斗的办法的可行性表示关切。尽管如此，他们还是经常对区域主义表示怀疑。

他们的犹豫在很大程度上源于马萨诸塞州现在承认的地方权力的有限形式。州的法律结构对区域主义持怀疑态度，因为它对城镇的影响太小了。它鼓励地方主体积极捍卫自己拥有的有限权力，并使它们相信，防御性较弱的战略是不可行的。地方观念似乎是一个必要的立场，而不是首选的立场。州对这种防御的鼓励可能是无意的。尽管如此，地方官员一再表示，他们对签订跨地区协议犹豫不决，因为他们认为这些协议是“有风险的”。即便这种对于风险的反感反映了个人和政府共有的谨慎态度，不管他们的权力有多大，但是这种感觉似乎因为地方政府的权力有限而变得更加强烈。捍卫地方自治已经成为对州授予的特定权利的辩护，这些权利更为重要，因为几乎没有其他可行的方式能够对市政问题进行控制。

地方权力的有限性促使人们更加致力于保护它，这种动态在财政问题的地方合作方面尤其明显。市政当局极其渴望增加收入，这一事实使得它们愿意缔结建立规模经济或者联合采购集团的地区间合作协议。然而，我们采访的官员经常流露出担心，认为集体行动可能会让他们本已岌岌可危的竞争地位变得更糟。行政人员往往会保护自己的收入，以防被征收或被重新分配，因为他们知道自己缺乏增加收入以弥补预算短缺的能力。他们似乎同样不愿意考虑涉及支出的合作安排，因为这会让他们冒风险，要么失去出人头地的机会，要么被选民视为已被竞争对手打得再无翻身之日。对于周边地区财务状况的改善的恐惧是如此之深，担心这会削弱他们的竞争地位，以至于一些官员表达了他们的担忧，生怕市政当局对福利的判断是通过将一个市政当局自身的福利与其他参与合作的市政当局的福利进行比较来决定的，而不是考虑与以前的不合作立场相比，该地区是否变得更好。换句话说，如果市政当局意识到其他市政当局正从双方的合作中得到更多好处，那么即使它们自己亦能从中受益，它们也不倾向于努力达成这种合作。

在土地使用的合作方面，官员们也表达了类似的谨慎态度，部分原因是土地使用政策在保护当地社区财政地位方面发挥了重要作用。官员们很清楚，邻近地区对土地使用的控制影响着他们的社区。即便如此，他们也不愿意参与这种共同努力，哪怕这些努力可能提供保护免受这些影响。他们似乎把地方自治视为向邻近地区征收费用的权利，即使这意味着他们也要承担邻近地区强加给他们的费用。这种自私自利的行为被视为扩大地方税基的必要手段。目前的财政结构使他们不愿意放弃这样一种至少能提供一些平衡收支的手段的土地使用战略。

3. 州对地方间合作的限制

各州所做的不仅仅是鼓励各地方政府畏缩不前，还将合资经营视为威胁性提议。它们还限制了地方政府签订地区间协议的权力。此外，除了授权小规模合作的规定外，各州并没有利用其对市政事务的干预来营造一种促进地方间协议的氛围。恰恰相反，州对市政府的监督倾向于鼓励其与州之间的纵向互动，而这么做的代价是断绝市政当局之间的横向关系。

马萨诸塞州的情况很好地说明了对于地方间协议的限制以及未能为各自为政的结构提供一种替代方案的情形。（除其他机构外）马萨诸塞州各市政当局获准设立区域供水和下水道管理局、区域性学区、区域警察和消防区、区域性交通管理机构以及区域特许委员会，以建立区域性政府委员会。事实上，一些市政当局已经在利用这些机会。最成功的合作安排是那些旨在节省开支的安排。联合采购协议的范围从办公用品到医疗保险；这些类型的协议会让地方当局获益而无需其在其他事务上做出让步。有时，地方间的订约机构也被用来处理看似棘手的冲突，例如相邻社区之间反复发生的土地使用开发的争端。

但是，在当前州授权的情况下，地方可以达成的协议种类受到了很大的限制。地方间协议往往需要州机构的批准，而州设定的限制也约束了这些自愿成立的次区域组织行使市政权力的程度。此外，州还对建立区域机构设置了各种特殊要求。例如，州法律要求一个社区成为一些地区间协议的“主导者”。这就意味着合作伙伴中的一方必须首当其冲地承担合作的行政成本，这一要求在当前的竞争结构中阻碍了区域主义。州法律的另一个方面要求地方立法机关批准某些联合协议。这种限制不适用于与私营部门签订的普通市政合同，并且还会大大减缓合作的进度。①

此外，州未能建立起制度机制，以鼓励对该地区进行更广泛的考量，也是个重要问题。尽管地方与州互动频繁，但主要集中在个别城镇所面临的个别问题上。这种州与地方的互动形式加剧了地方之间的孤立状态，而这往往被认为是赋予地方权力的自然结果。然而，地方官员明白他们缺乏所需的许多法律权力，也认识到采取单打独斗的做法需要付出巨大代价，更意识到他们自己满足居民需求的能力受到发生在其边界之外的行动的巨大影响。即便如此，他们也很少赞成在地区一级解决这些地区间的压力。与其把这种情况看作一堆毫无希望的矛盾，我们更倾向于将其视为尝试推进区域主义新战略的基础。州对地方权力设置的限制如此之多，这些限制是与我们交谈过的许多官员都经历过的，那么这样一种事实向我们表明，可能会有创新的方法，它将使人们质疑地方权力与区域主义之间的冲突。

① Stephen Mc Goldrick, “Interlocal Collaboration,” *Metropolitan Area Planning Council Initiatives* 34(2003).

4. 修订地方政府法律以促进区域主义

任何区域性办法，无论有多创新，都取决于州是否愿意承担起实现这一目标的积极作用。我们采访的一些地方官员断言，只有当州“让开”时，区域主义才会出现。但是，我们不清楚“让开”对州意味着什么。地方狭隘主义和地方间的竞争力都是现实。州作为地方权力的来源，已经建立了一种法律结构，它助长了这种狭隘主义和竞争力。那么，问题不可能是：在没有州的情况下地方能做些什么；问题必定是：州应该如何促进更大的区域内协调?

一种办法是州提供援助，鼓励地方政府在更大的区域性基础上采取行动。这样的解决方案在我们看来是有问题的。这将需要州政府额外支出大量资金，而这些资金现在还没有，而且也不太可能很快到位。此外，现有的州援助已经对市政府产生了扭曲作用，引导它们设计方案，以便在替代政策可能更好的情况下从州获得所需的收入。当然，如果把区域主义与现有的资金挂钩，几乎没有哪个市政当局会认为州政府能给它们提供一个有意义的选择。附带条件的拨款和直接授权之间的区别，并没有给我们采访的许多官员留下深刻的印象。我们建议，一个更好的办法是认真回应对州过度限制地方自治的普遍看法，以此来促进区域主义。这个想法是为了让州增强地方权力，并放松当前对地方权力的限制，从而激发更大的区域主义。通过这种方式，州将有助于克服地方自治与区域主义之间的对立情绪，这种情绪被我们采访过的许多市政官员视之理所当然。为了使这个建议更加具体，我们从第二部分详细介绍过的三个实质性领域举了一些例子：收入、土地使用和教育。我们在这里提供的不是立法改革的清单。我们的目标比这有限：我们的提议旨在表明，增强地方权力和区域主义的提升是可以齐头并进的。

我们在波士顿地区采访的几乎每一位市政官员都强调，他们所在的地方缺乏财政方面的权力。由于州在强制地方支出方面所起的重要作用，这些限制变得更加繁重。于是造成了收入和支出之间的脱节，导致地方预算无法成为表达市政意愿的一种手段。市政府官员还认识到，州对税收的限制和对支出的授权，并不是地方财政控制的唯一制约因素。他们旋即指出，他们镇的财政状况在很大程度上取决于其是否能在商业和住宅开发的竞争中打败相邻地区。市政当局吸引到的或者流失的居民财富以及随之而来的成本，在决定市政财政能力方面起着重要的作用。

要解决对地方财政权的这两个限制，州必须做的不只是放宽对地方增加收入权的限制。它需要以某种方式扩展本地控制，而这种方式不会单单加剧地方间应税财产的争夺。做到这一点的办法之一就是赋予参与区域合作的地方更大的地方税收权。例如，州可以授予几个地方征收销售税的有限权力，只要这些地方同意与州分享新收入。州可以提出（全部或部分）补偿地方由州有免税财产产生的收入损失，只要这些地方的市政当局集体向州提交一份详细说明新的州有财产应当设于何处的计划。这种结构将激励该地区的城市就新的州建筑的位置制定联合计划，而不是试图根据其是否会吸引更多净收入的自利评估来排除或争取新的开发项目。这也将使中心城市征收销售税更加可行。只要这个城市必须一意孤行，它就会把零售商推向郊区。如果州帮助建立一种结构，让一个中心城市及其郊区能够以现在被禁止的方式协同行动，那么区域性城市的想法可能会开始扎根。至于另一个例子，既无关提高地方税收，也无关增加州的支出。只要地方政府同意与邻近地区分享产生的一部分收入，州就可以加强市政当局的减税政策来吸引开发。这些想法中的任何一个，以及更多类似的想法，都会在不增加州对地方权力控制的情况下提高该区域内部协调的动力。区域主义将成为州增强地方权力而不是限制地方权力的努力的副产品。

市政当局对土地使用的控制往往超过对于土地财政的控制。事实上，我们采访过的官员多次指出，分区是该州放弃重大自由裁量权的一个领域。然而，正如这些受访者指出的那样，州政府还对地方可能主张的土地使用权设置了广泛的限制。一个例子是对既得权利的慷慨授予，如今州法将其赋予了财产所有权人。州法的既得权利条款可能会使地方的土地使用规划变更变得困难，有时甚至适得其反。为了解决这个问题，州可以以加强地方自治的名义放宽这一要求。但是，这种解决方案并不能完全解决地方对其土地使用权的担忧，因为它们所能做的也受到它们邻居的相对位置的限制。土地使用的选择可能是由于人们觉得有必要在新开发项目的竞争中胜出，或者受到跨境奉行的发展政策的影响。为了把地方自治和区域主义视为补充，州可以在不加剧地方间争斗的情况下把对于地方土地使用权的两种限制都解决掉。它可以放宽仅适用于签订区域土地使用规划协议的地方政府的早期归属规则。这样，随着地方同意共同制定一个超越地方层面的土地使用战略，管理增长的市政权力将会增加。因此，合作将使现在被取消的规划战略成为可能。受既得权利规则约束的郊区将有新的激励机制与中心城市一起为整个地区制定土地使用计划。

另一个可能的土地使用策略可以应对当前的保障性住房法规。每个人都意识到，中心城市的未来发展不会仅仅靠那些生活在其境内的人来推动。许多在中心城市工作的人将继续住在郊区，许多居民将继续在郊区工作。保障性住房问题的区域性质同样众所周知。但是，现在对地方自治权的一般性授予使得地方政府没有一套足够的工具为其居民提供保障性住房。扩大地方自治权从而采用包容性分区条例或者其他刺激保障性住房建设的手段，可以促进实现更公平地分配保障性住房的区域目标。不过，如果向邻近城市提供更大的授权，这些城市将共同制定保障性住房战略，这些措施就可以得到进一步加强。包括马萨诸塞州在内的一些州现在制定了一项政策，旨在凌驾于没有足够保障性住房的辖区的地方分区政策之上。[①]此类策略有助于推动中低收入者住房公平分配的区域政策，但是这些政策往往因为限制地方权力而受到地方的憎恨。那么，一个更好的替代方案可能是修改这些公平分配的要求：将地方视为对解决方案做出贡献者，而不是问题的根源。这样做的方法之一就是根据州

---

① Mass. General Laws, Chapter 40B.

的指导方针，授权它们共同实施产生保障性住房的新战略，从而使它们能够推进它们当中任何一个现在都没有能力单独采取的政策。

刚才提出的所有想法都可以进行结构调整，以便随着愿意加入区域性事业的地方数量的增加，将更多的权力转移到市政当局。即使实施，刚才草草陈述的建议也无法完全解决美国大都市区面临的任何问题，更不用说解决所有问题。但是，正如我们已经强调的那样，我们提出这些建议，并没有期望它们成为改革的具体议程。相反，我们试图提出一些想法，或许能让读者转变某些习以为常的观念，即区域主义必然会侵蚀地方自治。所有这些提议，以及更多类似的提议，将以一种赋予地方权力而不是削弱地方权力的方式来重构地方自治。与此同时，它们还将促使该区域的市政当局看到区域性思维的益处，而不是停留在一些简单的、能让它们马上走到一起的无关政治的问题。随着时间的推移，这种新的区域主义概念（无论其采取什么样的具体形式）都可能开始灌输当前尚不存在的区域性意识。很明显，我们的建议不是试图恢复“地方自主权”意义上的地方自治。而这正是它们吸引我们的原因所在。“地方自主权”式的地方自治现在是在扼杀而不是在推动关于区域主义的讨论。

二　新的区域机构

单凭修改地方政府的法律结构就足以促进区域性城市的概念。

换句话说，建立一个区域性机构并不是必须的。不过，各州可能会发现多做一点是有益的：它们可能认为，创建一个旨在促进区域性思维以及周边城市合作的机构是可取的。这并不意味着它们应该建立一个区域性政府。正如安东尼·唐斯（Anthony Downs）所言："除了少数政治学家和知识分子之外，几乎没有人赞成大都市区政府。"因此，他说："彻底取代郊区政府的提议……注定要失败。"①

反对在地方之上再建另一级政府是可以理解的。集权化将地方政府的权力从一些民众有可能在其中参与政府决策的实体，转移到一个更像州（实际上，更像是 1790 年的联邦政府）而不是城市的实体。因此，毫不奇怪的一点是，如今在美国一些中心城市行使政府权力的非裔美国人与富裕郊区的白人居民一样反对建立区域性政府。不过，一旦区域性政府被取缔，对于美国大都市区来说，唯一可以考虑的替代方案往往是维持现状。然而，现行体制的不足如此明显，即使是最坚定的地方权力捍卫者也同样认为，至少某些城市问题需要区域性的解决办法。关于区域主义的最普遍接受的建议是区域性政府的双层模式：公共职能应该划分为最好在区域一级履行的，以及应留在地方一级的。双层模式造成了一个根本性的困境：每一种传统的地方职能，比如警察、教育、住房、交通、公园、卫生，都是地方和地区共同关注的问题。关于这些问题的决定通常不

---

① Anthony Downs, *New Visions for Metropolitan America* (Washington, D.C.: Brookings Institution, 1994), 170.

仅影响那些生活在当地辖区内的人，也影响生活在该辖区之外的人。因此，对当地公民而言最重要的项目，可以理解为区域政府行动的适当主题。

双层模式的一个更为严重的问题来自它的一种观念，即该怎样把地方的分离与区域的团结结合起来。双层模式的倡导者努力维护地方自主权，同时授权区域性政府处理影响整个区域的事务。这种情形设想的是，除非区域政府被授权从事此项活动，否则地方政府有权对影响当地居民的事情做出自己的决定。因此，按照定义，区域性权力和地方性权力被视为相互冲突：增加一级政府的权力必然会削弱另一级政府的权力。鉴于这一情况，界定两级政府的权力就成了关键问题。只有做出正确的界定，才能保障地方权力的行使。事实上，在这个形式的区域主义中，唯一被认为重要的关系是上级政府和权力下放的决策者之间的垂直关系。该模式不要求地方政府之间建立联系。当然，如果愿意的话，它们完全可以这么做。但是，像所有的缔约方一样，如果不符合其自身利益，它们完全不必这样做。

为了更好地连接大都市区，我们提出了另一种选择。我们认为，把地方权力的授权与地方决策权的制约结合起来是很重要的。通过同时关注对地方权力的依附以及对地方权力的限制，我们可以开始重新思考以下观点：区域一级的每一次进步都是地方权力的一次受挫。区域主义可以重新定义地方权力和地方缺权的现有组合，而不是简单地减少前者以增加后者。对许多地方政府来说，这样一种调整后的组合可以提高它们同时促进自身利益和区域利益的能力。对于成功的中心城市来说尤其如此。与周边郊区缺乏协调，阻碍了成功的中心城市为实施未来大胆计划所做的努力。

诚然，同时促进区域目标和地方目标并非易事。实现地方和区域利益的融合需要付出努力。那些让每个人都过得更好、不让任何人过得更糟的区域性问题是无解的。各地需要相互协商，搞清楚地方权力的各种变化，包括增权和减权的，以便在尽可能促进地方自治的情况下更好地保护集体利益。那么，我们需要的是这样一个机构，它能允许该地区的地方政府共同努力，一起推进地区利益。这种区域主义的替代版本所提出的根本问题不是如何在地方决策者和区域决策者之间划分权力，而是如何将区域性决策转变为各地方之间决策的形式。显然，有一个重要问题需要解决：这样一个区域性实体将做些什么。但是，这些问题的可能答案将因公民对区域性机构会促进地方利益而不是简单地凌驾于地方利益之上的信心程度而有所不同。而这种信心程度将受到区域性机构之结构的影响。一个需要所有参与方一致同意的结构，将阻碍任何区域性议程的形成。在美国，没有哪件事会获得一致同意。然而，一个容许地方权力过于轻易被推翻的结构，将危及地方决策机构提供的价值。因此，建立正确的结构是至关重要的任务。

三　区域性立法机关

为了激发人们沿着这个思路继续思考，我们的脑子里勾勒出这样一个想法，即一个可以推动这种区域主义的替代版本的机构，可能看起来像一个区域性立法机关。毕竟，立法机关是经典工具，能使地方选举产生的官员制定一个共同的议程。实际上，区域性立法机关可以从州立法机关和地区规划机构这两个现有模式中进行借鉴。像州立法机关一样，区域性立法机关也可能相对较大，成员通常从该地区的各个城市选出。然而，与州立法机关不同的是，它组织起来是为了执行一项任务：充当地方间谈判的工具，旨在就具体问题形成区域性观点。州立法机关本身不是承担这一任务的适当机制。州议员是从不拿城市边界当回事的地方选举出来的。不能指望以这种方式当选的人（很多来自农村地区）重新设计自己的机构，让城市发声。但是，他们可以建立一个区域性立法机关来做到这一点。

要想取得成效，一个区域性立法机关就必须有权力确保其决定一旦做出，该区域的地方政府就会执行。因此，它将有权控制地方政策，包括有权重新界定地方政府机构追求地方利益意味着什么。为了能够行使这一权力，区域性立法机关的权力应该来自州立法机关的放权，而不仅仅来自该区域的城市之间的自愿协议。这种权力来源不需要把区域性立法机关转变成一个集权的区域性政府。区域性立法机关应当由各自治市镇自己民主选举的代表组成，这一点至关重要。如果是以此种方式组织起来的话，这将是一种使地方政府能够发声的机制。地方代表将控制议程。它们不仅可以增加和减少地方权力，而且一旦地方自利的区域性定义被内化到地方决策中，它们就可以将政策的制定和执行交到地方政府手中。事实上，区域性立法机关内部讨论得越多，有助于地方官员了解他们的决定对彼此的影响，区域性立法机关所要做的就越少。不过，仍然有一个关键问题。一个拥有如此大权力的区域性立法机关，如何在不损害由于权力下放给地方政府而获得的益处的情况下组织起来呢?

解决这个问题的一个想法源于欧盟。① 组成欧盟的 27 个国家并没有放弃对国家主权的忠诚。然而，它们还是建立了一种比构成美国大都市区的城市之间关系更紧密的联系。我们这些对美国区域主义感兴趣的人可以从欧洲的经验中学到很多东西，尽管这两种情况之间存在着明显的差异。其中一些差异需要强调一下。成立欧盟是为了应对两次毁灭性的世界大战，这种大范围的司法管辖权冲突在美国大都市中没有可比性。欧洲从一开始就把重点放在经济一体化上，这在美国是个国家决策的问题。贸易壁垒和共同货币，就像国防和外交政策等许多其他与欧盟有关的问题，在美国并不是大都市区面临的问题。而且，与欧盟成员国不同，美国的城市不是主权国家。相反，它们受制于一个比城市高的主权，即州政府所能行使的

① For a more extended discussion of these ideas, see Gerald Frug, "Beyond Regional Government," *Harvard Law Review* 115(2002):1763.

那种权力，而欧盟成员国不愿意将这种权力交由一个集权部门控制。美国各州有权将城市合并，甚至撤销；让欧盟拥有此种权力不在任何人的考量范围之内。城市不是主权国家这一事实，也不仅仅是指它们缺乏主权。长期以来，许多欧洲国家的公民是从其文化而不仅仅是政治上的统一来理解它们的国家的。统一——一种共同的语言，一段共同的历史，甚至一个共同的祖先——常常被认为是区分一个国家和另一个国家的标志。没有人认为城市之间的界限可以把一个先于政治存在的“人民”和另一个区别开来。最后，欧盟建立了各种各样与美国大都市区背景毫无关联的机构。事实上，其复杂的体制结构不仅没有必要，而且也不可能在美国的地区层面按照宪法进行复制。

尽管存在这些差异，欧盟依然提供了一些思考分与合的方法，这些方法为美国大都市区的环境展示了希望。毕竟，欧盟与美国大都市区的众多不同之处，可能会使欧洲内部的联系比美国的区域性合作更难而不是更容易。如果欧洲国家能够克服民族主义忠诚，更不用说导致两次世界大战的分歧，那么生活在美国同一大都市区的人们至少也应该能相互联系。尽管美国大都市区在人种、族群以及阶级上以非常决绝的方式分裂着，但欧盟在已经实现了跨司法管辖区合作的地理范围内也依然存在财富和种族上的明显差异。并且欧洲没有一个像美国的州政府那般强大的政府，无法组织起必要的体制结构来克服这些冲突根源。欧盟的体制结构必须通过地区间协议（即条约）来建立。

但是，试图在美国大都市区复制欧盟的结构是错误的。相反，我们打算简单地从它们的欧洲背景中剥离出具体的制度构想，这些构想可能有助于我们重新认识美国地方的分与区域的合之间的关系。我们将只关注欧盟的两个具体方面：一是建立一个不能轻易被归类为自愿协议或集权国家的管理机构，二是创设了欧洲公民身份。这两个方面一旦经过适当调整，就会呈现出在美国建立区域性立法机关的可能性。

1. 区域组织的地区间结构

我们对欧盟的制度结构感兴趣的是，它试图把区域主义植入欧洲机构的结构之中，而不是简单地在“集权政府”和“地方控制”之间进行权力分配。美国读者非常熟悉这种模式中的一些要素。欧盟的两个管理机构是欧洲议会（大致根据人口来投票选举）和欧盟理事会（由成员国政府代表组成的机构）。欧洲议会根据成员国的人口分配议员席位，同时保证每个国家不论人口多少都具有最低数量的代表，这与美国众议院的组织方式类似。理事会在成员国政府之间平均分配代表数量，不管后者人口多少，这类似于美国《宪法》第十七修正案（它保留了平等的议员资格，但增加了民主选举的代表数量）通过之前美国参议院的组织方式。欧洲（和美国联邦）将地方控制建成一个更大的联盟的方法，为美国选举的区域性机构提供了一个违宪的模式。美国最高法院已经否决了在州政府和地方政府之间进行的“联邦类比”，因为“州的次级政治分支，比如县、市及其他等，从来没有也绝不会被视为主权实体”。所以，人们所熟悉的将两个管理机构中的一个的权力分配给政治分支机构的两院制结构，在美国并不是大都市区治理的一个可行选择。任何区域性机构都必须按照一人一票的原则来组织。①

一人一票原则通常会使郊区成为民主选举产生的大都市区组织的主导力量。大都市区的居民大部分（在波士顿超过了80%）住在郊区。然而，郊区并不是个铁板一块的投票集团。繁荣的郊区和衰落的郊区之间的割裂，使得政治分支之间的联盟变得不确定，而这些联盟将控制大多数美国大都市区的区域性立法机关。这种不确定性提出了自己的问题：一人一票的要求将威胁到区域性立法机关内的每一个政治分支。任何地方的决定都可能被其他地方的联盟推翻。因此，考虑到对地方决策的情感依恋，应对害怕失去地方控制的组织理念是不可或缺的。关于如何确保对地方控制的渴望不压倒制定区域性议程的可能性的想法，也同样必不可少。关于如何实现这些相互冲突的目标，欧盟的结构提供了两个有用的建议：特定多数投票（qualified majority voting）和区域性政党。

(1) 特定投票

欧盟理事会（由27个成员国的代表组成）首先寻求通过协商一致来制定政策，以此解决其成员国对于失去控制权的担心。但是，理事会的正式决策规则解决了同样的担心。根据所决定问题的

① Reynolds v. Sims, 377 U.S. 533(1964); Avery v. Midland County, 390 U.S. 474 (1968).

不同，适用的规则也不同：有时需要全体一致同意，有时需要简单多数，有时需要特定多数。对美国读者而言，特定多数的概念是这些决策方式中最为陌生的。欧盟为理事会的决策确定了一个特定多数的方式，其办法是非常粗略地根据成员国的人口分配选票，此外，在通过一项政策之前，确定最低票数（有时是最低投票数）。因此，投票结果取决于如何构建出这个公式的具体情况：在不同成员国之间分配选票的一人一票制的变动程度；通过所需的最低票数；以及投票所需的最低成员国数量（如果有的话）。长期以来，这些要素一直是欧盟内部争论的焦点。为理事会设定和重新设定这些不同要素的具体方式在此并不重要。重要的是，要以特定多数票的方式组织理事会这个想法。对于简单多数票而言，它在政策制定上所需要的区域共识太少，以致无法被广泛接受，而鉴于一个地区有几十个城市（相比之下欧盟有 27 个国家），全体一致的规则将使决策变得不可能。然而，特定多数票制度的组成要素可以通过确定行动所需的最低一致水平来保护各司法管辖区，同时更重视该地区人口最多的城市的意见。①

在美国大都市区环境下建立一个具有特定多数投票机制的区域性机构，这将涉及对欧洲结构的重大改变。特定多数规则将在一个区域性立法机关中通过，该立法机关不是按平等的成员关系（如理

① Simon Hix, *The Political System of the European Union* (New York: St. Martin's, 1999); Helen Wallace and William Wallace, *Policy-Making in the European Union*, 5th ed. (Oxford: Oxford University Press, 2005).

事会）而是按照人口数量（如欧洲议会）来组织的。通过非常粗略地按照人口在理事会内部分配特定多数票的票数，欧洲机制本身就被包括进了这一模式的方方面面。但是，在美国的一个区域性机构中，分配给每个司法管辖区的票数不会那么灵活，因为分配必须更严格地依照人口数量。尽管如此，这个想法的大部分价值依然存在。一个特定多数投票机制将使一个区域内的每个地方都能在区域性立法机关中有代表，并且同时会考虑到所代表的地方之间的人口差异。

创建这种地方间机构将是美国的一大创新：美国没有一个机构能让一个地区的各地方政府坐到一起，制定一项对这些地方都有约束力的共同政策。赋予每个政治分支发言权，这样的想法也将是美国以人口为基础的立法机关组织方式的一次创举。州议员和众议员的选区通常会切分一些城市，又把另一些城市合起来；出于州和联邦的目的而划分区域界线的努力集中在创建同等规模的区域（以及追踪党员身份和保护在任者），而不是给政治分支机构一个发言权。这是众多方法之一，而在这些方法中，在区域主义辩论中被如此重视的“地方自主权”在其他情况下则被完全忽视。在州政府和联邦政府决定的问题上，城市根本不是决策者。它们与私人公司和利益集团一起被降为说客。相反，按照特定多数票组织起来的区域性立法机关将使城市自己的代表能够协同行动，成为这一区域的决策者。

目前，政治分支机构在美国的立法机关中没有代表权，一个主要原因在于很难使这种代表权概念符合《宪法》规定的一人一票的要求。特定多数票机制提供了这么做的最佳方式。它允许一个立法机关同时根据政治分支和地方政府的人员规模来组织：每个政治分支都将在立法机关有自己的代表，但是每个分支的代表人数会随着人口的变化而改变。与此同时，特定多数票机制可以在某项措施被采纳之前，通过规定最低票数来防止立法机关被少数最大的司法管辖区所控制。

这并不是说，组织一个有特定多数票制度的区域性立法机关会很容易。最低票数，支持某一措施的司法管辖区的最低数目，以及投票所代表的区域人口最小值，都必须算出来（或者从公式中排除）。颁布州立法来确定这些数字的过程，将引起一场复杂的谈判，鉴于每个大都市区的城市数量及各城市的人口均不同，谈判结果也会因地而异。当然，一旦区域性立法机关成立，这些数字可能会随着时间的推移而调整，因为时间会让大家明白，某些数字高到足以缓解对失去地方控制权的担心，但低到足以推动区域性议程。当然，没有理由认为欧盟采用的数字，即（在某些问题上）四分之三的票数、三分之二的成员国或者（如《尼斯条约》所建议的）62%的人口比例，在美国任何一个大都市区都是正确的，尽管它们列举了可用的选择。

但事实上，任何商定的数字都可能对现状有所改善。目前，对一些区域性议题，即那些委托地方来决策的议题，实际上有一个一致同意的规则。任何司法管辖区拒绝与其他城市合作的话，都可能破坏区域性计划。至于其他的区域性议题，即那些委托给州或者邻近地区来处理的问题，甚至不需要在决策过程中征求地方司法管辖机关的意见。美国每个大都市区都应该能够制定出一个特定多数票机制，这要比在地方有否决权和地方与区域决策不相干之间摇摆不定好得多。

在制定了投票规则之后，还必须决定立法机关的规模有多大。可以组建一个采用特定多数票制度的区域性立法机关，给该地区人口最少的地方政府一票。其他每个地方的代表数量可以以此为基础，使每个立法委员能够代表大致相同数量的人。比如，来看一下波士顿地区。根据 2000 年人口普查对这个地区的最广泛定义，该地区共有 129 个城镇，人口从 844 人（新罕布什尔州的南汉普顿）到 589141 人（波士顿）不等，总人口为 3406829 人。如果每个地方政府那里，每 844 人有 1 名代表（那么南汉普顿便有了 1 个代表）就意味着大约会有 4000 名代表，其中波士顿有 698 名，牛顿（一个有 83829 人的市）有 99 名，纽伯里（一个有 6717 人的镇）有 8 名。那些认为这个立法机关太大的人（我们猜大多数人都这么认为），不必放弃建立一个实行特定多数票机制的区域性立法机关的想法。他们可以简单地通过给每一位代表投加权票的方式来减少代表的人数。为了确保每个地方政府在立法机关中都有发言权，最低代表人数必须与城市的数量相等。在波士顿地区，最低人数为 129 人。以该数字为起点，然后可以根据当地人口分配选票。如果每个地方只有一名代表，那么波士顿代表将得到 698 票，南汉普顿代表将获得一票。这种制度在美国的一些地区已经存在，在一人一票的要求下，它也被认为是符合《宪法》的。但是，没有必要把每个地方的代表定为一位。大一点的地方可以有多个代表，众多小一点的地方可以有一个以上的代表，只要这个制度是按人口分配投票权重即可。

在决定有多少名代表时，重要的是要认识到，影响结果的是这个机关里的人，而不仅仅是他们的投票权。一地一代表的区域性立法机关会有很多人，但总的来说，这些人拥有的票却很少。从人口较多的城镇增加更多的人将改变讨论的动力。此外，一地一票制的规定错误地暗示，地方居民本身在议题上没有分歧，而选举多名代表则可以让地方政府有意见相左的立法委员。还应记住的是，欧洲议会有626位代表（仅德国就有99位），英国下议院有659位成员，德国联邦议院有669位成员，而在雅典城邦时代，定期出席议会者被认为超过5000人。无论立法委员人数多少，来自小城镇的代表都会与来自大城市的代表同处一室。而他们所有人都将被共同授权就区域性事务进行谈判和投票。

(2) 区域性政治组织

对于特定多数票规则的依赖，强调了司法管辖边界是区域决策的基石。立法委员受到鼓励，要将自己理解为自己所在政治分支的代表，并因此着眼于其选民的狭隘利益来投票。这种对于司法管辖权的强调很可能是初步组建区域性立法机关的良好基础。很难想象，欧盟本可以在不承认司法管辖范围的重要性的情况下组建起来。然而，在我们看来，这种对司法管辖范围的强调过头了。需要一个额外的机制来加强立法委员对跨越地方边界建立区域联系的承诺，而不是单单巩固他们与自己所在地方的联系。此外，尤其是如果立法委员人数众多，似乎有必要为了完成工作而把立法机关的不同成员组织成几个类别，比按管辖权划分的立法结构下可能出现的类别更少。这两个目标都可以通过调整欧盟结构的其他组成部分来推进，这一次是从欧洲议会而不是从欧盟理事会的组织中获得的。

欧洲议会的成员是一个国家一个国家选出来的，但每个国家的代表都是在该国政党之间的竞争中脱颖而出，并且通过比例代表制组织起来。因此，欧洲议会中的每一个代表团都是以政党来区分的。此外，每个国家政党的代表都与其他国家的志同道合者联系在一起，实际上是与他们在议会中坐在一起，组成了跨辖区的政党。因此，政党在欧洲议会内部造成了一种并非基于管辖范围的分歧。这种分歧将来自同一司法管辖区的人分隔开来，同时也把来自不同司法管辖区但在一些议题上意见一致的人团结了起来。因此，它为区域性辩论和决策创造了不同于纯粹基于地理代表性的系统的动力。只有当来自不同政党的国家代表将他们共同的管辖关系而不是他们的政治分歧视为正在辩论的问题的核心时，欧洲议会才能维持管辖权的统一。经验表明，在欧洲议会的审议中，占据主导地位的是左右之争而不是集权一分权之争。

欧洲议会的选举是基于已经存在的政党。相比之下，将区域性立法机关的选举制度安排成政党之间的竞争，将在美国大都市区创造一种新型的政治结构。我们认为，这是它的优势之一。长期以来，区域主义的支持者一直以为，区域性议题可以由专家在不发生政治冲突的情况下决定，这一立场促进了无数区域性机构的建立。我们应该接受相反的立场。与诉诸中立或专业知识相比，政治冲突更有可能引起对区域性议程的谈判及对它的支持。毕竟，关于如何改善公立学校、降低犯罪率、提供保障性住房、刺激经济、提高地方税收的争执已经存在。关于这些问题的辩论应为区域决策提供依据。一旦这样做，新的政党很可能会出现：例如，鉴于许多地区议题将焦点集中在环境方面，区域性选举可能成为在美国组建绿党的一种方法。

将特定多数票与基于政党的选举相结合，这与欧盟目前的情况大相径庭。欧盟的特定多数表决仅在理事会中进行；基于比例代表制的民主选举只存在于欧洲议会。在一个一院制区域性立法机关中，这两个特征的结合将增加欧盟所未曾面临过的复杂性。但是，政党代表和特定多数表决这种组合，就算再怎么复杂似乎也值得。它将创造一种机制，以一种尽管不可预测但前途无量的方式来平衡管辖权关联和跨辖区的同盟。因此，设立区域性立法机关的提议与欧盟自身的体制结构关系不大。在美国大都市区环境中，任何机构都不能平等地代表选民组成的政治辖区。不会有多成员委员会作为准执行机构运作。不会有法院。没必要像欧洲一样，在这些机构和欧洲议会之间进行复杂的权力分配。正如我们所说的，问题的关键并不是说欧盟组织可以在美国大都市区复制，而是要证明有办法将分化和团结结合起来，而这不能简单地归为辖区间协议或者集权政府的例子。

2. 区域性公民身份

欧盟不仅提供有关机构组织的想法，而且提供关于公民身份的想法。自 1992 年以来，欧盟成员国的公民同时也是欧盟的公民。公民有权“在各成员国领土内自由迁徙和定居”；有权在其居住地的市政选举中投票和竞选公职，即使他们不是该市所在国的公民；有权在欧洲议会的选举中，作为他们居住地的候选人来投票和参选，无论其国籍如何。授予这些权利并不是欧盟用来在其成员国公民之间建立联系的唯一手段。在 27 个成员国中，有 15 个采用了欧元硬币和纸币，这或许是欧洲公民身份已经成为欧盟许多（尽管不是全部）公民日常生活一部分的最令人印象深刻的方式。评论者们提出了加强欧洲公民身份的其他机制，例如，允许公民起草可以在全欧洲范围内投票通过的倡议。[①]

美国大都市区目前还没有有意义的区域意识，更不用说区域公民身份了。即使在区域性立法机关成立之后，它们也需要时间来完善。然而，区域性公民身份是一个值得追求的目标，因为它将有助

---

① Treaty Establishing the European Community, articles 17 – 18; Jurgen Habermas, *The Inclusion of the Other: Studies in Political Theory* (Cambridge: MIT Press, 1998); Joseph Weiler, *The Constitution of Europe* (Cambridge: Cambridge University Press, 1999).

于培养解决大都市问题所需的区域性思维。与在欧洲一样，区域性公民身份不会取代地方性公民身份，而是锦上添花。区域性身份将是人们为自己假设的复杂身份集合中的又一项：人们既是美国人，也是自己家乡的人；既是红袜队的球迷，也是当地高中校队的粉丝。然而，与身份的许多其他方面不同，区域公民身份强调的不是同一性而是差异性。事实上，把区域内的多样性整合成一个共同的公民身份，可能会颠覆地方自治倡导者长期以来强调的同一性。区域性立法机关的组织和运作是赋予区域公民身份概念生命力的一个适当途径。

四　区域性制度建设的政治学

一些地方权力的倡导者会坚持认为，任何区域性制度结构都是不可接受的。相反，他们可能会说，每个地方政府都应该被授权为其居民做出自己的决定。但是，地方政府法律从来没有允许、也不可能仅仅因为居民对某个问题的深切关注就让某个城市来决定它。位于同一大都市区的地方政府之间的联系是如此紧密，几乎每一项地方决策都具有域外影响，地方决策往往以与州或联邦法律不符的方式影响居民的权利。这就是为什么联邦政府、州政府和出于特殊目的组建的政府决定了这么多于地方居民如此重要的问题。无论是地方控制，还是集中控制，都不能准确地描述现状。问题在于，能否设计出一个更好的方式，将地方决策和集体决策结合起来。当然，判断它是否更好，不仅取决于对其制度结构的分析，还取决于在关键的区域议题上取得进展的能力。

然而，问题仍然在于，任何区域性机构——无论其结构多么巧妙——在政治上是否可行。许多人认为，这个问题的答案是“否”。他们说：“郊区不会同意建立一个有实权的区域性机构。”作为回应，我们要指出，这不由郊区决定。只要来自全州的大多数代表同意这样做，州立法机关明天就可以建立我们所描述的那种机构。毕竟，州立法机关的多数表决是现在建立特殊目的政府的方式。当然，郊区居民在州议会中也有代表。他们会而且应该在决策中有发言权。但是郊区有很多种，同一郊区内的人彼此也会意见不一，也会存在其他观点，而一致同意并非民主社会的运作方式。如果区域主义要顺利开始，州立法机关就必须停止要求举行全民投票来决定是否建立区域性机构，尤其是那种能让少数人甚至单一管辖区否决提案的公投。这种决策过程从一开始就对区域性提案判了死刑。如果一个州立法机关能够通过多数票表决来建立一个非代议性的、由州指定的区域性机构，那么它应该能够以同样的方式建立一个以民主方式组织的区域性机构。

因此，区域主义前景引发的相关政治问题涉及对州立法政治的探讨。能否建立一个立法多数决制度来批准某种区域性机构？没有人认为这项任务会很容易。但这也并非不可能。农民、环保主义者和波特兰市的领导人，每个人都有他们自己的议程，他们组成了一个联盟，把大都市区政府带到了波特兰。商界的支持、农村的共和党人和代表富裕郊区的共和党人之间的分裂，以及来自低税收能力郊区的赞助人的影响，创建了州立法联盟，后者颁布了《大都市区议会和财政调整法案》，这个法案给明尼阿波利斯-圣保罗带来了一个有限形式的区域性政府。迈伦·奥菲尔德成功地说服了明尼苏达州立法机关（如果不是州长）支持明尼阿波利斯-圣保罗进一步的区域性举措，提出这些举措的代表来自处于困境的地区、内环郊区、中心城市、少数民族、善政团体和教会团体等。应该强调的是，所有这些努力的重点都是要建立一种不同于前述类型的机构。我们认为，建立政治联盟的可能性将受到正在推行的区域性机构的组织结构的影响。如果把区域主义看作建立一种新的分权形式，而不仅仅是又一个集权化的例子，那么它可以获得更多的支持。①

为了以这种方式改变人们对区域主义的普遍理解，重要的是开始努力建立一个区域立法机关，把重点放在不可否认地会影响到整个区域的人、而他们几乎无法控制的问题上，比如交通或“智慧发展”等。另一种可能是，解决一个与我们刚刚探讨的四种未来之一有着直接关联的问题：有负担能力（中产阶级城市）或能处理好与其他国家的联系（全球城市）。一旦建立了区域性立法机关，就可

① Margaret Weir, “Coalition Building for Regionalism,” *in Bruce Katz Reflections on Regionalism*, 127 (Washington, D. C. :Brookings Institution Press, 2000); Myron Orfield, *Metropolitics: A Regional Agenda for Community and Stability* (Washington, D. C. :Brookings Institution Press, 1997).

以逐个州地开展详细的工作，以确定如何在最初的议程中增加相关的但更有争议的问题。例如，考虑一下我们在本书中讨论过的两个问题：住房和教育。美国的地方政府无权决定自己的住房政策。而且，随着人们搬到越来越远的农村，他们对于防止当地的住房市场存量的下降几乎无能为力。他们缺乏权力和必要的集体机制来为他们的地区建立增长边界。此类对于地方权力的限制，需要与州授予的权力一起考虑，以此进行排他性分区，确定满足大都市区居民住房需求的最佳方式。相当多的区域立法者可能会认为，地方权力的增减相结合，会为更多的地方居民带来更好的住房政策。毕竟，限制进行排他性分区的权力仍将使大多数的分区决定权掌握在地方官员手中。

同样的分析也适用于教育。地方对教育的控制是一个值得珍视的理想，但正如我们所看到的，州法控制着大部分教育政策。而且，学校经费不平等的丑闻并没有增强经费不足的地方提高学校教育水平的能力。当然，住房和教育政策是个复杂的问题，要想形成一个不本能地捍卫现状的观点，需要做大量的工作。一个区域性立法机关将使大都市区居民能够共同完成这项工作，而这是他们目前无法实现的选择。

建立一个促进区域主义概念的机构，需要增加地方政府在住房和教育等问题上的权力，以抵消因促进区域性利益必然造成的权力减少。这就要求州将更多的权力下放给地方。有些人声称，州根本不会同意这样做。然而，这一立场未能认识到，如果一个地区能够克服目前排他性分区和不平等的学校经费所导致的区域内冲突，那么这个地区会对州政策产生多大的影响。如果民选的区域性立法委员能够就住房或教育政策达成共识，他们就可以成为动员州立法机关提供政治支持，从而把权力从州下放到地方的工具。大都市区占全国人口的80%，并且在绝大部分州中占人口的大多数。马萨诸塞州630多万人口中，有一半以上生活在波士顿大都市区的马萨诸塞州部分[①]。加州近一半的人口居住在洛杉矶大都市区；单单加上旧金山地区的人口，这一比例就超过了该州人口的三分之二。大都市区经济不仅支配着州经济，而且支配着整个国家的经济。阻碍权力下放的主要障碍是大都市区内的冲突，而不是大都市区与州之间的冲突。地方政府现在依靠州颁布的法律以牺牲周边地区为代价来获得权力；它们也可以反过来依靠周边地区来促使州制定符合它们共同利益的法律。人们应该记得，州立法机关是由地方选举产生的代表组成的。

当然，像州长这样的州政府官员会不得不同意这种立法，而州政府的一些部门（比如交通部门）可能会反对。但是，州政府的高级官员并不总是一致反对促进地方间加强区域联系的努力。州长帕

① 大波士顿都市区包括萨福克县和波士顿、剑桥、昆西、牛顿、萨默维尔、里维尔和切尔西等城市，以及一些小镇和远离波士顿的郊区，同时还包括新罕布什尔州的部分区域。波士顿市位于大波士顿都市区的中心。——译注

里斯·格兰德宁领导了马里兰州的“智慧发展”计划（Smart Growth）[①]，州长罗恩·巴恩斯领导创建了佐治亚州区域交通管理局的工作。州官员也并不总是反对提升地方权力。不到40年前，伊利诺伊州批准了其城市扩大地方自治权，马萨诸塞州州长德瓦尔·帕特里克把提高地方财政权作为其改革努力的核心。因此，断言集权政府的领导人将永远谋求大权在握，这未免太简单化了。[②]有些领导人对把权力下放到各地方一级单位有信心；有些人反对却任其发展，因为觉得这符合他们的最大利益；有些人可能无力阻止。如果农村立法委员认为这样做能更好地保护他们免受城市无序延伸所造成的影响，他们也可能会接受大都市区的努力。

即使有足够的政治支持来建立一个区域性立法机关，依然存在无数的重要问题，其中之一就是该区域的定义。像“欧洲”一样，区域不是自我定义的。因为有很多其他方法来界定这个区域，而且该区域所包括的人的定义是政治性的，就像在欧洲一样，它会随着

① 根据中国《经济日报》对马里兰州蒙哥马利郡运输部官员梁康之的采访，所谓“智慧发展”是以更理性的方式来规划新型的城市结构，以人的日常生活出行为基点，降低对交通工具的依赖，提高生活质量的宜居城市。智慧发展的理念是：发展建设应综合考虑工作、购物、学校和居住以及多种模式的交通有机结合及合理布局，并融入当地经济和环境保护。让每个人都可以选择居住、工作和学习在一个美丽、安全、价格适中和容易通达的区域内。——译注

② Rob Gurwitt, "The State vs. Sprawl," *Governing* (January 1999); Arthur Nelson, "New Kid in Town: The Georgia Regional Transportation Authority and Its Role in Managing Growth in Metropolitan Georgia," *Wake Forest Law Review* 35(2000):625.

时间的推移而改变。不过，我们认为，该区域别像欧盟那样，而是应该在一开始就加以界定，使之具有包容性。它应该容纳尽可能多的受区域性决策影响的人，这样，就像城市扩张边界一样，该区域可以为人们关于如何共同生活的决定确定参数。事实上，按照定义同时在该区域周围建立一个增长边界，将有助于加强每个人的认识，即人们只有辞去工作、搬到这个国家的其他地方，才能摆脱该区域的问题。

剩下的另一个问题是，在促进区域性城市的努力（无论是通过修改地方政府法律，还是建立新的机构）与成为全球城市、旅游城市和中产阶级城市的目标之间建立联系。区域性城市的未来，与单独考虑中心城市的未来一样，需要考虑如何组合或如何在这些备选方案中进行抉择。不同的是，这种思考将在更大的范围内进行，并将重点更多地与大都市区已经形成而且还将继续下去的发展方式联系在一起。

结论

我们对这四种未来的综述说明了当前的法律结构是如何制定美国的城市决策的。正如我们在第三部分的导言中所建议的那样，现行的法规并不是为了让城市能够在州限定的范围内展望自己的未来。在对地方居民有重大影响的问题上，城市的自由裁量权太少了。同时，州指导城市决策的方式，即使在州一级也没有经过适当的辩论。对地方判断的事后猜测——以及对公共当局、州控制和私有化的信心，而不是对地方民主的信任——似乎产生了我们在本书中探讨过的许多法律规则。

这一过程产生的法律结构对城市生活产生了深远的影响。正如我们所强调的，城市只有在州政府通过的法规和《宪法》规定赋予其权力的范围内才享有权力。因此，法律界定了城市在多大程度上能和不能处理它们所面临的关键问题：住房短缺、学校不足、基础设施崩溃、交通堵塞、全球变暖、犯罪等。法律还界定了在处理同一类问题方面发挥作用的其他实体的权力，这些实体包括州设公共当局、州政府部门、非政府机构以及私营公司。法律由此造成了官僚机构的低效、一些部门的功能失调、区域各自为政以及民主赤字，使治理成为当今城市面临的主要问题之一。法律也介入了建筑环境的设计中，要么是通过调整住房和商业生活的规模及位置，要么是未能对其进行监管，从而默许人们以在监管下不可能有的方式行事。开启一个不同的城市时代，需要从上到下重新思考这个结构。这不一定要在一夜之间完成。如果能一步一个脚印地逐州进行会更好。但现在是开始理解城市权力的时候了，毕竟浪费了太多时间。

在这一点上，读者可能会问：那么对于 21 世纪的美国城市而言，什么是正确的法律结构呢？如果我们想在美国开启一个新的城市时代，我们该怎么做呢？这些问题之所以有可能出现，正是因为我们一直拒绝作答。我们拒绝的原因在于我们对权力下放意味着什么的理解。如果要修改美国的地方政府法律，人们想要的最后一样东西应该是地方政府组织方式的统一模型。正如我们从一开始就强调的那样，拥有地方民主的主要好处之一是它允许在不同地方和不同背景下进行试验。没有理由相信地方政府法律有一个正确的结构。波士顿、纽约、芝加哥、亚特兰大、丹佛、西雅图和旧金山也没有必要以同样的方式被授予和剥夺权力。恰恰相反。重要的是要让这些城市的市民对自己的未来有发言权。这就要求他们在设计他们认为最好的地方政府组织时有发言权。正如我们在整本书中所坚持的那样，这并不是要求有地方自主权。州政府也可以在这些决定中发挥作用。

设计一个使州和城市都能发挥作用的可行结构并不容易。地方政府法律的修订现在主要是由州立法机关负责，必须找到一种方式，让地方政府在此过程中有发言权，必须设计出建立新的决策机构的试验，这些决策机构与我们为区域决策设想的相似但又不同。许多大城市以外的人不了解城市在美国生活中的价值，不了解加强决策权的必要性以及该议程对几乎所有城市问题的影响。要将这些观点纳入州的决策，地方的声音必不可少。为了让人们听到他们的声音，各城市必须提出一份比“请给我更多的钱”更成熟、可行的优先事项清单。而且，为了让州领导层在全州关心的问题上取得地方的配合，它需要一份优先事项清单以及一种比“照我说的做”更成熟的实施方式。重新思考地方政府法律的过程可以产生多种可能性，这些可能性不仅有可能会改善城市生活的组织。它可以使城市居民从其他地方的进步和失误中吸取教训。

我们的书为这项工作提供了一些基本的指导方针。我们强调，地方政府法律的修订应以那些设计新的法律结构的人希望带来的那种城市时代的实质性想法为基础。在某种程度上，它们希望能够实现我们分析过的四种未来中的一部分或全部，甚或我们未曾讨论过的任何其他未来，法律体系的结构应该为它们所接受的目标服务。甚至比我们想的更好，它们应该让城市自己有能力在讨论它们认为最理想的城市未来类型后，制定创新的方法来实施其中的任何一个乃至全部。我们还试图表明，我们的目标不是要在某种柏拉图式的意义上划分全州性的和地方性的职能，更不是要维护地方自主权。找到一种方法来组织州与地方的关系似乎是不可能的，因为参与其中的各方都会随着它们的变化所产生的影响以及美国社会的其他发展而相应改变。这就是为什么找到一种方式让地方政府法律在州决策中发声变得合法化是如此重要。

我们还认为，对地方政府的调整需要解决目前由于重要城市议题的决策上各行其是而产生的问题，这些问题在本书中已经讨论过。我们所指的，不仅是大都市区在地理上被分割成多个管辖区，还有因为将某些议题交由彼此无法协调的一些机构而造成的职能性分裂。20 世纪以来，随着大都市区的发展，地方政府成倍增加，同样重要的是，越来越多的独立公共当局被组织起来处理城市关切的某些方面。结果，对大都市区发展的反应是把一些问题交给特定职能的机构，另一些则交给州决策，其余的分给各自为政的地方政府。政府权力被分配给这些不同机构的确切方式不仅很难辩解，甚至难以描述。但结果已经很清楚：地方民主的削弱。无论是中心城市还是郊区的地方民主政府，都受到了它们无法控制的其他政府决策的影响。扭转这一进程需要考虑城市生活的大都市性质。而这就要求把区域性合作作为地方决策的一个组成部分。我们认为，区域性思维与振兴地方民主并不矛盾。开启一个新的城市时代同时涉及两个方面：把地方民主发扬光大，认识到地方决策对邻近地区和更大范围的地域的影响。

许多人认为，制度设计这项任务是技术性的，甚至是枯燥的。可以交给专家，甚至交给他们的工作人员。本书概述了相反的论点。我们生活在一个结构化的世界里，找到改变这种结构的方法，是我们丰富个人生活和集体生活的主要途径。这就是我们定义联邦制、地方自治和地方自主权的方式。这是我们创造城市体验和社区体验的方式，并因此创造了日常生活的感知方式。而且，帮助人们明确美国大部分人生活的物质、政府和社会环境，这也是我们定义自己的主要方式之一。仅仅说城市没有做出好的选择，它们应该做出更好的选择，这是不够的。各州通常会限制它们的选择，这一基本事实常常被忽视。可以毫不夸张地说，赋予城市权力，使其能更好地为其人民服务，这是公共政策的一项重要任务。

致谢

本书的成因始于2001年在哈佛法学院共同教学的研讨会，虽然我们当时并不知道（会有此书）。在一大批学生的帮助下，该课程研究了构成波士顿大都市区的101个市、镇的地方自治程度。学生们深入研究了州赋予该地区市、镇的法律权力，并对在这些社区生活和工作的地方官员的态度进行了调查。在大波士顿拉帕波特研究所（Rappaport Institute for Greater Boston）的协助下，我们将这项研究的结果以一本小书的形式出版，即《消除地方自治的神话：大波士顿的自治权力》（*Dispelling the Myth of Home Rule*：*Local Power in Greater Boston*）。初涉波士顿地区城市权力的现实状况，使我们与波士顿基金会合作开展了一个将波士顿市的法律权力与另外六个美国大城市的进行比较的项目。结项报告《波士顿的界限：波士顿的法律权力与美国六大城市法律权力之比较》（*Boston Bound*：*A Comparison of Boston's Legal Powers with Those of Six Other Major American Cities*）为本书奠定了基础。

虽然这些早期的工作，以及我们关于地方政府法律的其他著作，已经预示了这本书的成形，但我们仍然有赖于许多同事和朋友的建议与鼓励。在此，我们特别感谢拉帕波特研究所的创始人杰瑞·拉帕波特、创始执行董事查理·安士能，以及首任系主任、哈佛大学设计学院前院长阿兰·阿特舒勒。他们为我们提供了最初的支持和鼓励，指引我们仔细研究我们自己所在城市的权力实质。我们还要感谢波士顿基金会主席保罗·格罗根和他杰出的同事玛丽·乔·梅斯纳、詹姆斯·鲁尼，以及他们提供给我们的顾问，尤其是拉瑞·迪卡拉、山姆·泰勒和史蒂夫·麦克戈德瑞克，以上诸位让我们感受到了他们的活力、热情和洞察力。他们所有人都比我们更了解波士顿。在本项目之初，我们受到了由理查德·皮塞领导的哈佛大学房地产研究中心以及我们自己学院的院长埃琳娜·卡根的资助。我们也对他们心怀感激。还有两个人也必不可少：凯西·戈德斯坦和帕特里夏·法兹，他们想尽一切办法帮助准备手稿。在此也对他们表示感谢。

在准备《波士顿的界限》过程中，我们请了 6 名地方政府专家就 6 个作为对比的城市的法律权力撰写了报告，他们是：加州大学戴维斯分校（西雅图）的基思·奥基、哥伦比亚大学法学院（纽约）的理查德·布里福特、埃默里法学院（亚特兰大）的威廉·布兹比、斯坦福大学法学院（旧金山）的理查德·福特、弗吉尼亚大学法学院（丹佛）的理查德·施拉格以及伊利诺伊州立大学法学院（芝加哥）的劳里·雷诺兹。他们的报告对我们非常有价值，在本书中，我们也依据这些材料进行了阐述，特别是在第二部分。我们的研究还有幸获得了许多优秀学生的帮助，包括凯特·鲍尔斯、伊丽莎白·法里兹、克里斯·皮斯蒂利、埃罗·罗森鲍姆和乔斯·斯特恩。我们尤其想单独提到瑞克·苏，如今他是布法罗法学院的助理教授，感谢他对于地方政府法律的卓越研究及广泛的洞察力。他的贡献对我们是如此重要，因而我们要专门提到以下事实：他被列为《消除地方自治的神话》的合著者。最后，在思考本书中讨论的问题时，我们从与许多同事的对话中受益匪浅，除了前面已经提到的人，还包括：奥肯·冯、莫顿·霍维茨、大卫·肯尼迪、邓肯·肯尼迪、大卫·卢伯洛夫、温德尔·普里切特、萨斯基亚·萨森、理查德·塞内特以及托德·斯旺斯特伦。

我们还要感谢我们早期论文的出版者，其中有些是单独完成，有些是合著，感谢他们允许我们将论文中的相关章节放在这里。这些文章包括《重申地方自治》，载于《哈佛法律评论》[116，2255（2003）]；《超越区域性政府》，载于《哈佛法律评论》[115，1763（2002）]；《对新联邦主义的地方主义批判》，载于《杜克法学杂志》[51，377（2001）]；《国际地方政府法》，载于《城市律师》[38，1（2006）]；以及《防御性地方主义》，载于《弗吉尼亚法律与政治杂志》[21，261（2006）]。

此外，大卫要特别感谢他的父母杰瑞和迈拉·巴伦，他母亲是地方政府法律界的从业者，还感谢他的三个孩子塞西莉亚、利奥和耶利米，其中两个在本书刚开始动笔时还没出生，但孩子们永远是大卫的快乐之源。不过，他最感谢的是他每天都在从事州和地方关系方面的实际工作的妻子朱丽叶·凯耶姆，她那无尽的热情与活力、奉献精神和整体的乐观态度表明了她对未来的态度，各州应当